信息检索与毕业论文写作

龚文静◎主编　　支　敏◎副主编

图书在版编目（CIP）数据

信息检索与毕业论文写作 / 龚文静主编. --北京：中国书籍出版社，2019.10

ISBN 978-7-5068-7464-9

Ⅰ. ①信… Ⅱ. ①龚… Ⅲ. ①信息检索-高等学校-教材 Ⅳ. ①G254.9

中国版本图书馆CIP数据核字（2019）第212891号

信息检索与毕业论文写作

龚文静　主编　支敏　副主编

责任编辑　毕　磊
制版印刷　孙马飞　马　芝
封面设计　点滴空间
出版发行　中国书籍出版社
地　　址　北京市丰台区二路居路97号（邮编：100073）
电　　话　（010）52257143（总编室）（010）52257153（发行部）
电子邮箱　chinabp@vip.sina.com
经　　销　全国新华书店
印　　刷　北京永顺兴望印刷厂
开　　本　710×1000毫米　1/16
字　　数　280千字
印　　张　22.75
版　　次　2019年10月第1版　2019年10月第1次印刷
书　　号　ISBN 978-7-5068-7464-9
定　　价　55.00元

前　言

随着大数据时代的来临，数据大规模海量增长。网络高覆盖率加之智能手机的应用，微信、短视频、手机移动图书馆等各类信息推送迅速发展。信息数据多样化，总量繁多，时效性更强，呈现迅猛增长之势。除了专业数据库之外，搜索引擎也在向用户提供多样化的应用搜索服务，如文档、资讯、图片、地图、学术资源、视频搜索等，但也增加了数据价值甄别的难度。如何从海量信息中检索到有价值的信息并进行处理和分析，是信息检索课程的主要内容。笔者通过问卷调查发现，学生在查找资料信息时，只熟悉搜索引擎的应用或仅仅了解某个数据库。面对搜索到的海量、无序的信息，缺乏筛选、整合、分析和利用的技能，检索效果不佳，地方本科院校的这一情况较为突出。

信息检索课是一门训练学生信息获取能力和信息甄别能力的工具性课程，目的是培养学生利用检索技能解决学习和生活中遇到实际问题的能力，注重学生实践能力的培养。本书正是围绕这一目标进行编写的，本书以各类型数据库的熟练使用和提高网络检索技能为主要教学内容，以典型检索实例为教学案例，侧重介绍学校各类型检索系统的使用方法和检索技巧，突出实用性，有针对性地编制思考题。

一、本书具有以下特色

1. 以介绍网络信息资源，搜索引擎的检索技巧为主，阐述信息检索基础知识和信息检索技术，对于习惯使用搜索引擎的学生能起到较好的指导作用。

2. 数据库选介，以学校已购买使用权的数据库资源为主。考虑到学生将来走上不同工作岗位后，同样存在信息需求的情况，但却不能继续使用学校的数据库资源，本书介绍部分网上免费的开放获取资源，简述国内外学位论文数据库、期刊数据库、电子图书数据库，以及精品课程等数据库的收录范围，并提供查询网址。

3. 根据学生的使用习惯，针对信息检索工具的类型，将数据库分为常用的学术论文检索系统（包含学位论文检索系统）、图书检索系统、考试系统、多媒体数据库、外文文献检索、专利文献检索几个部分进行介绍。减少理论知识教学内容，以大量实例的数据库检索截图，帮助学生了解检索过程及信息检索技巧，使学生能学以致用。

4. 根据编者多年来指导大学生毕业论文撰写及参与对学生论文答辩过程中发现的问题，结合毕业论文写作中信息检索的应用，系统介绍论文写作的基础知识，论文选题的原则和方法，分析开题报告撰写、开题答辩、论文写作中常见的问题，根据论文写作需要，以实例系统介绍资料收集、积累、整理的方法和不同类型数据库的检索方法。

二、本书的主要内容

第 1 章信息检索概述。简要阐述信息检索的基本知识，信息检索的类型、检索途径、方法与步骤。

第 2 章网络信息资源检索。主要介绍网络信息资源的类型及检索方法。信息检索基本技术以介绍布尔逻辑检索方法、截词检索方法、限制检索方法等为主。网络信息检索工具主要介绍百度等搜索引擎的使用技巧。针对大多数学生只了解搜索引擎最简单的使用方法，重点介绍网络上各类电子资源的内容、搜索引擎检索的常用语法、特色功能和高级检索。网上免费学术信息，主要介绍部分在互联网上用户可以免费获取的、具有知识产权使用权且具有学术研究价值的各学科领域的中外数字资源，并提供各类型数据库的查询网址。

第 3 章常用的学术论文检索系统。通过实例，介绍中国知网的中国学术期刊（网络版）、维普中文科技期刊数据库、人大复印报刊资料数据库、万方中国学术期刊数据库、超星期刊、国家哲学社会科学学术期刊数据库、中国台湾学术文献数据库中学术期刊库的信息检索方法和技巧。常用的学位论文数据库主要介绍万方学位论文全文数据库的使用方法，并推介网上免费国内、国外学位论文数据库。

第 4 章常用的图书检索系统。介绍纸质图书检索系统“图书馆集成管理系统 GDLIS NET”的主要检索模块，以实例讲述馆藏书目查询的检索步骤与检索策略。电子图书检索系统主要介绍超星数字图书馆、读秀电子图书检索、APABI 数字资源平台的使用方法。

第 5 章专题数据的使用。针对学生在校期间参加英语等级考试、计算机等级考试、教师资格证考试、公务员考试、导游资格证考试等需要，详细介绍银符考试题库 B12 数据库、新东方多媒体学习库。多媒体数据库主要介绍超星学术视频和软件通计算机技能视频学习系统的使用。外文文献检索，主要介绍国道外文专题数据库、CASHL 数据库的检索方法。经济类专业信息检索，主要介绍国研网数据库教育专版。介绍大型数字文献服务平台读秀学术搜索，旨在让学生了解该平台的功能，即一次输入检索词便可检索到本校图书馆所有的数字资源而不用分别打开多个数据库。为便于学生在校园 IP 范围之外也能正常使用图书馆数字资源，本章介绍超星移动图书馆和联图远程访问系统的检索技巧。

第 6 章专利文献信息检索。针对理工科学生科技查新的需求，以及学生在毕业设计、科研项目申报中可能产生专利申报的信息需求，本章主要介绍知识产权、专利基础知识、专利文献检索，选介国内主要的免费专利文献信息检索系统和部分免费的国外专利文献信息检索系统。

第 7 章毕业论文写作与信息检索的应用。主要内容为毕业论文写作概述、毕业论文的选题、毕业论文的开题报告、毕业论文撰写规范和毕业论文写作步骤、论文写作中的学术道德规范。以实例讲解论文写作中资料收集和使用方法，以及在论文写作中容易出现的问题。本章节从检索工具的选择、检索策略的制定方面，有针对性地将信息检索的应用贯穿到毕业论文写作各环节中进行分析，以体现信息检索在论文写作全过程的实际应用。

第 8 章信息检索与教学改革。通过对大学生信息获取情况的调查，从提高大学生信息检索能力、信息安全意识和信息道德观念方面，分析信息检索课在高校中的作用。本章节从加强对学生实践能力的培养和丰富教学内容方面，提出信息检索课程教学改革的思路。针对学生实际检索结果不佳的情况，介绍信息检索效果的评价，旨在帮助学生更好地掌握检索技巧，准确有效地查找到所需信息资料。

本书由龚文静担任主编，支敏担任副主编。第 2 章网络信息资源检索由杨广顺编写，书中所有英文资料的翻译均由杨广顺负责。本书编写过程中，“大学生信息检索情况调查”使用的数据、表格及资料大多来源于 2018 年国家级大学生创新创业训练计划项目“AS 学院大学生文献信息检索能力现状调查”的研究成果，在此对该项目组吴莎、张超、方春兰、李茜、袁利梅同学表示真诚的感谢。本书还参阅了大量信息检索（文献检索）优秀教材、网站资料和参考文献，书中引用的案例大多源于网络，使本书的素材得以丰富。凯里学院图书馆陈洪波馆长、贵阳学院图书馆杨允仙馆长对信息检索课程改革提出了宝贵意见。安顺学院图书馆和旅游学院的老师们为本书的完成提供了诸多帮助，在毕业论文讲解方面，何炫、袁庆、佘贵巧等同学为本书提供了自己的论文例文，在此一并表示谢忱。由于编者水平有限，书中难免有疏漏之处，敬请读者批评指正。

本书系 2016 年度贵州省本科教学工程项目“网络环境下地方院校应用型人才培养的文献检索课程改革探索——以安顺学院‘文献检索’课程为例”的成果之一。项目编号：2016SJJG003。项目负责人：龚文静。课题组成员：支敏、董天倩、邱纪坤、付璇、张秋、徐艳丽、杨广顺。

编　者

2019 年 7 月

目 录

第 1 章　信息检索概述

随着社会发展和科学技术进步，信息化在全球呈飞速发展之势，全世界对信息的需求快速增长，信息已成为社会发展中不可或缺的资源。文献信息向电子化和网络化的方向发展，各种信息通过网络渗入人类生活的方方面面，成为当今科学文化知识传播的重要手段。人们在生活、学习、工作等各方面都离不开信息资源的利用。处于信息爆炸时代，文献信息量急剧增加、分布异常分散、文献寿命越来越短，人们检索和利用信息的能力却未得到相应提高，因此掌握信息检索方法和技巧，借助检索工具在信息海洋中，快速、准确地获得所需信息，是现代社会人们必须具备的基本素质。信息检索的核心主要是对文本的索引和检索，通常指文本信息检索，包括信息存储、组织、查询、存取。

1.1 信息、知识、情报、文献

当今人类所处的时代，是一个传递和利用信息情报的时代，人们称之为信息时代。首先需要了解什么是信息、知识、情报和文献。

1.1.1 基本概念

1. 信息

信息一词源于拉丁词源 Information，意为通知、报道或消息。信息的概念首先由西方国家提出。近年来，信息一词广泛应用到生产、生活、商业、科技等各领域。不同的学科领域专家对信息的含义作出了不同的界定。

《牛津词典》对信息的定义为：信息就是谈论的事情、新闻和知识。

美国《新韦国际英语大辞典（第三版）》（Webster's Third New International Dictionary）对信息的定义为：信息是用来通信的事实，在观察中得到的数据、新闻和知识[①]。

《辞海》1980年版对信息的解释是：信息是指对消息接受者来说一些不知道的报道。1989年版指出：信息是通信系统传输和处理的对象，泛指消息和信号的具体内容和意义，通常需通过处理和分析来提取。信息的量值与其随机性有关，如在接收端无法预估消息或信号中所蕴含的内容或意义，即预估的可能性越小，信息量就越大。

《现代汉语词典》对信息的解释是：①音信；消息。②信息论中指用符号传递的报道，报道的内容是接收符号者预先不知道的。[②]

20世纪40年代，信息论创始人香农从研究信源、信道、信宿以及编码出发，把信息定义为"用来减少随机不确定性的东西"。1948年，美国"控制论"创始人维纳提出："信息既不是物质，又不是能量，客观世界充满了各种信息，有自然界的信息（如：天气、地震、海洋、环境等等），有人类社会的信息（如：股票行情、体育、新闻等），更有各种知识信息""信息就是我们在适应外部世界和控制外部世界中，同外部世界进行交换的内容的名称。"[③]意大利学者朗高对信息定义为："信息是反映事物的形成、关系和差别的东西，包含在事物的差异之中，而不在事物本身"。

我国国家标准《信息与文献术语》（GB/T 4894—2009）将信息定义为："被交流的知识。在通信过程中为了增加知识用以代表信息的一般消息。涉及事实、

① Webster.《Webster's Third New International Dictionary》[M]. G. & C.Meerium CO,1971(1160)

② 中国社会科学院语言研究所词典编辑室．现代汉语词典[M]. 北京：商务印书馆，1982:1273.

③ 信息与信息技术综述[EB/OL]. [2018.10.02] https://max.book118.com/html/2018/0430/163957913.shtm

概念、对象、事件、观念、过程等”。[①]

不同学科专业的专家对信息有不同定义。如：

哲学家认为：信息是人类认识世界的依据。

数学家认为：信息是一种概率。

物理学家认为：信息是“熵”（信息熵的概念由香农提出）。

通信学家认为：信息是“不定度”的描述。

图书信息领域的专家将信息定义为：信息是可以以各种形式进行传播、记录、出版及发行的观念、事实及论著。

信息不仅存在于人类社会，也存在于自然界中，通过一定的物质形式，如声波、电磁波、图像等带来某种信息。如：蜜蜂飞舞的模式就是一种信息的传递，同伴获得信息后可以知道何处有蜜源。蚂蚁通过触角传递信息，辨别敌友。物理学家发现在没有生命的物质中也存在着信息联系。如电子在围绕原子核的不同轨道上运转时，由于电子获取的能量发生变化，其会产生在不同能级的轨道间跃迁现象。电子在向较低能级的轨道跃迁时会释放光子，在向较高能级的轨道跃迁时会吸收光子。这种电子的跃迁现象，构成了原子通信联系。

从上述定义描述可见，信息的范围十分广泛。虽然对信息的定义众说纷纭，通过对其特征的描述，广义上将信息定义为：信息泛指人类社会传播的一切内容，它普遍存在于自然界、人类社会以及人类思维活动中。它不是事物的本身，而是存在于事物当中，是事物运动的状态与方式，是对事物运动方式的抽象反映。具体而言，信息指通知、报道或消息。是能通过文字、图像、声音、符号、数据等为人类获知的知识。是用文字、数据或符号等形式，通过一定的传递和处理来表现各种相互联系的事物在运动变化中所具有特征内容的总称。

① GB/T 4894—2009，中华人民共和国国家标准《信息与文献 术语》[S].

2. 知识

至今，国内外学术界对于知识还没有定论的说法和明确而统一的界定。

柏拉图认为："知识是经过证实的正确的认识。"德鲁克认为："知识是一种能够改变某些人或某些事物的信息，是经过人的思维整理过的信息、数据、形象、意象、价值标准及社会的其他符号化产物。"

《辞海》对知识的定义为："人们在社会实践中积累越来越多的经验。从本质上说，知识属于认识的范畴。"[①]《中国大百科全书·教育卷》对知识是这样表述的："所谓知识，就它反映的内容而言，是客观事物的属性与联系的反映、是客观世界在人脑中的主观印象"，"就它的反映活动形式而言，有时表现为主体对事物的感性知觉或表象，属于感性知识，有时表现为关于事物的概念或规律，属于理性认识"。[②]

从以上定义可以看出，知识来源于外部世界，是人类社会实践经验的总结，是人们对客观世界的概括和如实反映。但是知识本身并不是客观现实，而是客观事物的一种主观表征。是人类对自然界、人类社会以及思维方式与运动规律的认识。即对包括自然科学知识、社会科学知识、哲学社会科学知识、艺术知识等解释。如气象方面的知识、传统手工艺、日常生活经验等，都是人们在长期实践中总结得出的。所以知识是客观的，但是知识本身并不是客观现实，而是事物特征通过人脑的反映活动而产生的。因此，人类不仅要通过信息感知世界、认识和改造世界，而且要根据所获得的信息组成知识。可见，知识是信息的一部分。知识必须是被验证过的、正确的，这也是科学与非科学的区分标准。知识属于文化，而文化是感性与知识的升华，知识具有实践性、继承性、科学性、历史性、信息性、渗透性等基本特征。

综上，知识是人类在改造客观世界的实践过程中的科学总结，是人们对客观事物的理性认识。知识来源于人们在实践活动中获得的大量信息，是人

① 辞书编辑委员会．辞海 [M]. 上海：上海辞书出版社，1980:1733.

② 中国大百科全书总编辑委员会．中国大百科全书·教育卷（第 2 版）[M]. 北京：中国大百科全书出版社，2009.

脑对客观事物所产生的信息加工物。信息被人脑感受，经理性加工后，成为系统化的信息，这种信息就是知识。

3. 情报

情报在英文中与信息是同一个词 Information，日文中“情报”与“信息”也是同一个词。但情报与信息又有区别。

《辞海》将情报定义为“泛指一切最新的情况报道。如：科学技术情报”。[①] 苏联情报学家 A. H. 米哈依洛夫认为情报是：“作为存贮、传递和转换的对象的知识”。英国情报学家 B. C. 布鲁克斯认为：“情报是使人原有的知识结构发生变化的那一小部分知识。”钱学森先生认为：“情报就是为了解决一个特定的问题所需要的知识”[②]。有的学者从情报搜集角度认为，“情报是通过秘密手段搜集来的、关于敌对方外交军事政治经济科技等信息”。还有学者从情报处理的流程来给其下定义，认为“情报是被传递、整理、分析后的信息。”情报一词原用于军事或商业上，因此通常具有保密性，后扩展到科学技术领域、经济领域和生活领域等。按照其用途，可分为科学情报、经济情报、技术情报、军事情报、政治情报等。

综上，情报是为实现某一特定目的，对有关的事实、数据、信息等进行整理筛选加工，运用一定的媒介，越过时空传递给特定用户以解决科研、生产和生活中的具体问题。情报是具有特定知识性的信息，是知识的激活和被传递的知识或事实，具有知识性、目的性、传递性、效用性的基本特征。

4. 文献

《辞海》对文献的解释是：“原指典籍与宿贤。《论语·八佾》：‘夏礼吾能言之，杞不足徵也；殷礼吾能言之，宋不足徵也；文献不足故也。足，则吾能徵之矣。’朱熹注：‘文，典籍也；献，贤也。’今专指具有历史价值的图书文物资料。如：历史文献。亦指与某一学科有关的重要图书资料。如：

---

① 辞书编辑委员会 . 辞海 [M]. 上海：上海辞书出版社，1980：870.

② 钱学森 . 科技情报工作的科学技术 [J] . 情报理论与实践，1983(6):3 — 10.

医学文献。”[①]

中国国家标准《信息与文献术语》（GB/T4894—2009）对文献定义为“在文献工作过程中作为一个单位处理的记录信息或实物对象。”[②]

国际标准化组织（ISO）中给出的定义是，“为了把人类知识传播开来和继承下去，人们用文字、图形、符号、音频、视频等手段，将其记录下来，或写在纸上，或晒在蓝图上，或摄制在感光片上，或录到唱片上，或存储在磁盘上，这种附着在各种载体上的记录统称为文献。”

综上可知，知识、记录和载体构成了文献必不可少的三要素。知识是构成文献的内容，记录是记载文献所采用的技术手段，载体是文献显现的形态。

目前，学界大多采用国家标准《文献著录总则》（GB/T3792.1—1983）对文献的定义：“文献是记录有知识的一切载体”。[③]

那么文献的载体的形态有哪些呢？

文献的载体形态，即“关于文献的尺寸，媒介，插图，附件和相关数据的著录”[④]。文献的载体形态通过载体来体现。文献载体是随着科学技术的进步而发生变化的，从甲骨文、青铜、碑刻、竹简、缣帛，发展到今天的纸质图书、期刊，以及各类电子出版物。

文献的载体有：①语言：在口传时代，没有文字，由记忆力强之人专职从事记事和传播，文献的载体为语言，古代的日本就有稗官一职。②结绳记事，如，红色代表战争，白色代表和解，大事大结，小事小结。③绘画：绘画文字后来演了变成记录文献的象形文字。④甲骨文：将文字刻在甲骨上，是中国最早的记录文字载体。⑤青铜：将文字铸刻在青铜上。⑥碑刻：刻在石头上的文字。⑦竹简：是战国至魏晋时代书写著者和文书的主要材料。⑧缣帛：用“缣帛”制成的书，古人谓“帛书”。⑨纸：《后汉书·蔡伦传》

① 辞书编辑委员会．辞海[M]．上海：上海辞书出版社，1980:1535.

② GB/T 4894—2009，中华人民共和国国家标准《信息与文献·术语》[S].

③ GB/T3792.1—1983，中华人民共和国国家标准《文献著录总则》[S].

④ GB/T 4894—2009，中华人民共和国国家标准《信息与文献·术语》[S].

记载：自古书契多编以竹简，其用缣帛者谓之为纸，缣贵而简重，并不便于人。伦乃造意，用树肤，麻头及敝布、鱼网以为纸。元兴元年奏上之，帝善其能，自是莫不从用焉，故天下咸称“蔡侯纸”。[①] 三国时纸已经用于上层社会，但纸的价值不如缣帛。⑩磁带、软盘、光盘、U 盘、移动硬盘、缩微胶片、网络云盘等。

从文献载体的演变过程，可以看出文献载体正在向存储量更大、存储所占空间更小、存储信息内容更多、传播速度更快的方向发展。

1.1.2 信息、知识、情报、文献的关系

信息泛指人类社会传播的一切内容，包含的范围和内容比知识和情报更广泛。知识是优化和系统化了的信息产品，是人脑对信息加工的产物和有序化信息的集合，是信息的内核，它来源于、依存于信息。情报尽管不全部是知识，但它是知识中的一部分，是为特定目的服务的信息。绝大部分情报表现为动态的、传递着的知识，在一定条件下情报与知识是可以相互转化的。文献是静态的、记录的知识。文献不仅是情报传递的主要物质形式，也是知识的一种载体和吸收利用情报的主要手段。由上述可见，信息、知识、情报、文献之间是一种包含与被包含的关系。信息包含知识和情报，知识和情报是信息之下具有交叉关系的概念。文献是记录有知识的一切载体，因此知识包含文献。

■ 1.2 文献信息的类型

文献信息按照其载体形式、出版形态、加工深度分为不同类型。

1.2.1 文献信息的载体类型

1. 印刷型文献信息

① 范晔. 后汉书 [M]. 北京：中华书局，2014.

又称纸质文献，是以纸质材料为载体，通过各种印刷技术，将知识记录存储在纸张上的文献，是传统文献的形式。如图书、期刊、报纸等印刷资料，至今人们仍在广为应用。其主要优点是便于阅读和流传，但体积大，所占空间大，信息密度低。

2. 缩微型文献信息

缩微型文献是以纸质文献为母本，以感光材料为载体，采用光学缩微技术，把文献的影像存储在感光材料上。这种文献的优点是：体积小，信息密度高，成本低廉。如20世纪90年代，纸质版《四库全书》售价是十几万，而缩微版的售价仅3万多元。缩微型文献信息的缺点是需借助缩微阅读机方能阅读。

3. 声像型文献信息

又称视听型文献信息，是一种非文字形式的文献。是以磁性和光学材料为载体，利用录音、录像等技术，将声音和图像信息直接记录在磁性或光学材料的文献形式，是一种常见的视听资料。主要有唱片、录像带、录音带、电影胶片、幻灯片等。其特点是存储信息的密度高，内容直观，但需借助一定设备方能阅读。

4. 机读型文献信息

机读型也称电子型，是计算机广泛应用而产生的新型文献。按照它的载体材料、存储技术和传递方式，可分为联机型、光盘型、网络型文献信息。这类文献必须通过计算机或相关设备存贮和读取，具有信息量大、网络化程度高、检索迅速的特点，知识信息的共享程度高。

1.2.2 文献信息的出版类型

按照文献信息的出版类型可分为：图书、期刊、报纸、会议文献、科技报告、专利文献、标准文献、学位论文、产品技术资料、技术档案、政府出版物等。

1. 图书

是论述或介绍某一领域知识的出版物。

2. 期刊、报纸

期刊也称杂志，定期或不定期连续出版物，有固定的刊名。报纸定期连续出版，有统一名称。

3. 会议文献

是指在国际或国内重要的学术或专业性会议上交流、宣读或发表的论文。内容新颖，专业性强，具有较高学术水平。

4. 科技报告

指国家政府部门或科研生产单位关于某项研究成果的总结报告，或是研究过程中的阶段进展报告。

5. 专利文献

由专利说明书等构成的文献。

6. 标准文献

指标准化、规范化工作的文件。主要为工业产品和工程建设的质量、规格和检验方法等的技术规定文件。与标准化活动有关的一切文献都称为标准文献。其主体是标准，还包括标准形成过程的各种档案、宣传推广标准的手册以及其他出版物。

标准具有以下特征：标准的制订、审批程序有专门规定，并且有固定的代号，格式整齐划一；一个标准一般只能解决一个问题；时效性强；不同种类、不同级别的标准应用于不同范围；有一定的法律效力和约束力。

7. 学位论文

为申请学位而提交的学术论文。

8. 产品技术资料

指产品目录、产品样本和产品说明书之类的厂商产品宣传和使用资料。

9. 技术档案

指科研生产活动中形成的，有具体事物的技术文件、图纸、图表、照片和原始记录等。

10. 政府出版物

指各国政府部门及其设立的专门机构发表的文献。政府出版物可靠性强，内容广泛。

1.2.3 文献信息加工深度产生的文献类型

依内容性质和加工程度的不同，文献可分为以下四个级别。

1. 零次文献

指未经出版发行的文献，包括手稿、个人通信、原始记录、家谱等。零次文献是尚未进入出版发行和流通渠道的文献，收集利用十分困难。

2. 一次文献

首次出版的各种文献，也称原始文献。如图书、期刊论文、科技报告、会议论文、专利说明书等。一次文献是以第一手成果为依据创作的文献，内容丰富，参考价值大，是人们利用的主要对象。

3. 二次文献

报道和查找一次文献的检索书刊，如各种目录、题录、索引和文摘等。二次文献是图书情报工作者在大量收集原始文献的基础上，经过分析、归纳、重组后出版的文献。

4. 三次文献

利用二次文献提供的线索，选用大量一次文献的内容，经综合、分析和评述整理出版的文献，如各种述评、进展报告、动态综述、手册、年鉴和百科全书等，是可直接提供答案的参考文献。

■ 1.3 信息检索

随着网络信息技术的广泛应用，以电子计算机技术、通信技术、多媒体技术相互融合而形成的以电子网络为传输载体和传输媒介的信息资源，已成为人们使用的主要资源。传统的文献检索已不能满足人们获取信息的需要，因此本书以信息检索的介绍为主。

1.3.1 信息检索的含义

用户以查询和获取信息为目的的检索过程称之为信息检索。信息检索有广义和狭义之别。广义而言，信息检索主要指“信息存储与检索”。信息存储系指人们以一定方式进行信息标引、加工、著录、整理、组织、存储并建立起来的检索系统，用户再根据信息需求准确查找相关信息的过程。广义的信息检索包含了信息的“存”“储”与检索环节，即对信息项的加工、组织和存取。狭义而言，信息检索仅指借助检索工具，从已存储的信息集合中，查询信息的过程，即信息查询。一般来说，信息检索指的是广义的信息检索。信息检索过程中，信息存储是基础，检索语言是桥梁，检索是目的。

信息检索与文献检索的主要区别：“文献检索是从存储文献中获取特定文献的过程”，[①] 是利用专门的检索工具，采用直接或间接检索的方法，从存储的文献中查找特定文献的过程。信息检索是借助计算机及其他设备，在网络环境下对信息进行检索的过程。根据存储与检索对象，信息检索包含了文献检索、数据检索、事实检索，因此信息检索比文献检索的范围更广。正如黄如花教授指出的，“文献检索是以获取文献信息为目的的检索，信息检索则收集、组织、存储一定范围的信息，并可供用户按需要查询文献中的信息或知识单元，比文献检索更深入。”[②]

信息检索过程如下：

检索课题→分析检索问题的特征→选用数据库→构建检索提问式→选择检索方式→检索系统标识匹配→输出检索结果。

1.3.2 信息检索的历史

世界上第一台计算机自 1946 年问世以来，图书馆界开始开展针对用户的参考咨询、索引和检索服务，这就是信息检索的起源。随后人们将计算机技

---

① GB/T 4894—2009，中华人民共和国国家标准《信息与文献 · 术语》[S].

② 黄如花 . 信息检索 [M].2 版 . 武汉：武汉大学出版社，2014:2.

术与信息检索理论结合起来，研制成功脱机批量情报检索和联机实时情报检索系统，逐步实现商业化。20 世纪 60 年代至 80 年代，在信息化技术背景下，信息检索广泛应用于教育、军事和商业等领域。例如 1972 年，产生了世界上最早的国际联机情报检索系统，美国的 Dialog 系统，该系统成为当时信息检索领域的代表。

信息检索依赖于信息技术的发展。信息技术是采用计算机科学和现代通信技术手段，对有关信息设计、开发、存贮、传递、检测、安装，实施对信息的管理和处理，实现获取、显示、分配信息等相关技术，可延长或扩展人类的信息功能。互联网和信息技术的迅猛发展，是推动信息检索技术发展的重要基础。信息检索技术经过先组式索引检索、穿孔卡片检索、缩微胶卷检索、脱机批处理检索发展到今天的联机检索、光盘检索、网络检索，其发展经历了由低级到高级的过程，检索技术也从传统的线性检索向超文本支持的非线性检索发展。现在是手工检索、联机检索、光盘检索、网络检索并存，但以网络检索为主，网络检索也是最有发展前景的。[①] 信息检索技术，简言之，即根据信息用户的需求查找信息的技术。信息检索经历了手工检索到网络信息检索的发展历程。黄如花教授在《信息检索（第二版）》一书中，将信息检索的发展历程划分为手工检索、机械信息检索、脱机批处理检索、联机检索和网络信息检索五个阶段。

1. 手工检索（1876—1945 年）

手工检索起源于图书馆的参考咨询服务和文摘索引工作，指利用印刷型文摘、目录等文献检索工具进行检索的过程。手工检索的优点是操作简单、费用低廉、查准率高。缺点是检索效率很低，查全率得不到保证。

2. 机械信息检索（1945—1954 年）

机械信息检索是从手工检索向计算机检索的过渡，始于 20 世纪 40—50 年代。是以电刷作为检索元件，使用打孔机、验孔机、分类机等机电设备记

① 黄如花 . 信息检索 [M].2 版 . 武汉：武汉大学出版社，2014：5.

录二次文献的机电信息检索系统。以胶卷或胶片等做检索标志，使用缩微照相记录二次文献的光电信息检索系统，都属于机械信息检索系统。

优点是在当时检索速度快，缺点是回溯性不好，且有时间限制。

3. 脱机批处理检索（1954—1965 年）

在计算机信息检索的早期阶段，人们用磁带作存储介质，专业参考咨询人员根据用户要求集中大批提问后，采用连续顺序检索方式，用单台计算机以脱机检索的方式进行批量定题情报服务检索处理。这种方法也称脱机批处理检索，适合于批量定题信息检索。

1954 年，美国海军机械试验中心利用 IBM701 型机对 4000 余篇有关海军军械的技术报告进行存储和检索试验，运用单元词组配检索，建立起世界上首个科技信息检索系统，该系统预示着以计算机检索系统为代表的信息检索自动化时代的到来。1958 年美国通用电气公司增加了题名、作者和文献摘要等输出结果字段，对该系统进行改进。1964 年，美国化学文摘服务社建立了文献处理自动化系统，实现了编制大部分文摘工作的计算机化，后又实现了计算机检索。

但脱机批处理检索存在的问题是地理上的障碍和时间上的迟滞，检索效率往往不够理想。

4. 联机检索（1965—1991 年）

联机检索最初应用于军事和科研，后扩展到商业化运营并开始面向公众服务。1965 年，美国研制成功 Dialog 检索系统和 ORBIT 联机情报检索系统。随着 70 年代卫星通信技术和微型计算机的发展，磁盘机广泛应用和数据存储容量的扩大，为大型数据库的建立创造了条件。如：美国的 Dialog 对话系统、书目情报分析联机检索系统、存贮和信息检索系统，以及欧洲航天局信息检索系统。利用多个检索终端，通过通信网络连接检索系统和中央计算机。用户可通过终端设备，与检索系统中心的计算机进行人机对话，打破时间和空间障碍，远距离实现对多种数据库进行检索和国际联机检索。

联机检索是计算机、信息处理技术和现代通信技术三者的有机结合。联机检索的主要优点是可远程实时检索多种数据库。

5. 网络信息检索（1991年至今）

从20世纪70年代初至今，通信技术、网络技术飞速发展和超文本技术出现，实现了情报检索数据传输，信息检索系统向国际化方向发展。世界上各大检索系统进入各种通信网络，使每个系统的计算机成为网络上的节点，各节点之间以通信线路彼此相连，连接到多个计算机检索终端，网络上任何一个终端都可联机检索所有数据库中的数据。信息用户不受地域限制，借助通信网络直接与检索系统联机，实现国际联机信息检索和信息资源共享。

网络信息检索就是通过因特网对远程计算机上的信息资源进行访问和查询的过程，是脱机批处理检索和联机检索的延续和发展。计算机信息检索的实现，大大方便和加速了信息资源的交流和利用，并对社会经济发展和人们的科研方式产生深刻的影响，从而也极大地促进了科技的进步。

网络信息检索的优点是：经济便捷，内容更新快，不受时间地域限制。一个服务器可接受多用户访问，一个客户可访问多个服务器，在网络中，几乎每一台个人计算机都可以成为信息源，共享程度高。检索范围广，可以迅速而方便地查询相关学科或主题的所有数据库中的记录。

1.4 信息检索的类型

信息检索，是对信息资源的检索。信息资源分为网络信息和数据库。

网络信息资源分为以下四类：新闻信息、动态信息、规范出版的全文信息、书目数据库。数据库通常分为以下三类：层次式数据库、网络式数据库和关系式数据库。在当今的互联网中，最常见的数据库模型主要是关系型数据库和非关系型数据库。

1.4.1 信息检索的类型

根据检索手段的不同和检索对象的不同等，将信息检索分为以下不同类型。

1. 根据检索手段的不同分类

根据检索手段的不同，信息检索可分为手工信息检索或文献检索、光盘检索、联机检索和网络检索。

2. 根据存储和检索内容不同分类

根据存储和检索内容不同，分为数据信息检索，事实信息检索，文献信息检索，图像信息检索和多媒体信息检索。

3. 根据检索方式的不同分类

根据检索方式不同，可分为直接检索、间接检索。

4. 根据检索对象的不同分类

根据检索对象的不同，可分为文献型信息检索、数值型信息检索、事实型信息检索。

①文献型信息检索

以文献（包括题录、文摘和全文）为检索对象的检索，是查找某一主题、时代、地区、著者、文种的有关文献，以及这些文献的原文、出处和收藏地点等。完成文献型信息检索主要借助于各种目录型数据库。

②数值型信息检索

是以数值或数据为对象的信息检索，包括文献中的某一数据、公式、图表，以及某一物质的化学分子式等，数据检索分为数值型和非数值型。完成数据型信息检索主要借助各种数值数据库和统计数据库。

③事实型信息检索

是以某一客观事实为检索对象，查找某一事物发生的时间、地点、过程、事件性质的检索，其检索结果主要是客观事实或为说明事实而提供的相关资料。事实型信息检索主要借助于各种指南数据库和全文数据库。

1.4.2 信息检索的作用

信息检索有利于培养学生利用信息的习惯，使学生能够全面掌握有关必要信息，培养学生信息意识，提高现有文献资源的利用率。

1. 避免重复研究

信息检索的目的，一是学习新知识，二是了解相关资讯，三是进行成果查询和科技查新。对于大学生来说，论文写作和科研项目申报阶段进行信息检索，开展查新检索，能够了解他人在同类型项目上开展了哪些工作，进展情况怎样，避免重复研究，从而提高科研项目申报和论文选题申报的成功率。

2. 掌握获取新知识的方法

具备信息检索能力，掌握获取文献的方法后，能为获取新知识提供便捷。据美国励志短片 Did you know 中指出：2010 年迫切需要的 10 种职业，在 2004 年时根本不存在，我们要教导学生准备胜任还不存在的工作，以解决我们还未曾想到过的问题，新科技的资讯量每 2 年就增长一倍，这对于 4 年制理工学生的意义是，一年级时学的知识，有一半到了三年级时就过时了。[①] 对于现在的大学生来说，必须不断补充最新知识，更新自身知识结构，适应科技进步和社会发展的需要，适应新职业对当代人的新要求。

3. 节省时间

科学技术发展使得信息种类和数量海量增长。据美国 NSF 的调查，科研人员平均花在实验上的时间仅为 32%，而查阅资料的时间为 51%，实验计划和构思的时间为 8%，撰写论文的时间为 9%。虽然学生所学专业有差异，查阅资料的时间因人而异，但是仍要花费 40% 左右的时间。掌握信息检索技巧，具备甄别信息资源优劣的能力，可以在短时间内精准查询到相关文献信息并有效利用，节省出大量时间去完成更重要的工作，提高效率。

---

① Did you know.05[EB/OL]. [2019.02.11] http://video.baomihua.com/play/di8yMTkzNTEwNA$$.

1.5 信息检索的途径、方法与步骤

1.5.1 信息检索的途径

信息是按一定方式加工、整理、组织并存储起来的。用户采用一定的方法，根据文献信息的特征和检索标识，借助一定的检索工具，从信息集合中将相关信息准确地查找出来。

检索途径主要有：题名途径、主题途径、分类途径、著者途径、代码途径、出版者途径等。

1. 题名途径

是根据题名（包括书名、篇名或标题、刊名）检索文献信息的途径。许多检索工具是根据文献的题名来排列编制的，如各种题名目录，图书馆的馆藏书目数据、索引等。传统的题名排检法有：汉语拼音法、偏旁部首法、四角号码法等。数据库的题名途径是按照字段来编排的，用后缀限制符“/TI”表示。如果知道文献的书名或篇名时，可通过题名途径检索。

2. 主题途径

某些检索工具（特别是国外的工具书）是根据文献内容所属主题来标引编排文献的，如主题索引、叙词索引等，是提高查准率的检索途径，适用于特殊检索。如果从检索课题的已知条件分析得出所检索的主题，则可通过主题途径来查找。

3. 分类途径

许多检索工具是按照文献内容和学科体系来分类和组织编排的，是以知识体系为中心的分类方式，能集中体现某一学科的系统性和族性。主要工具有分类目录、分类索引等，很多数据库还提供分类导航、学科导航。分类途径适用于保证文献信息的查全率。如果不了解文献的书名、篇名、作者或序号，只知道所要检索课题的学科性质即可利用分类导航来查找。

4. 著者途径

也称责任者途径。检索工具根据文献的责任者进行标引排列，如图书馆目录数据库的作者字段。著者途径分为个人和团体：个人包括作者、编者、译者、整理者等；团体包括机构、创作小组等。如《专利文献与信息检索》一书的著者项标识为“国家知识产权局组织编写”。如果知道文献的作者姓名，可从著者途径来查找。通过著者途径检索外文文献时，要注意外国著者姓和名的拼写顺序。著者途径检索的优点是：每个研究人员的研究方向相对稳定，通过作者检索，获取更多内容相近的最新成果。

5. 代码途径

有些文献是按照其独特的代码进行编排的。例如刊号、ISBN（国际标准书号）、专利文献代码、标准号、国家（行业）标准号等。代码途径，即通过已知文献的专用代码来检索的方法，如利用专利号索引、科学研究报告索引等，检准率较高。

6. 出版者途径

如果已知所要检索文献的出版机构名，可从出版者途径来查找。有些数据库又将出版者途径分为出版社、主办单位、出版地等途径。每一个出版机构都有自己的学科专业特色，如高等教育出版社以出版高质量高校教材见长，外语教学与研究出版社以出版外文文献为特色，商务印书馆将辞书、工具书打造成出版社的品牌书籍。用户可根据不同的出版机构查找相关文献。

信息检索的其他途径还有关键词途径、时间途径、引文途径、任意词途径、语言途径等。无论何种检索途径，都有其优缺点，仅仅依赖于单一的检索途径，会造成漏检等情形，应根据课题需要综合应用，以达到最佳检索效果。

1.5.2 信息检索的方法

信息检索方法，是为了达到检索目的，根据检索计划或检索方案而具体实施的方法或手段。

1. 直接检索法

是直接通过浏览原始文献获取相关信息的方法，该方法不过度依赖于任何检索工具。优点是能保证信息源的真实性、针对性和实用性。但是直接检索的方法单一，对于文献较分散的情况，无法保证查全率。检索具有盲目性和偶然性的特点，容易受个人主观因素影响。直接检索也可通过已知文献所列举的参考文献或辅助索引，扩展检索范围，查找到一批相关文献，因此又称之为回溯法或追踪法。

2. 工具法

利用书目、文摘、索引等检索工具进行文献资料查找的方法称之为工具法。运用这种方法的关键在于熟悉各种检索工具的性质、特点和检索方法，从不同角度查找。工具法主要有：顺查法、倒查法、抽查法。

①顺查法：顺查法是由远及近按时间顺序、利用检索系统进行信息检索的方法。如果已知某一课题的研究始于何年，需了解该课题截至目前的发展脉络，可使用顺查法从过去逐渐向近期进行查找。这种方法能全面检索到某一课题的文献信息，信息量大，查全率高，适用于较大课题的信息检索。

②倒查法：一是由近及远、从新到旧、逆时间顺序进行文献信息检索的方法，重点放在近期文献上，强调近期资料，重视当前的信息，主要用于新课题立项前的文献调研和查新。二是利用现有文献末尾所附的参考文献逐一追踪查找原文的方法，该法能快速准确地检索到某一课题的相关文献信息，在没有检索工具或检索工具不全时，能节省大量时间，适用于对准确性较高要求的检索需求。但是倒查法的漏检率较高。

③抽查法：是针对某一课题特点，选择其文献信息集中出现的时间段，利用检索工具进行重点检索的方法。该方法适用于检索某一学科专业发展阶段清晰、某一事物出现频率突出的课题或检索专题调查报告，但是容易产生漏检等情况。

3. 引文法

是一种由远及近、由近及远的检索方法。主要查找某一篇文献被哪些文献引用过，或利用文章后的参考文献逐一回溯查找原始文献的方法。

4. 循环法

又称为综合法，将工具法和引文法综合起来查找文献信息的方法。既利用检索工具进行常规信息检索，又结合文章后的参考文献进行回溯检索，两种方法交替使用，循环进行，直到查到所需资料为止。

1.5.3 信息检索的步骤

信息检索主要步骤为：

分析检索课题→选择检索系统→确定检索记事→构造检索式→调整检索策略→输出检索结果

在进行文献信息检索时，无论是手工检索还是计算机检索，检索步骤都是一样的，一般要经过以下基本程序。

1. 分析检索课题

在进行信息检索前，要分析和研究检索课题，全面了解课题的主题内容和研究要点。从以下几方面分析检索课题：弄清楚自己的信息需求、检索目的和意图，分析课题涉及的学科范围和主题要求，明确课题拟解决的实质问题，课题所需信息的内容及其特征。课题所需信息的类型包括：文献类型、出版类型、年代范围、语种范围、著者、机构等，课题对查新、查准、查全的指标要求。分析检索课题的目的，是为了厘清检索思路。信息需求的分析越深入细致越准确，所获得的检索效果更好。

2. 选择检索系统

在全面分析检索课题的基础上，根据课题所涉及的学科范围所需文献类型、检索系统的类型和系统功能选择检索系统。选择检索系统时，要考虑收录文献的范围，包括学科专业、语种、时间跨度、文献类型等。

3. 制定检索策略

检索策略包括选择检索方式，是采用手工检索还是用计算机检索等，根据课题需要选择检索工具（系统）或数据库。根据课题的已知条件和特殊要求选定检索方法，选择检索途径和检索标识，确定检索词，构建检索的逻辑表达式等。

4. 信息检索及检索策略的调整

根据前面制定的检索策略，选定好检索系统后，用已构造好的检索表达式进行信息检索，再根据检索结果是否理想修改检索策略。一般来说，检索结果不理想有以下情形：第一种情况是检索结果太多，说明检索标识所用的检索词太广泛，应该用专注度高一些的检索词。如果是两个以上检索词，词与词之间尽量改用逻辑 and 或 not。第二种情况是检索结果太少，说明检索标识所用的检索词过于专业，应考虑检索词是否准确，尽量用上位词、同义词、近义词，相关词等尽量选全，以提高查全率。如果是两个以上检索词，词与词之间改用逻辑“or”。在构建检索提问式时，还要注意位置算符，截词符的使用方法。根据信息量过多或过少来调整检索策略。

5. 检索结果的处理

对所获得的检索结果进行系统整理和处理。检索结果的处理包括文献信息的筛选、下载、保存与引用等。筛选出符合课题要求的相关文献信息，选择检索结果的著录格式，辨认文献类型、文种、著者、篇名、内容、出处等项记录内容，输出检索结果。

思考题

1. 什么是信息、知识、情报和文献？简述它们之间的关系。

2. 文献信息的载体类型有哪些？

3. 文献信息的出版类型有哪些？

4. 什么是信息检索？

5. 简述信息检索与文献检索的主要区别。

6. 信息检索分为哪些类型？信息检索的作用是什么？

7. 信息检索的途径有哪些？

8. 信息检索的方法有哪些？

9. 信息检索的步骤有哪些？

第 2 章 网络信息资源检索

■ 2.1 网络信息资源检索概述

网络信息资源，指网络环境下人类可获取的各种信息资源之总和。是以数字化形式，将文字、图像、声音、动画等信息存储在磁介质、光介质等载体上，以多媒体形式表达出来，借助计算机信息网络方式来远距离传递信息内容的集合体。网络信息资源包括了数字化文献信息、专业数据库、书目数据化信息、馆藏电子文献、电子报刊等。

网络信息资源检索就是通过互联网对信息资源进行远程访问及查询的过程。网络信息资源是个开放的资源，信息发布自由，内容庞杂，类型繁多，打破时间空间阻隔，实现资源共享。本章着重介绍网络信息资源中的学术信息查询。

■ 2.2 网络信息资源的类型

网络信息资源具有存储数字化、传输网络化、数量庞大增长迅猛、免费资源丰富、共享程度高、交互功能强、传输速度快、信息源复杂无序等特点。了解网络信息资源的类型，可为用户根据信息需求查询信息提供便利。

网络信息资源类型繁多，根据不同的分类标准，可分为不类型。以下介绍几种常用类型。

2.2.1 按信息的主题划分

1. 新闻信息

是电子媒体如百度、网易、新浪、搜狐等新闻网站所发布的各种新闻信息。新闻信息的发布速度快，人们可不受时间空间限制地浏览国内外有关政治、军事、财经、教育、学术活动等行业新闻，新闻信息中不乏部分具有较高参考价值的学术研究信息。

2. 政府信息

“政府信息，是指行政机关在履行职责过程中制作或者获取的，以一定形式记录、保存的信息”[①]。包括各类政府公告、统计资料、政府预算、政府基金信息、政府资助项目、法律和知识产权等信息。

3. 贸易和金融信息

包括金融贸易业务、证券交易、股票、商品广告、房地产等信息。

4. 科学技术与教育信息

包括高校网站、教育机构网站、学术机构网站上发布的各类信息。

5. 书目数据信息

包括以各种文献为依据编目加工的书目数据库、指南、索引等。

6. 全文信息

包括电子图书数据、期刊数据、会议文献数据、科技报告等全文信息。呈现的检索结果是原文而不是文献线索。

7. 娱乐信息

包括动漫、游戏、音乐、抖音、电影电视、旅游等方面的信息。

2.2.2 按信息媒体形式划分

1. 文本信息

指以原始文献为依据的信息源加工而成的文本信息。

① 中华人民共和国国务院．中华人民共和国政府信息公开条例（第二条）[Z]. 2007—04—05.

2. 超文本信息

以电子文档方式，将不同空间的文字信息组织起来，形成特定内容的网状文本。主要是以文字形式来表示信息，建立文句之间的链接关系，即节点间的链接。用户在浏览文档的过程中，可自动跳转到自己感兴趣的某个主题文档，获取更多信息。超文本以节点为单位组织信息，是一种全局性的信息结构。

3. 多媒体信息

是计算机与视频技术结合的产物，包含了文本和声音、图形和图像、视频和动画、图片和地图等信息。

4. 超媒体信息

超媒体是超文本 + 多媒体在信息浏览环境下的融合，是采用非线性网状结构对块状多媒体信息进行组织和管理的技术。超媒体除文本外，还使用多种媒体信息来建立链接关系，主页里包含了大量文本、声音、图形、图像、动画和视频片段之间的多媒体链接关系。

2.2.3 按照信息发布范围划分

1. 正式出版物信息

指受到一定知识产权保护并由正式出版机构发行的信息，如知网、维普数据库、超星电子图书以及各种网络数据库。很多正式出版物信息属于收费信息，也称商用信息资源。

2. 非正式出版信息

指网络上不受知识产权保护的动态信息。这类信息的流动性和随意性较强，在一些网站上的网络论坛、BBS、QQ 空间、微博上发布的信息等，可信度和质量难以保证。

2.2.4 按网络信息资源加工层次划分[①]

1. 网络资源指南

① 李其港 . 文献检索实用技术 [M]. 北京：人民邮电出版社，2014：118.

2. 搜索引擎

3. 图书馆信息资源

4. 网络数字图书馆资源

5. 网络数据库信息资源

6. 电子出版物

7. 网上动态信息

8. 其他网站资源。

2.2.5 按互联网学术和学习资源网站划分

1. 专业期刊数据库

2. 学术书籍数据库及网站

3. 学位论文全文数据库

4. 会议论文数据库

5. 综合资料数据库及网站

6. 百科全书网站

7. 词典及翻译网站

8. 课程资源网站

9. 视频资源网站

10. 软件资源网站

■ 2.3 网络信息资源的检索方法

网络信息资源繁多，从海量网络信息中资源快速找到自己需要的信息，首先要掌握网络信息检索方法。一般检索方法有以下几种。

2.3.1 浏览法

浏览法，又称漫游法。人们上网有两种情况：一种是无目的的漫游，例如上网漫游看看有没有自己感兴趣的内容，看视频、阅读、看新闻等。浏览时，会偶然发现一些可能对自己有用的其他信息。但通过这一方法查资料，充满了不可预见性和偶然性。另一种是有目的性的查找信息资料，在这一过程中，会意外发现一些与检索信息相关的文档链接，通过链接，跳转到另一相关网页，找到新的资料信息。又在查找新信息时，获得更多的推荐网页链接，类似于知网节提供的“相关文献”链接。

2.3.2 搜索引擎检索法

目前互联网上的网页数量当以百亿计，而互联网网页则是搜索引擎的信息源，因此网络信息资源最常用的检索方式，即通过搜索引擎查询信息所在的 Web 页面。搜索引擎提供的信息通常是由专业人员在对网络信息资源进行鉴别、选择、评价、组织的基础上编制而成的，对于有目的的网络信息检索具有重要的作用。搜索引擎可向用户提供关键词、词组或自然语言查询，根据用户提出的检索要求，代替用户在数据库中进行检索，可查询世界各地的相关信息，并将检索结果提供给用户。通过搜索引擎，可获取很多免费信息资源，有的还提供全文链接。综合文献数据库、出版社数据库、杂志主页可提供少数免费资源。学术机构可提供部分免费资源、作者主页基本都提供免费资源。

2.3.3 网络资源指南检索法

即通过网络资源指南检索信息资源的方法。如高校图书馆依托学校的信息门户网站编制的网络资源使用指南、数据库使用指南、试用数据库使用指南、开放资源使用指南、其他分类主题网络资源指南、网络学习指南、旅游指南等，几乎每个学科专业和研究领域的网络资源指南都可以在互联网上找到。此类资源，是相关专业人员利用网络信息资源优势开发的，可供浏览和检索。

■ 2.4 网络信息资源检索的技巧

2.4.1 分析信息需求

了解要查询信息的目的及要求。将查询的问题进行分类，分析所需信息的学科性质及主题范围、信息类型、信息的地域范围、信息的表现形式等。分析哪些是已知信息，哪些是想要了解的信息，需要查找哪些具体事实。确定检索的关键词，信息检索的时间范围，资源性质和查询方式，决定使用什么资源查询。

2.4.2 选择检索工具

根据信息需要，选择不同的检索工具。可选择中文检索工具，也可选择外文检索工具。检索工具的类型一般分为两类，一是以提供线索为目的的指示型检索工具，如图书馆馆藏目录、文摘、索引、工具书指南。二是以提供具体信息为目的而编制的参考型检索工具，如：词典、引语工具书、百科全书、类书、政书、传记资料、机构名录、统计资料、年鉴、手册、政府出版物等。

2.4.3 确定检索点与检索词

确定检索点，即确定检索途径或信息检索入口。主要指用于查找和识别信息资源中的名称、词语、代码等。分为外表特征和内容特征。外表特征主要指题名、著者、刊名、出版年代等。内容特征主要指与分类类目对应的主题、关键词、类别等。网络时代，计算机可以将全文中的每一个词作为检索点进行索引，这是纸质版检索工具难以做到的。

确定检索词，目的是要在信息检索中构建检索式，全面描述和正确揭示信息需求。检索词选择是否恰当，直接影响检索效果，要尽量避免造成漏检和误检。根据文章标题，选定合适的检索词。检索词的切分，就是对检索词最小单元进行分割。如对论文标题“旅游广告在旅游产品推广中的应用”进行切分。选择检索词应尽量简短，若将整个标题内容作为检索词，检索效果

是不佳的。可将标题切分为“旅游 | 广告 | 在 | 旅游 | 产品 | 推广 | 中 | 的 | 应用”。在该标题中，无实际意义的词有“在”“中”“的”“推广”“应用”不单独列为检索词。有检索意义能揭示主题内容的检索实词可分解为“旅游广告”“旅游广告推广”“旅游广告应用”“旅游产品”“旅游产品推广”“旅游产品应用”。但是有的检索词应该作为一个词来检索，而不应该切割。如“贵州大学”就不能切分为“贵州”和“大学”。关键词查找时，为避免漏检，应尽量放宽条件扩展检索。如检索“计算机”方面的信息，可补充该词的同义词或近义词，将“电脑”“微机”和“PC 机”可作为检索词的补充。

2.4.4 构建检索表达式

检索表达式，又称检索提问式。是通过布尔逻辑检索、截词检索等，将表达主题与检索单元组配连接起来的形式。详情见 2.5 网络信息资源检索基本技术。

2.5 网络信息资源检索基本技术

网络信息资源检索是由计算机来操作完成的，是利用光盘数据库、联机数据库、网络数据库、搜索引擎等进行信息检索时采用的相关技术。常用的检索技术有布尔逻辑检索、截词检索、加权检索、限制检索、词位置检索等。

2.5.1 布尔逻辑检索

布尔逻辑是表达不同概念之间关系的符号逻辑系统。布尔逻辑检索，是指利用布尔逻辑运算符将检索词连接起来的方法。由计算机进行相应逻辑组配，找出所需信息。采用逻辑或、逻辑与、逻辑非等算符。逻辑与和逻辑非，是用于排除无关结果，目的是提高查准率。而逻辑或用于扩大搜索范围，旨在提高查全率。布尔逻辑算符的运算顺序为：not → and → or。在下列列举的逻辑检索所有实例中，检索词用 A、B 来表示。

1. 逻辑“与”（and 或 *）

逻辑与在中文里含有“且”“和”“并含”的意思，用 and 或 * 表示。当检索到的文献太多时，需用逻辑与或 * 来提高检索词专指度，缩小检索范围，提高查准率。两个检索词用 and 或 * 相连，表示被检索结果是文献的交叉部分，如检索词为 A、B，检出结果必须是同时含有这两个检索词的记录才能被命中。

【例 1】检索屯堡服饰文化方面的文献信息，逻辑“与”的表达式为：“屯堡”and“服饰”，或“屯堡”*“服饰”。

下图显示在题名中，同时含有“屯堡”和“服饰”两个检索词的命中结果。

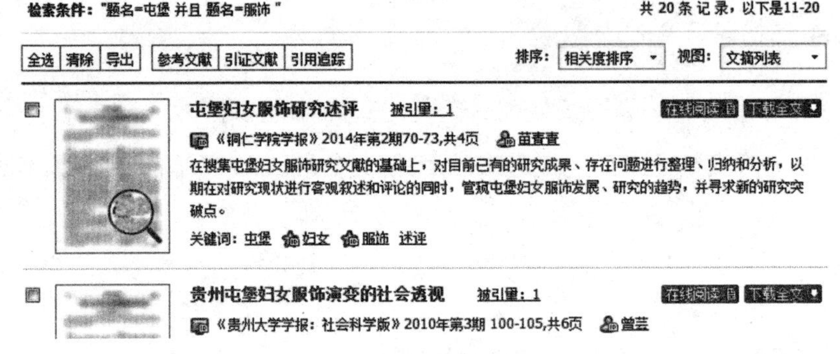

图 2-1 逻辑“与”

A= 屯堡

B= 服饰

2. 逻辑“或”（or 或 +）

逻辑 or 在中文里是“或”的意思，表示概念并列关系的组配。当检索到的文献较少，需要提高文献的查全率时，可用逻辑（or 或 +）扩大检索范围。表示在列出的两个检索条件中，至少有一个成立，即二者同时包括。两个检索词以用“OR”或“+”相连，表示被检索的文献，只要含有其中一个检索词或者同时含有这两个检索词的信息，均为被命中信息。

【例 2】查找关于“言情小说”A 或“武侠小说”B 方面的论文，检索式为“言情小说”or“武侠小说”或“言情小说”+“武侠小说”。模糊检索的结果如下图。

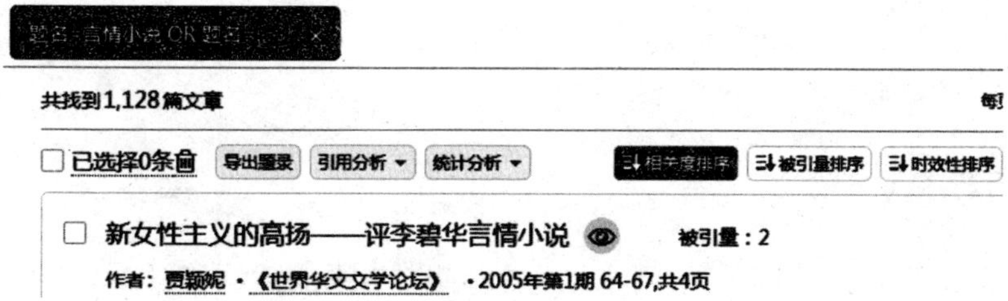

题名=言情小说 OR 题名=... ×

共找到1,128篇文章

已选择0条 导出题录 引用分析 统计分析 相关度排序 被引量排序 时效性排序

新女性主义的高扬——评李碧华言情小说 被引量：2

作者：贾颖妮 ·《世界华文文学论坛》 ·2005年第1期 64-67,共4页

图 2-2 逻辑“或”，表示满足一个检索条件 A

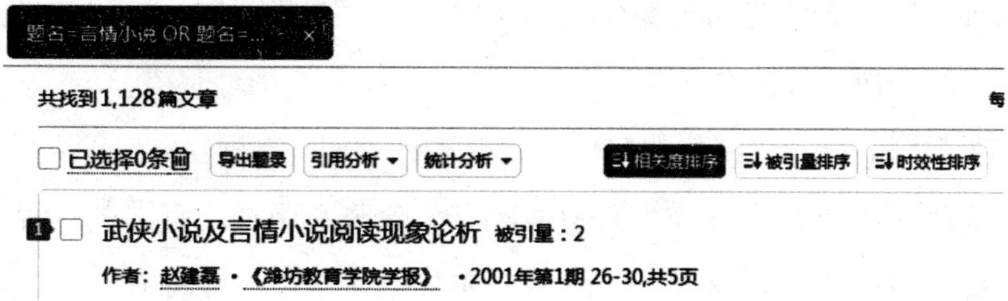

题名=言情小说 OR 题名=... ×

共找到1,128篇文章

已选择0条 导出题录 引用分析 统计分析 相关度排序 被引量排序 时效性排序

1 武侠小说及言情小说阅读现象论析 被引量：2

作者：赵建磊 ·《潍坊教育学院学报》 ·2001年第1期 26-30,共5页

图 2-3 逻辑“或”，表示满足两个检索条件 A 和 B

A= 言情小说

B= 武侠小说

3. 逻辑“非”（Not 或—）

表示排除关系的组配，用 Not 或—（减号）表示。检索词 A、B 用逻辑非相连，表示检索的文献内容中，含有检索词 A 而不含检索词 B 的那部分文献，才被命中。检索时，系统会自动将包含检索词 B 的信息集合排除掉，以缩小检索范围。

【例 3】查找题名为“红楼梦”但不含“石头记”方面的文献，检索式为：“红楼梦” Not “石头记”，或“红楼梦” — “石头记”，如图 2-4。

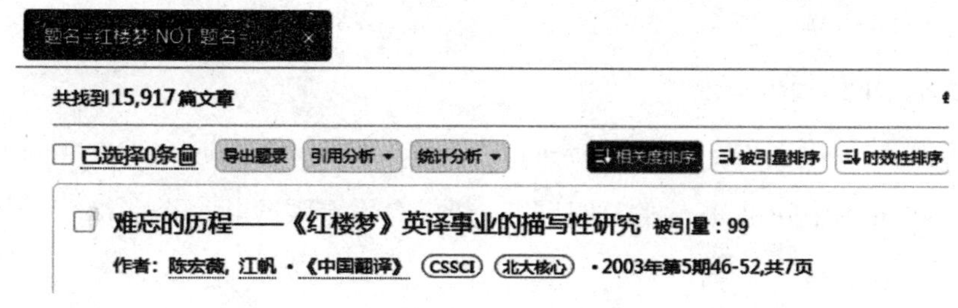

图 2-4 逻辑“非”

A= 红楼梦

B= 石头记

2.5.2 截词检索

截词检索就是在词干的不同位置进行截断，添加截词符“？”“*”或“S”代替检索词中可变化部分而保留相同的部分，以检出一组概念相关或是同一词根的词。这一方法是为了简化检索步骤，扩大查找范围，预防漏检，是提高查全率的一种检索技术。

按照截词的位置，可分为右截断、左截断、中间截断、左右截断等四种。

按字段字符数量，可分为有限截断、无限截断两种。有限截断规定了截取字符的数量，用截词符“？”表示，在数据库中，一般将有限截断符称之为通配符。无限截断对截取字符数量不作硬性规定，将无限截断符称之为截词符，用截词符“*”表示。

以下截词检索以无限截断举例说明。

1. 右截断

表示前方一致。

【例 4】inform ？，表示 information， informational， informant， informer 等前方一致的一组词。

2. 左截断

表示后方一致。

【例 5】?form，表示 deform，disinform，conform，reform 等后方一致的一组词。

3. 中间截断

表示中间一致。

【例 6】?form?，表示 deformation， informative，misinformation， reformist，conformation 等中间是 form 的一组词。一般仅允许有限截断一个字符。

4. 左右截断

表示左右一致。

【例 7】* tooth * 检索到的结果有：tooth，teeth；* man * 检索到的结果有 man，men；* woman * 检索到的结果有 woman，women 等。

5. 有限截断

有限截断，又称有限后截断，主要用于单词的单数、复数和动词词尾变化等。

【例 8】dog ？ └┘ ？ 。两个问号之间要空一格（ └┘ 代表空格），可检索到含有 dog，dogs 等词的记录。dog??? 可检索到 0—3 个字母变化，检出记录含有 dog，dogs 和 dogged，但检索不到 dogging。

6. 无限截断

无限截断，又称无限后截词，用于同根词。

【例 9】fat ？ 是在 fat 词根后加上“？ ”号，允许后面有任何字符变化。在词根后加上几个问号，代表几个字符的变化。可检索出 fatter，fatten，fattening 等同根词的相关记录。

2.5.3 限制检索

在信息检索系统中，通过限制检索范围，使用缩小或限定检索的方式查询信息资料，如使用限制符、限制检索命令、进行字段检索等。限制检索方式很多，如时间限制、字段限制、处理类型限制、文件类型限定等。使用这些方法，可达到优化检索结果的目的，使检索到的结果更加精确。以下主要介绍字段限定检索。

数据库中的每一条记录由许多字段构成，这些字段是组成数据库的最小单位，即每一个著录事项。计算机检索时，限定检索词在特定字段中进行查找的检索技巧，就是字段检索。通常检索系统设置的检索字段有两种：一种是表达文献内容特征的基本索引字段，包括篇名（题名、标题）、文摘、叙词等字段。另一种是辅助索引字段，包括作者、文献类型、语种字段，表达文献外部特征。

每个字段使用字母代码表示：如 KW 表示“关键词 (keyword)” 。以 dialog

系统为例，基本索引字段系后缀检索的，用“/”表示后缀符（见表 1–1）。辅助索引字段前用“=”表示前缀符（见表 2–2）。

表 2–1　后缀限制符列表

字段字母代码	说明
/ AN	限制在存取号中查找
/ TI	限制在篇名字段中查找
/ AB	限制在文摘字段中查找
/ DE	限制在叙词字段中查找

【例 10】“导游服务 / AB”，该检索式表示在文摘字段查找含有检索词“导游服务”的文献信息（见表 2–2）。

表 2–2　前缀限制符列表

字段字母代码	说明
AU=	限制在特定作者字段中查找
CS=	限制在特定作者机构字段中查找
JN=	限制在刊名字段中查找
LA=	限制在语种字段查找
PY=	限制在出版年字段查找

【例 11】JN=Readers’s Digest(读者文摘)，表示在刊名字段查找“Readers’s Digest”中所刊载的文献信息。

目前中文数据库提供菜单式检索，在下拉菜单中列举检索字段，如：CNKI、维普、万方等，不需要输入字段代码，只需选择查询字段即可。

2.5.4 加权检索

“加权检索是一种定量检索方式，它的基本方法是在每个提问词后面加上一具体数值表示其重要性的程度，即该提问词的‘权’。在检索中，先在数据库中查找这些检索词，对查获的检索进行权值总和计算，只有当权值之和达到或超过预先规定的数值时，该纪录才算命中，这个预定的数值被称为阈值。”[①] 由此可见，加权检索是某些检索系统中提供的一种定量检索技术，以判定检索词在满足逻辑检索之后对文献信息是否命中的影响程度，是缩小检索范围的一种有效方法。

在网络信息检索工具中，Excite 搜索引擎最先支持加权检索，用“^”符号表示某个检索词的权值。目前多数网络检索工具在检索提问中，检索词的分量用“+”和“-”表示。加权检索方法是在检索提问式中，根据检索词在检索要求中的重要程度，加上一个数字，以一定的加权数以示区别，这个数值为权数，再给出检索命中的阈值。被检索文献是否命中，要看提问词是否与被检索词匹配，如果某篇文献匹配的检索词“权”值之和满足阈值条件，即确认为命中文献。

2.5.5 词位置检索

词位置检索又称邻近检索，是对检索词之间相对位置进行限制的检索技术。在文献记录中，词语的次序或位置不同，表达的意思有可能不同。同理，检索表达式中词语的相对次序不同，表达的检索意图也不同。位置检索是运用某些特定的位置算符，表示两个检索词之间的邻近关系，是直接使用自由词而不依赖主题词表检索的技术。位置算符与数字组合，数字表示最多可以插入的词的数量，即 0~N 个。目前，“(nW)”算符和“(nN)”算符应用较为广泛。

1. “(nW)”算符

(nW)算符中“W”含义为“word”。此算符所连接的检索词必须按邻接顺序排列，前后词序不可颠倒，两个检索词在结果中距离不超过 n 个词，如果是中文情况下，不超过 n 个字。

【例 12】personal (1W)computer，检索记录包含“personal computer”“personal desktop computer”“personal laptop computer”等。

---

① 黄军左．文献检索与科技论文写作 [M]. 2 版．北京：中国石化出版社，2013:23.

2. “（nN）”算符

“（nN）”算符中“N”含义为“near”。表示允许所连接的两词之间可插入少于或等于 n 个其他词，两个检索词的前后顺序可以变换。

【例 13】furniture (1N)design，命中记录有“furniture design”“designing furniture”“designing the furniture”等。

2.5.6 模糊检索与精确检索

模糊检索：也称概念检索或同义词检索。指在检索系统中输入同义词中的任何一个词，不仅能检索出包含指定的检索词，还能将与关键词主题概念相同的信息检索出来。如检索词“图书馆”的扩展概念，就包含了“藏书楼”。“学术道德”的扩展概念，包含了“学术不端”“学术造假”。

精确检索：也称精确匹配或完全匹配，指检索结果与输入的检索词中，包含完全相同的内容，字序、字间间隔也完全一样。

例如：以“屯堡建筑”为检索词，精确检索结果中，“屯堡建筑”是作为一个词，字序一致，几个字是结合在一起的。利用模糊检索，检索结果中“屯堡建筑”则分为“屯堡”和“建筑”两个词，词序不定，词间空格也不定。

2.6 网络信息检索工具

2.6.1. 搜索引擎的含义

搜索引擎是一种为用户提供网络信息查询站点的检索工具。搜索引擎源于传统的全文信息检索理论，是信息资源的检索入口。它根据一定的策略，利用网络搜索技术，运用特定的计算机程序自动获取互联网上大量站点网页的信息，并对网络上的各种资源进行归类整理和标引。广义上，搜索引擎指基于因特网上的查询系统，包括信息存取、信息管理和信息检索。狭义上指专为搜索因特网上的网页而设计的检索软件。

搜索引擎的类型主要有：全文搜索引擎、目录索引、元搜索引擎、垂直搜索引擎、集合式搜索引擎、门户搜索引擎、免费链接列表等。因特网搜索引擎除了全文检索系统之外，还有从互联网上自动收集网页的数据搜集系统。从搜索引擎的用途来看，对于普通网民来说，搜索引擎就是一种上网查询的工具。对商家而言，搜索引擎是赢利的产品或服务。作为一种服务，搜索引擎营销商要研究搜索引擎的优化技术和推广应用。搜索引擎作为一种信息检索的工具，用户需要了解搜索引擎的功用和性能，掌握其使用方法和技巧。

2.6.2 搜索引擎的发展简史

搜索引擎是依托互联网而发展起来的。随着全球网民大幅增加，在互联网上查找各种信息，需要借助检索工具，搜索引擎由此而发展起来。网络信息资源犹如传统图书馆，资源多了，就会出现管理和查询的困难，搜索引擎的原理在很大程度上源于传统文献信息检索技术。

1. 搜索引擎发展史简介

1990 年，加拿大蒙特利尔麦吉尔大学师生共同开发了 Archie，这是第一个互联网上的搜索引擎模型。当时 Web 还未出现，大量文件散布在分散的 FTP 主机中，检索不便。Archie 主要用于搜索基于文件传输协议 FTP 服务器上的档案，以文件名查找文件。

1993 年 6 月，第一个只收集网址的 Web 搜索引擎 World Wide Web Wanderer 出现，这是世界上首个利用网页之间链接关系监测 web 发展规模的机器人程序，但是没有索引文件的内容。

1993 年 10 月，Yahoo 的前身 ALIWEB 出现。ALIWEB 可索引文件标题标签等信息，但它靠网站主动提交信息来建立自己的链接索引，没有索引文件主体的内容。

1994 年 4 月，美国 David Filo 和出生于中国台湾的杨致远（Jerry Yang）创立了 Yahoo，建立起 Yahoo 超级目录索引，即由人工编辑网站目录，将有价值的网站列在 Yahoo 目录中。支持简单的数据库搜索。

1994 年 4 月，Web Crawler 推出第一个全文搜索引擎，可索引文件的全部内容。

1994 年 6 月，Lycos 创立，将蜘蛛程序接入到索引程序中，这是现代意义上的第一个搜索引擎。Lycos 实现了网页自动摘要，成为当时最受欢迎的搜索引擎之一。

1995 年 1 月，第一个元搜索引擎 Meta Crawler 出现。该搜索引擎可同时调用 Lycos、Webcrawler、Excite、Alta Vista、Meta Catalog、Looksmart、Google 等十多个独立搜索引擎，将用户查询的信息提交给上述各个独立搜索引擎，并将返回的查询结果进行集中处理后再返给用户。

1995 年 12 月，AltaVista 创立，这是第一个实现自然语言检索的搜索引擎，可使用高级搜索语法，是当时最受欢迎的搜索引擎。

1996 年 11 月，Lycos 收录了 6000 多万个文件，成为当时最大的搜索引擎。

1997 年 4 月，Ask Jeeves 上线，采用自然语言和问句形式搜索。

1997 年 10 月，北大天网的前身天网 ftp 搜索出现。这是提供主题搜索的搜索引擎。

1998 年 9 月，Google 公司成立。该公司推出的 google pagerank 技术主要用于对网页进行评级。提供动态、摘要、网页快照等搜索功能。

1999 年 5 月，Fast/AllTheWeb 创建，可实现搜索的自动分类。

2000 年 1 月，百度成立。成立之初是作为搜索技术提供商，向其他网站提供中文搜索服务和数据。

2001 年 10 月，百度作为搜索引擎直接向用户独立提供搜索服务。目前百度已成为全球最大的中文搜索引擎。

到目前为止，各个搜索引擎在不断改进和完善搜索功能，创建独特服务，实现了个性化搜索、地图服务、网站统计等，检索功能更强，更加符合用户信息查询的需求。

2. 搜索引擎技术的发展

张俊林先生在《这就是搜索引擎——核心技术详解》一书中，从搜索引擎技术发展的角度，将其技术发展史划分为：分类目录的一代、文本检索的一代、链接分析的一代、用户中心的一代四个发展阶段。

（1）分类目录

搜索引擎通过人工整理的方式，对站点进行分类后建立分类目录数据库。由于有专门的编辑人工审核站点，检索的准确度高。缺点是查询速度慢，效率不高，收集的内容有限，不太适合大量数据的检索。

（2）文本检索

搜索引擎采用经典的信息检索模型，比如布尔模型、向量空间模型或者概率模型，来计算用户查询关键词和网页文本内容的相关程度，可以收录大部分网页，并能够按照网页内容和用户查询的匹配程度进行排序。但是总体而言，搜索结果质量不是很好。①

（3）链接分类

搜索引擎充分利用了网页之间的链接关系，并深入挖掘和利用了网页所代表的含义。网页链接代表了一种推荐关系，所以通过链接分析可以在海量内容中找出重要的网页。这种重要性本质上是对网页流行程度的一种衡量，因为被推荐次数多的网页其实代表了其具有流行性。搜索引擎通过结合网页注重性和内容相似性来改善搜索质量。② 即利用网页的流行性和推荐程度来提高查询质量。

（4）用户中心

这一代搜索引擎的特点，是尽可能满足用户获取信息的真实需求。搜索引擎根据同样的查询词在不同时间场合，用不同方法来试图理解用户的真正需要。即以理解用户需求为核心。因此，检索的目的不同，结果也会不同。

在使用搜索引擎查询信息时发现，不同用户即使输入同样的关键词，可能查询的目的是不一样的。例如同样输入关键词“花千骨”查询，有的用户的查询目的是上网看电视剧，有的用户是为了看漫画，有的用户是为了玩游戏。

---

① 张俊林 . 这就是搜索引擎——核心技术详解 [M]. 北京：电子工业出版社，20116：4–5.

② 张俊林 . 这就是搜索引擎——核心技术详解 [M]. 北京：电子工业出版社，20116：5.

再如利用搜索引擎查找“变形金刚”的信息，有的是为了看电影视频，有的则是为了了解玩具的相关信息。因而以用户为中心一代的搜索引擎始终在致力于解决如下问题：如何才能够理解用户输入的某个查询词背后包含的真正需求。目前搜索引擎可以根据用户过去的查询历史、查询时间和地理位置等信息，来试图理解用户查询的真正需求，进行信息推送。

2.6.3 搜索引擎的工作原理

1. 信息采集与存储

搜索引擎采用自动方式对信息进行搜集和存储。运用网络自动运行软件，在互联网上抓取信息，找到信息所在的 Web 页，自动给 Web 页信息编制索引，存入到临时数据库中，形成目标摘要格式文件，制作成网络和访问的数据库。

2. 建立信息索引

完成信息采集、信息分析和存储，提取具有检索价值的网页中的关键词，并进行数值计算，建立索引查询系统。这是与数据库系统相配套的子系统，决定索引的布尔逻辑操作、时空比、表达式匹配、结构化和非结构化文件处理，词语匹配、匹配相关性排序等。建立信息索引就是创建文档信息的特征记录，使用户能够快速检索到所需的信息。

3. 检索界面的建立

检索界面是与搜索引擎、用户、相关 web 页地址相连接的中介。每一个搜索引擎的检索界面上都有一个搜索框，可接受用户提交的查询请求，搜索引擎根据用户输入的检索表达式在其建立的索引中查询，寻找相应匹配的 Web 地址。

4. 检索结果的相关处理

通过搜索引擎查询到的结果通常数量巨大，信息过载使得用户无法一一浏览。因此搜索引擎一般会按查询结果的相关度进行排序，即关键词在文件中出现的频率越高，关联性越高，检索出的文件通常排在最前面。第二种方法是按时间顺序来排序，时间最近最新的文件通常排在最前面。第三种方法是搜索引擎会为检索到的每个文件自动生成简单的摘要，用户可自己选择和判断检索结果的相关性决定是否使用。检索结果的相关处理是为了方便用户快速获取相关信息。

2.6.4 搜索引擎的分类

按照搜索引擎的类型可分为：检索式搜索引擎、目录分类式（网站级）搜索引擎、元搜索引擎、智能搜索引擎等。

按照信息内容的组织方式可分为：目录式搜索引擎、机器人搜索引擎、全文搜索引擎。

按照专业范畴划分可分为：综合性搜索引擎、专业性搜索引擎、垂直搜索引擎。

按照检索功能划分可分为：独立搜索引擎、多元搜索引擎。

2.6.5 搜索引擎存在的问题

搜索引擎对关键词大都不明示词汇规范和词间的关系，容易造成与主题相关的信息分散，词间关系含糊不清或不正确，无法清楚地显示概念间的关系，容易造成系统的失误。分词技术还不完善，例如在中文检索结果中，不能做到与用户期望的很好匹配。用户难以确定全部的检索词语，在超文本浏览中存在“信息迷航”等问题。

2.6.6 搜索引擎的选择

目前所有的大型搜索引擎均采用动态索引的方式提供检索服务，因此目录会频繁增删改动，并定期重构索引。新的词项、博客、新主题网页会不断产生。在信息查询时，旧的索引会被删，查询处理会自动转到新的索引上去。因此选择使用哪一个搜索引擎查询相关信息，应考虑以下因素。

1. 搜索引擎的收录范围、分类、检索功能与效果、对检索结果的处理怎样？

2. 用户界面是否友好？

3. 对处理复杂信息需求能力的反应速度如何？

4. 平均返回的文献量怎样？

5. 检索的速度有多快？

6. 所查询文件的数量有多少？

7. 文献信息是否免费？

2.6.7. 搜索引擎选介

1. 中文搜索引擎——百度

中文搜索引擎主要有百度、搜狗、天网搜索、有道、雅虎中国等。中文搜索引擎本章主要介绍百度。

（1）百度简介

网址：http://www.baidu.com

百度创建于 2000 年 1 月 1 日，创始人李彦宏和徐勇。同年 8 月百度发布 baidu.com 搜索引擎 Beta 版。百度创立之初的宗旨就是让用户“更便捷地获取信息”，致力于为用户提供“简单，可依赖”的互联网搜索服务。2005 年 5 月，百度首次为硅谷动力门户网站提供搜索技术服务，随后迅速占领中国搜索引擎市场。百度是目前世界上最大的中文搜索引擎，每天响应来自 138 个国家超过数亿次的搜索请求，搜索结果源于百度超过百亿的中文网页数据库。

百度除网页搜索外，还提供新闻、hao123、地图、MP3、图片、视频、百度翻译、百度传课、百度学术等多样化的搜索服务。在百度的社区服务中，提供百度百科、百度文库、百度阅读、百度网盘、百度优课、百度旅游等服务（如图 2-5）。百度还提供移动搜索服务，用户可以通过手机或掌上电脑的无线平台进行百度搜索查询信息资料。其中贴吧、知道、百科、经验是百度率先创造的搜索社区。“百度一下” 已经成为用户进行互联网搜索的代指名词（如图 2-6）。

搜索服务

百度人工翻译 权威精准人工翻译	网页 搜索海量网络资料、资源	视频 搜索海量网络视频	百度翻译 轻松解决语言差异困扰
音乐 搜索试听下载海量音乐	地图 搜索功能完备的网络地图	新闻 搜索浏览新闻资讯	图片 搜索海量网络图片
百度识图 以图搜信息，发现更多可能！	太合音乐人 发现更好的原创音乐	百度财富 理财，贷款，保险，上百度财富	百度外卖 在线外卖订餐产品
百度传课 百度在线教育平台！	百度学术 提供海量中英文文献检索！	桌面百度 桌面智能助手，连接人与服务	

图 2-5　百度搜索服务内容

社区服务

百度取证 电子数据取证/公正平台	百家号 内容变现和粉丝管理	百度广播开放平台 文本实时转换语音	百度VR社区 VR媒体社区
度秘 每个人贴心的秘书	百度安全社区 百度安全产品交流论坛	文库 阅读、下载、分享文档	百度网盘 文件备份、分享、同步工具
百科 查询、贡献网络百科全书	贴吧 自由分享话题、参与讨论	知道 寻找答案、回答问题	经验 实用生活指南
百度股市通 大数据选股，股票投资	百度钱包 安全可信赖的支付工具	百度阅读 电子书世界，阅读更方便	百度旅游 让旅行更简单
百度众测 用户体验中心	百度金融商城 综合金融服务平台	百度社团赞助平台 互联网产品粉丝互动	百度糯米 我的生活
宝宝知道 更专业的母婴孕育知识社区	百度优课 中小学教师工作必备		

图 2-6　百度社区服务内容

百度主页由功能模块、检索框、搜索键组成（如图 2–7）。

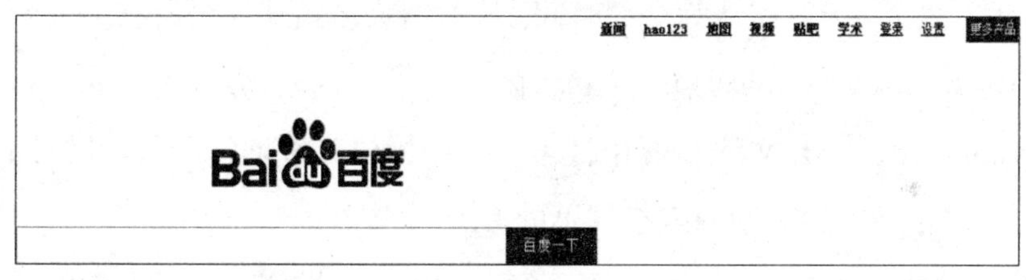

图 2–7　百度搜索主页

（2）百度的检索方式

百度提供简单搜索与高级搜索两种检索方式。

①简单搜索：当搜索需求较单一时，如查询“贵州省安顺市一周天气预报”，可用简单搜索直接查询（如图 2–8）。

图 2-8　百度简单搜索结果

②高级搜索：当用户需求较为复杂，或是需要缩小检索范围提高查准率时，可利用高级搜索界面进行查询。高级搜索默认逻辑“与”、逻辑“非”的关系。检索的时间限制，即限定搜索网页的时间为：最近一天、最近一周、最近一月、最近一年，默认为全部时间。搜索网页格式默认为所有网页和文件，可以限定在 Adobe Acrobat PDF(.pdf)、微软 Word(.doc)、微软 Excel(.xls)、微软 Powerpoint(.ppt)、RTF 文件 (.rtf) 中搜索。关键词位置查询，默认为网页的任何地方，也可在网页的标题中或在网页的 URL 中查找。

【例 14】查找最近一年来在网页标题中关于导游资格考试方面的信息。

检索步骤：登录百度主页，在“设置”的下拉菜单中，点击进入“高级搜索”（如图 2-9）。输入检索式：导游资格 + 考试 / 最近一年 / 仅网页的标题中，点击高级搜索（如图 2-10）。

搜索结果：包含以下全部的关键词 导游资格
包含以下的完整关键词： 考试
包含以下任意一个关键词
不包括以下关键词
时间：限定要搜索的网页的时间是 最近一年
文档格式：搜索网页格式是 所有网页和文件
关键词位置：查询关键词位于 网页的任何地方 仅网页的标题中 仅在网页的URL中
站内搜索：限定要搜索指定的网站是 例如：baidu.com
高级搜索

图 2-9 百度高级搜索界面

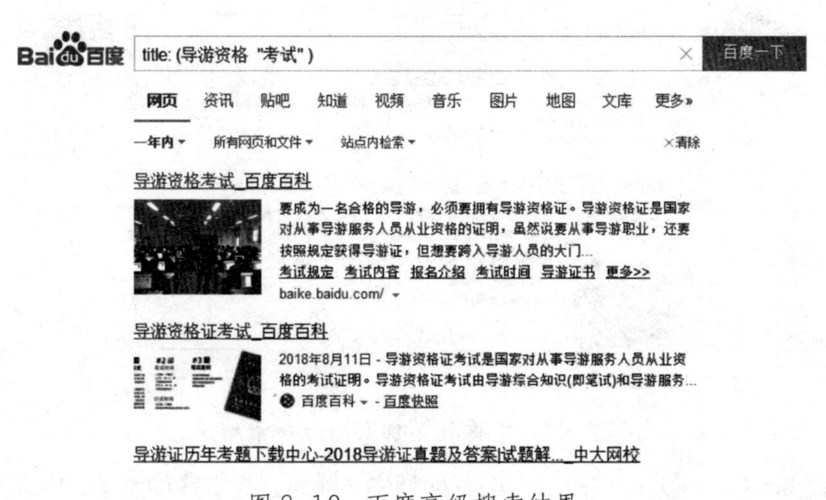

图 2-10 百度高级搜索结果

（3）百度检索的常用语法

①双引号——精确匹配。加双引号后，查询词是不拆分的。如果不加双引号，输入的查询词较长，百度经过分析后，给出的搜索结果中的查询词可能会是拆分的。如，以“农家乐经营管理”为查询词，加双引号与不加双引号查询，结果是不一样的。如图 2-11、图 2-12。

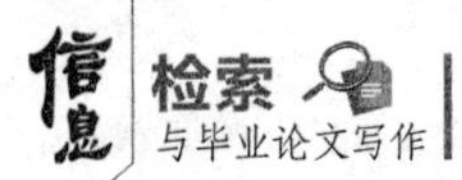

“农家乐经营管理” 百度一下

农家乐经营管理与品质提升_图文_百度文库

评分:3.5/5 125页

2017年5月17日 - 农家乐经营管理与品质提升 - —黄雪梅 黄雪梅,四川农业大学 旅游管理硕士研究生,有一定的酒店管理和旅 ...

百度文库 V3

农家乐经营管理.doc 评分:3.5/5 4页

更多文库相关文档>>

农家乐经营管理_百度文库

评分:5/5 3页

2018年6月30日 - 农家乐经营管理 - 欢快农家乐 (一)项目策划 农家乐的项目分区和策划实施产品特色化,都紧紧围绕“山”“水”“瑞” 、作文章,实施八大突破,即“三八...

百度文库 V3 - 百度快照

图 2-11 查询词加双引号搜索结果

农家乐经营管理 百度一下

农家乐经营管理_2019新出实体店营销策略

农家乐经营管理?现在还在为店里没到店量吗?来看看2019新出的实体店营销策略,这里手把手教你怎么提高到店到店量

gbx.njajdz.cn 2019-03 V1 - 评价 广告

农家乐经营与管理_百度百科

《农家乐经营与管理》,是中国农业科学技术出版社2011年出版的图书,作者是李屹兰,李静轩。本书主要介绍了农家乐的经营和管理中需要注意的地方,为办好农家乐提供了参考。

内容简介 目录

baike.baidu.com/

如何经营一家农家乐_百度经验

图 2-12 查询词不加双引号搜索结果

② intitle——关键词限定在网页标题中。例如查找雷锋的事迹,检索式为:“事迹 Intitle: 雷锋” 。检索结果全部为雷锋事迹的相关网页。注意, “Intitle: ”和后面的关键词之间不能有空格(如图 2–13)。

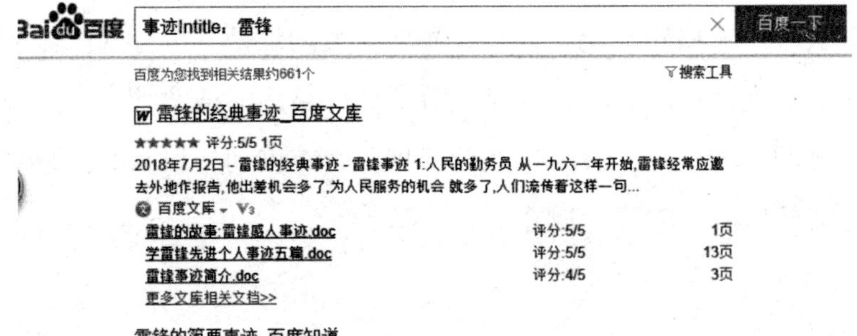

图 2–13 关键词限定在网页标题中查询结果

③ filetype——对搜索对象进行格式限制。例如：想查找含有“半导体”“集成电路”的 PDF 文件，检索式为：“半导体集成电路 filetype：PDF”。除了 PDF 格式，“filetype：”还可以支持以下文件格式：DOC、XLS、PPT、TXT、RTF、ALL，其中 ALL 表示搜索上述所有文件格式类型（如图 2-14）。

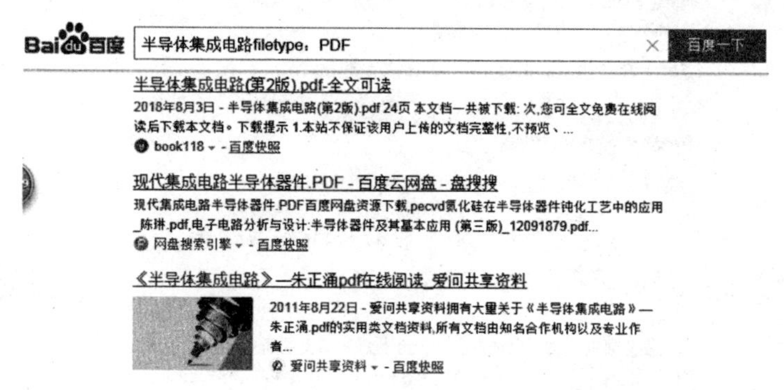

图 2-14 PDF 格式查询结果

④减号（–）——不含特定关键词。即逻辑“非”检索。例如：想搜索有关金庸武侠小说《神雕侠侣》方面的内容而不希望出现其他电视剧方面的网页，检索式为：“神雕侠侣–电视剧”。须注意的是：前一个关键词和减号之间必须有空格，否则减号会被当成连字符处理，而失去减号语法功能。减号和后一个关键词之间，有无空格均可（如图 2-15）。

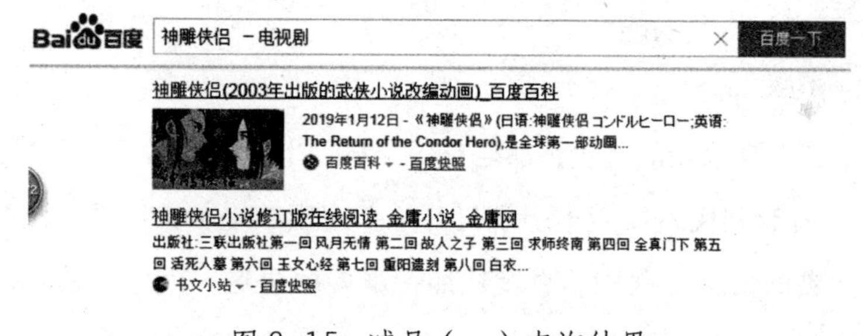

图 2-15 减号（–）查询结果

⑤书名号《》——精确匹配。在百度搜索中，查询词加上书名号，有两个特殊功能：一是书名号会出现在搜索结果中；二是加上书名号的查询词不会被拆分。例如查询电视剧《花千骨》，加上书名号，查询结果基本上都是关于电视剧方面的网页（如图 2-16）。如果不加书名号，可能检索结果是关

于“花千骨”的漫画、图书、游戏等方面内容的网页（如图 2–17）。

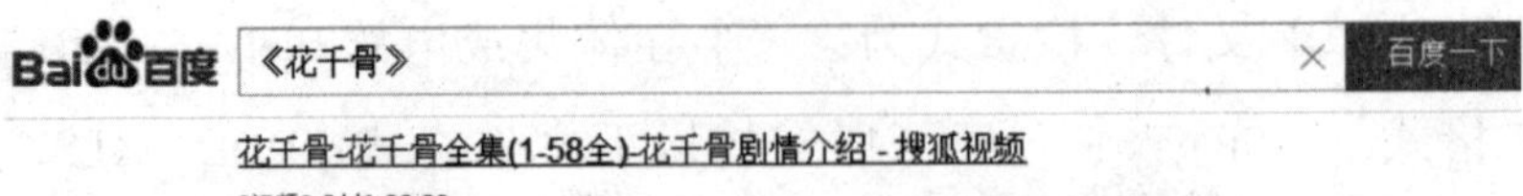

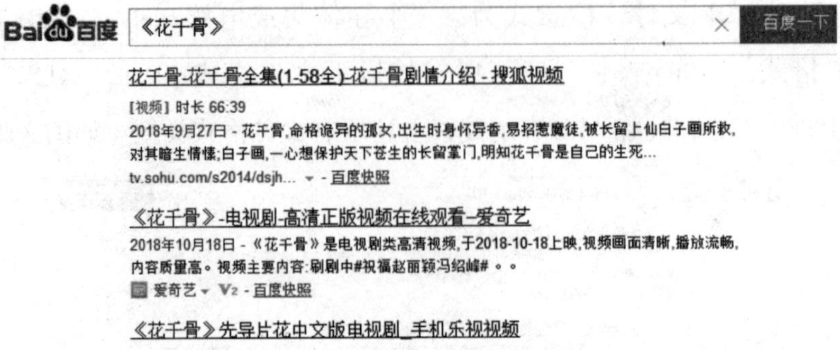

花千骨-花千骨全集(1-58全)-花千骨剧情介绍 - 搜狐视频

[视频] 时长 66:39

2018年9月27日 - 花千骨,命格诡异的孤女,出生时身怀异香,易招惹魔徒,被长留上仙白子画所救,对其暗生情愫;白子画,一心想保护天下苍生的长留掌门,明知花千骨是自己的生死...

tv.sohu.com/s2014/dsjh... - 百度快照

《花千骨》-电视剧-高清正版视频在线观看–爱奇艺

2018年10月18日 - 《花千骨》是电视剧类高清视频,于2018-10-18上映,视频画面清晰,播放流畅,内容质量高。视频主要内容:刷剧中#祝福赵丽颖冯绍峰#。。

爱奇艺 - V2 - 百度快照

《花千骨》先导片花中文版电视剧_手机乐视视频

图 2–16　加上书名号的查询结果

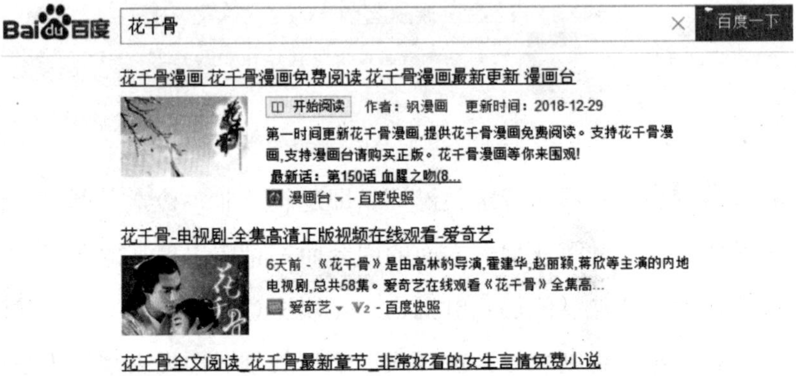

花千骨　百度一下

花千骨漫画 花千骨漫画免费阅读 花千骨漫画最新更新 漫画台

开始阅读　作者：飒漫画　更新时间：2018-12-29

第一时间更新花千骨漫画,提供花千骨漫画免费阅读。支持花千骨漫画,支持漫画台请购买正版。花千骨漫画等你来围观!

最新话：第150话 血腥之吻(8...

漫画台 - 百度快照

花千骨-电视剧-全集高清正版视频在线观看-爱奇艺

6天前 - 《花千骨》是由高林豹导演,霍建华,赵丽颖,蒋欣等主演的内地电视剧,总共58集。爱奇艺在线观看《花千骨》全集高...

爱奇艺 - V2 - 百度快照

花千骨全文阅读_花千骨最新章节_非常好看的女生言情免费小说

图 2–17　不加书名号的查询结果

（4）百度的特色功能

①百度快照

每一个被百度收录的网页，都存有一个自动生成的临时缓存页面，即“百度快照”。有时利用百度搜索引擎打开某个搜索结果，会出现无法打开或打开速度特别慢的情况，利用“百度快照”就能解决这一问题。但是百度快照一般只保留文本内容，因此凡图片、音乐、视频等非文本信息，在百度快照中是无法显示的。

②相关搜索

百度的“相关搜索”，类似于专业数据库的“相似文献”。无论输入什么查询词，百度都会在搜索结果页的下方，提供按搜索热门度排序的百度相关搜索。通过相关搜索，用户可以参考别人的搜索获得一些启发。例如，查询“乡村旅游”方面的信息，相关搜索会推荐以下查询。点击这些词，可以直接获得搜索结果，如图 2–18。

相关搜索

如何发展乡村旅游	个人如何开发乡村旅游	乡村旅游的概念
新西兰乡村旅游	乡村旅游策划	乡村旅游标识
乡村旅游论文	乡村旅游规划	什么是乡村旅游

图 2-18　百度相关搜索

（5）百度学术资源简介

①百度文库

百度文库是一个供百度用户在线上传分享文档的平台，于 2009 年 11 月建立。2010 年 7 月百度文库推出手机版。对于用户上传的文档百度不编辑或修改其内容，但需经百度审核方能发布。百度文库的资源包括专业资料、教学资料、考试题库、公文写作、法律文件等多个领域。用户可以在线阅读全文或下载、分享文档，但是下载有标价的文档则需要消耗一定的百度下载券。百度文库平台支持 DOS、PPT、TXT、PDF、XLS 等文件格式。到了 2014 年，百度文库文档的数量就已突破一亿。

②百度学术

百度学术，也称百度学术搜索，是一个学术资源搜索平台，可向用户提供海量中英文文献检索。平台内容涵盖各类学术期刊和会议论文。可检索到大量学术论文，其中有部分免费的学术资源。百度学术搜索的界面简洁友好，如图 2–19。

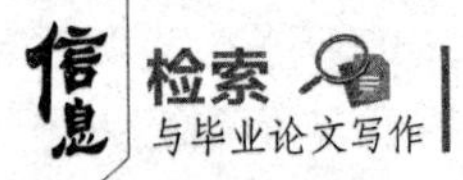

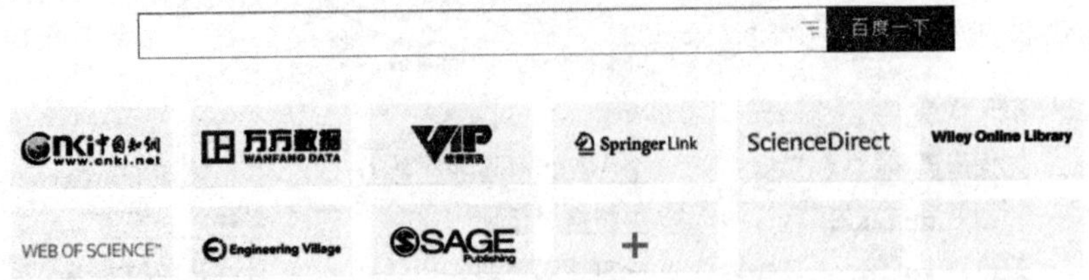

图 2-19　百度学术搜索界面

【例 15】利用百度学术搜索，查找并下载“乡村民宿”方面的免费文献，时间限定在 2017 年以来的文献，共搜索到 82 条相关结果。可单篇下载，也可批量打包下载，如图 2-20、图 2-21。

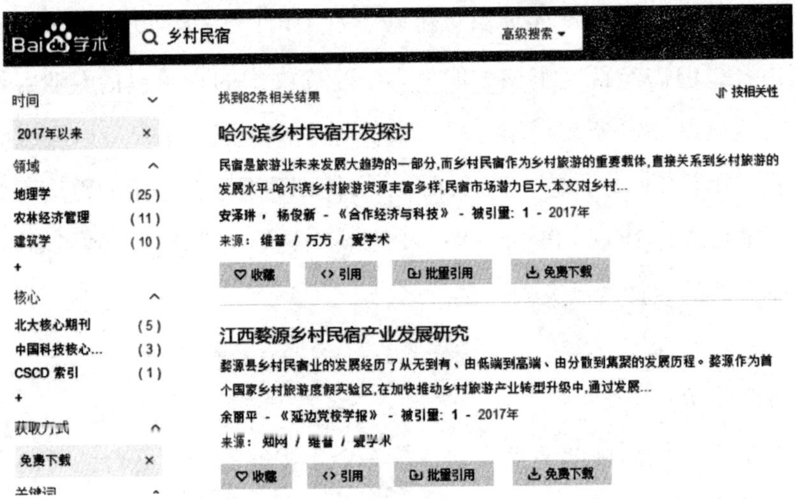

图 2-20　百度学术搜索提供的免费下载相关结果

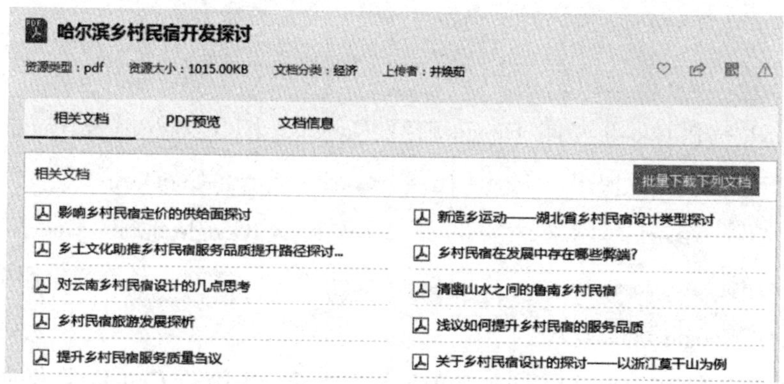

图 2-21　免费文档批量下载列表

2. 英文搜索引擎——Google

英文搜索引擎主要有 Google、Yahoo、Lycos、Ask Alta Vista 等，本章主要介绍 Google。

（1）Google 简介

Google 创建于 1998 年，是通用的中英文网页搜索引擎。Google 搜索引擎有一百多种语言的界面，中文搜索界面为“谷歌”。Google 允许用多种语言搜索，并提供三十多种语言的搜索结果。“手气不错”功能，向用户提供最符合要求的网站。在 Google 设置下拉菜单下，可选择语言搜索、高级搜索等（如图 2-22）。

图 2-22　Google 主页

（2）Google 检索

在 Google 搜索框输入关键词，选择使用语言，如中文（繁体）、English，点击 Google 搜索，可获得相关查询结果。点击网页标题，可浏览全文信息。

（3）Google 搜索功能

Google 提供 Google 新闻、Google 财经、Google 地图、Google 航班、Google 图片、Google 日历、Google 快讯、Google 视频、Google 音乐、Google 字典、大学搜索、Google 文件、Google 学术搜索、Google 图书搜索、Google 地球、Google 识图、Google 浏览器、Google 翻译、Google+、Google 实验室、Gmail 等搜索服务功能。

（4）Google 学术搜索

2004 年 11 月，Google 首次发布了学术搜索试用版。Google 学术搜索是以提供免费搜索学术文章为宗旨的 Google 网络应用。学术资源主要来源于学术著作出版商、专业性社团、预印本、各大学及其他学术组织的经同行评论的文章、论文、图书、摘要和文章，如图 2–23。

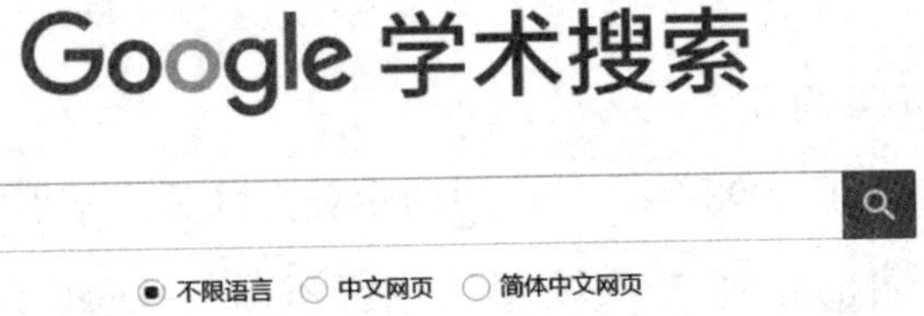

图 2–23 Google 学术搜索界面

【例 16】利用 Google 学术搜索，以“乡村旅游”为关键词，查询 2015 年以来中文网页上的相关文章。

检索过程：打开 Google 学术搜索，输入查询词“乡村旅游”，选择中文网页，点击搜索按钮，查到相关文献。

命中结果列表的左侧，在日期限制栏目选中 2015 年，进行二次检索，在统计信息栏显示共查到 17300 条搜索结果。

点击选中的标题链接，可查看文章摘要等信息，部分提供全文文献。如图 2–24。

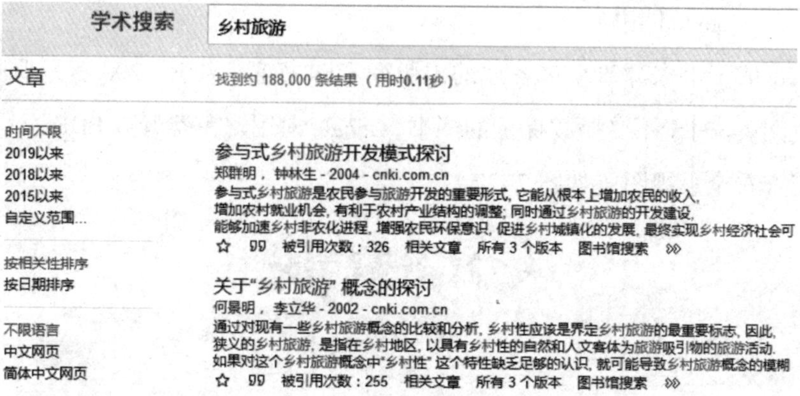

学术搜索　乡村旅游

文章　找到约 188,000 条结果（用时0.11秒）

时间不限
2019以来
2018以来
2015以来
自定义范围...

按相关性排序
按日期排序

不限语言
中文网页
简体中文网页

参与式乡村旅游开发模式探讨
郑群明，钟林生 - 2004 - cnki.com.cn
参与式乡村旅游是农民参与旅游开发的重要形式，它能从根本上增加农民的收入，增加农村就业机会，有利于农村产业结构的调整；同时通过乡村旅游的开发建设，能够加速乡村非农化进程，增强农民环保意识，促进乡村城镇化的发展，最终实现乡村经济社会可
☆ 99 被引用次数：326 相关文章 所有 3 个版本 图书馆搜索 »

关于"乡村旅游"概念的探讨
何景明，李立华 - 2002 - cnki.com.cn
通过对现有一些乡村旅游概念的比较和分析，乡村性应该是界定乡村旅游的最重要标志，因此，狭义的乡村旅游，是指在乡村地区，以具有乡村性的自然和人文客体为旅游吸引物的旅游活动。如果对这个乡村旅游概念中"乡村性"这个特性缺乏足够的认识，就可能导致乡村旅游概念的模糊
☆ 99 被引用次数：255 相关文章 所有 3 个版本 图书馆搜索 »

图 2-24　Google 学术搜索的命中结果列表

如点击网页标题《新型城镇化背景下的乡村旅游发展》，可查看本文的摘要、关键词，以及全文文献信息。Google 学术搜索中，并不是所有文献都提供全文信息的，如图 2-25、图 2-26。

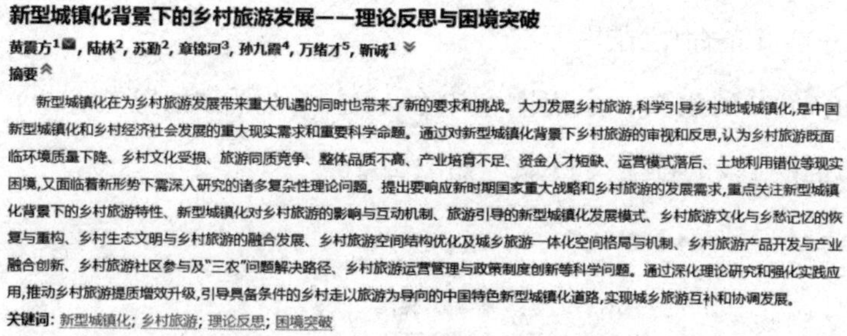

新型城镇化背景下的乡村旅游发展——理论反思与困境突破

黄震方[1]，陆林[2]，苏勤[2]，章锦河[3]，孙九霞[4]，万绪才[5]，靳诚[1]

摘要

新型城镇化在为乡村旅游发展带来重大机遇的同时也带来了新的要求和挑战。大力发展乡村旅游,科学引导乡村地域城镇化,是中国新型城镇化和乡村经济社会发展的重大现实需求和重要科学命题。通过对新型城镇化背景下乡村旅游的审视和反思,认为乡村旅游既面临环境质量下降、乡村文化受损、旅游同质竞争、整体品质不高、产业培育不足、资金人才短缺、运营模式落后、土地利用错位等现实困境,又面临着新形势下需深入研究的诸多复杂性理论问题。提出要响应新时期国家重大战略和乡村旅游的发展需求,重点关注新型城镇化背景下的乡村旅游特性、新型城镇化对乡村旅游的影响与互动机制、旅游引导的新型城镇化发展模式、乡村旅游文化与乡愁记忆的恢复与重构、乡村生态文明与乡村旅游的融合发展、乡村旅游空间结构优化及城乡旅游一体化空间格局与机制、乡村旅游产品开发与产业融合创新、乡村旅游社区参与及"三农"问题解决路径、乡村旅游运营管理与政策制度创新等科学问题。通过深化理论研究和强化实践应用,推动乡村旅游提质增效升级,引导具备条件的乡村走以旅游为导向的中国特色新型城镇化道路,实现城乡旅游互补和协调发展。

关键词: 新型城镇化; 乡村旅游; 理论反思; 困境突破

图 2-25　命中文献的摘要及关键词信息

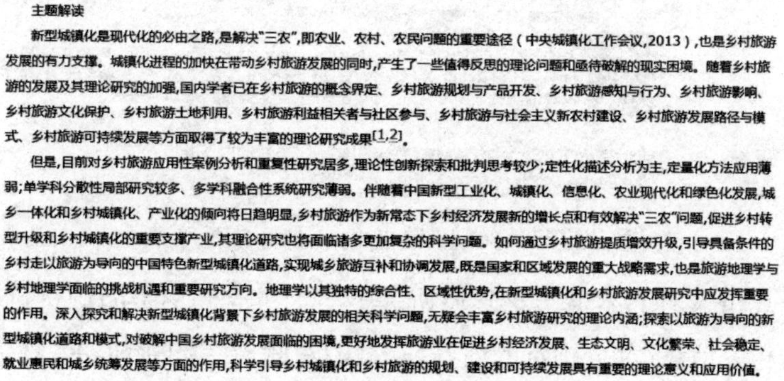

主题解读

新型城镇化是现代化的必由之路,是解决"三农",即农业、农村、农民问题的重要途径（中央城镇化工作会议,2013）,也是乡村旅游发展的有力支撑。城镇化进程的加快在带动乡村旅游发展的同时,产生了一些值得反思的理论问题和亟待破解的现实困境。随着乡村旅游的发展及其理论研究的加强,国内学者已在乡村旅游的概念界定、乡村旅游规划与产品开发、乡村旅游感知与行为、乡村旅游影响、乡村旅游文化保护、乡村旅游土地利用、乡村旅游利益相关者与社区参与、乡村旅游与社会主义新农村建设、乡村旅游发展路径与模式、乡村旅游可持续发展等方面取得了较为丰富的理论研究成果[1,2]。

但是,目前对乡村旅游应用性案例分析和重复性研究居多,理论性创新探索和批判思考较少;定性化描述分析为主,定量化方法应用薄弱;单学科分散性局部研究较多、多学科融合性系统研究薄弱。伴随着中国新型工业化、城镇化、信息化、农业现代化和绿色化发展,城乡一体化和乡村城镇化、产业化的倾向将日趋明显,乡村旅游作为新常态下乡村经济发展新的增长点和有效解决"三农"问题,促进乡村转型升级和乡村城镇化的重要支撑产业,其理论研究也将面临诸多更加复杂的科学问题。如何通过乡村旅游提质增效升级,引导具备条件的乡村走以旅游为导向的中国特色新型城镇化道路,实现城乡旅游互补和协调发展,既是国家和区域发展的重大战略需求,也是旅游地理学与乡村地理学面临的挑战机遇和重要研究方向。地理学以其独特的综合性、区域性优势,在新型城镇化和乡村旅游发展研究中应发挥重要的作用。深入探究和解决新型城镇化背景下乡村旅游发展的相关科学问题,无疑会丰富乡村旅游研究的理论内涵;探索以旅游为导向的新型城镇化道路和模式,对破解中国乡村旅游发展面临的困境,更好地发挥旅游业在促进乡村经济发展、生态文明、文化繁荣、社会稳定、就业惠民和城乡统筹发展等方面的作用,科学引导乡村城镇化和乡村旅游的规划、建设和可持续发展具有重要的理论意义和应用价值。

图 2-26　命中文献的全文信息

（5）Google 图书

Google 图书来源于全球各地的出版商和图书馆，共有 1200 多万册图书可供线上阅读。对于不受版权保护的图书，Google 向用户免费开放 PDF 下载功能，还可能查看全书视图（如图 2–27）。

图 2–27　Google 图书首页

【例 17】利用 Google 图书，查找“乡村旅游”方面的图书信息。

检索过程：打开 Google 图书，输入查询词“乡村旅游”，点击搜索按钮，共搜索到 60000 条命中结果。

在命中图书列表页，点击图书书名，显示“部分预览”，可浏览部分章节内容，还可在线阅读全文目录（如图 2–28）。

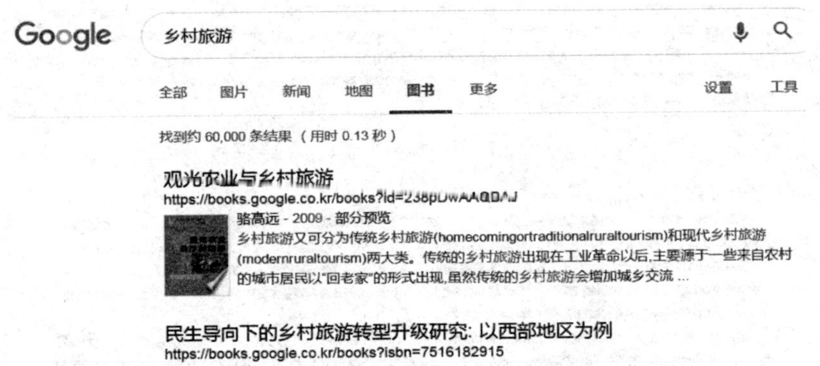

图 2–28　Google 图书命中图书信息列表

如果点击《观光农业与乡村旅游》书名，可看到该书的摘录视图，并显示图书的相关信息、部分预览的内容。在视图左侧，在线书店提供“购买电子书”链接，可直接购买该书的电子书。

用户可将搜索的图书分类保存在“我的书架”，方便以后随时随地查阅（如

图 2–29）。

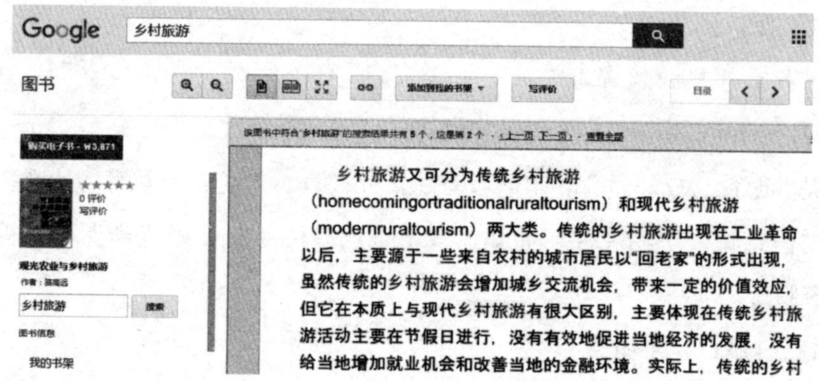

图 2–29 Google 图书部分预览内容

2.7 网上免费开放获取学术资源

网络免费学术信息，主要指在互联网上用户可以免费获取的、具有知识产权使用权、具有学术研究价值的各学科领域的数字资源。

2.7.1 网上中文免费开放获取学术资源

1. 中国国家图书馆 · 中国国家数字图书馆

网址：http://www.nlc.cn/

检索范围：图书、期刊、报纸、论文、古籍、音乐、影视、缩微。

2. 中国社会科学网

网址：http://www.cssn.cn/

提供资讯、视频、图片浏览，将哲学、法学、文学等 20 个类目的文献整合在一个平台上，可全文阅读。“期刊数据库”直接链接至“国家期刊库（NSSD）”。

3. 全国图书馆参考咨询联盟

网址：http://www.ucdrs.superlib.net/

提供图书部分章节的试读，期刊、学位论文、会议论文可通过文献传递获取全文。提供专利文献检索。选择中文搜索和外文搜索，可搜索中文文献和外文文献。

4. 教育部基础教育司

网址：http://www.moe.gov.cn/s78/A06/

提供德育与校外教育、学前教育、义务教育、普通高中教育、特殊教育、装备与信息化板块的文件、通知、资讯查询。可免费下载优秀课件、视频、文本资料等。

5.CADAL 数字图书馆

网址：http://www.cadal.zju.edu.cn/index

是一个拥有 250 万册图书的免费数字图书馆。资源类型有：古籍、民国图书、民国期刊、现代图书、学位论文、报纸、特色资源。

6. 国图文津

网址：http://find.nlc.cn/

数据库收录范围：图书、古文献、论文、期刊报纸、多媒体、缩微文献、文档等。检索途径：一站式搜索、高级检索、联邦检索。

7.iData

网址：https://www.cn-ki.net/

可检索范围：综合、期刊、博硕士、会议、报纸上的信息。其中“外文”数据提供 Google 学术搜索链接。

8. 掌桥一站式科研服务平台

网址：http://www.pbsti.com/

可检索范围：中文期刊、中文会议、外文期刊、外文会议、外文学位、美国政府科技报告、科技图书。

9. 贵州数字图书馆

网址：http://www.gzlib.org/

贵州数字图书馆的资源有：图书（包含超星电子书、书香贵州数字图书馆平台等。古籍包含了大成故纸堆、中国典藏古籍库等），期刊（包含 CNKI

学术期刊、人大复印报刊资料、龙源期刊），学位论文（包含中国博士\硕士学位论文全文数据库、会议论文），会议论文，专利，标准，音视频（包含超星学术视频、天天微学习中心、库客数字音乐图书馆、乐儿少儿科普知识系列动画、种植养殖技术专题视频库），推广工程（包含数字图书馆推广工程、数字资源共享访问、中国政府公开信息整合服务平台、百万公众网络学习工程、科普知识学习资料等）。数据库提供一站式中文、外文检索。

拥有账号的直接点击贵州数字图书馆首页右上角的登录，未注册账号的点击右上角的“在线领卡”，按要求填写资料确定即可使用数据库。提供文献传递全文接收服务。

10. 汉斯出版社中文学术期刊

网址：https://www.hanspub.org/

目前已有国际开源中文期刊 100 余本。提供期刊论文的免费下载，电子图书销售。

11. 国家标准全文公开系统

网址：http://www.gb688.cn/bzgk/gb/index

该系统提供强制性国家标准 1900 余项，提供推荐性国家标准 3.4 万余项。其中非采标项可在线阅读和下载，采标项可提供题录信息和全文在线阅读。

12. 国家精品在线开放课程

网址：http://www.chinaooc.cn/front/show_result.htm

这是由教育部正式推出的针对本科、专科教育层次的 490 门“国家精品在线开放课程。

13. 中国法律大全

网址：http://www.jincao.com/t1.htm。

根据分类导航，提供中国法律文献全文阅读。

14. 国家科技图书文献中心・国家科技数字图书馆

网址：https://www.nstl.gov.cn/

检索范围：期刊、会议、学位论文、报告、专利、文集、图书、标准、计量规程。

15. 国家自然科学基金基础研究知识库

网址：http://or.nsfc.gov.cn/

收录国家自然科学基金资助项目成果的研究论文的元数据与全文，期刊论文 6 万余篇全文，会议论文 7000 余篇全文。目前公开的研究论文全文 58 万余篇。

16. 中国科学院联合目录

网址：http://union.csdl.ac.cn/

这是一个多学科大型联合目录数据库，包括了全国中、西、日、俄文期刊联合目录数据库、中国科学院图书联合目录数据库和电子资源知识库。集成了国内 500 余家成员馆的印本资源和电子资源信息。

17. 中国科学院数据云

网址：http://www.csdb.cn/

提供数据应用云服务、科学数据云服务，为读者推荐多个数据库，每个数据库可查询元数据、服务案例、论文。

18. GoOA——开放获取论文一站式发现平台

网址：http://gooa.las.ac.cn/

OA 期刊服务平台，由中科院文献情报中心实施建设。收录 OA 期刊 2600 多种，论文 50 余万篇，提供全文免费下载、关联检索等服务。

19. 国家科技成果网

网址：http://www.tech110.net/

提供科技成果检索。

2.7.2 网上外文免费开放获取学术资源

1. 谷歌学术镜像

网址：http://scholar.hedasudi.com/

提供部分学术文献的在线阅读和全文下载。

2. 古腾堡数字图书馆

网址： http://www.gutenberg.org/wiki/Main_Page

古腾堡数字图书馆又称古腾堡项目，是一个非营利性的数字图书馆，免费电子书已超过 4 万本。

3. arXiv.org（电子预印本文献库）

网址：http://arxiv.org/

该数据库由美国国家科学基金会和美国能源部资助，在美国洛斯阿拉莫斯（Los Alamos）国家实验室建立的免费电子预印本文献库。

4. Open Access Library（开放存取资源图书馆）

网址：http://www.oalib.com/

可提供免费阅读科技论文，免费获取 430 万篇学术文章，内容涵盖数学、物理、化学、人文、工程、生物、材料、医学和社会科学等领域。

5. Scientific Research Publishing(SCIRP)

网址： http://www.scirp.org/journal

该数据库是（美国科研出版社）最大的开放获取期刊之一，内容涵盖物理、化学与材料科学、医学、生物、数学、经济、计算机、通信、环境科学、工程、社会科学与人文等领域。

6. eScholarship 加利福尼亚大学国际和区域数字馆藏

网址：https://escholarship.org/

提供已出版的期刊论文、未出版的研究手稿、会议文献等。

7. 开放存取 (Open Access, OA)

网址： http://www.socolar.com/

该数据库包括开放存取期刊和开放仓储。用户可以不受任何限制地访问该平台，只要是合理合法地使用文献并注明相应的出版信息，即可免费阅读、下载、复制、传播通过该平台检索到的文献。

8. 美国密西根大学论文库

网址：http://deepblue.lib.umich.edu/index.jsp

该数据库收录了2万多篇期刊论文、技术报告、评论等文献全文。包含艺术学、生物学、社会科学、资源环境学等学科的相关论文，另还有博硕士论文。凡有OPEN标识的可以打开全文。

9. Blackwell电子期刊

网址：http://www.blackwell-synergy.com/

Blackwell出版公司与世界上550多个学术机构和专业学会合作，出版国际性期刊800余种，包含了很多非英美地区出版的英文期刊，学科范围包括：农业、动物学、经济学、金融学、数学、统计学、工程、计算机科学、保健学、人文学、法学、生命和自然科学、医学、社会科学及行为科学等。部分期刊提供全文下载。

10. 剑桥大学机构知识库

网址：http://www.dspace.cam.ac.uk/

提供剑桥大学相关的期刊、学术论文、学位论文等电子资源。

11.SciELO（巴西网上科技电子图书馆）

网址：https://www.scielo.org/index.php?lang=en&all=subjects

该数据库是科技期刊在网上的一种合作性的电子出版模式，内容涵盖了农业、植物学、动物学、医学等多个领域。SciELO网络平台设有英文、葡萄牙文和西班牙文3个界面。

思考题

1. 网络信息资源类型有哪些？

2. 举例说明网络信息资源的检索方法。

3. 简述网络信息资源的检索技巧。

4. 简述布尔逻辑检索。

5. 什么是截词检索？什么是限制检索？什么是加权检索？什么是词位置检索？

6. 什么是搜索引擎？

7. 利用百度搜索引擎，比较检索词“《手机》”和“手机”的检索结果有什么不同。

8. 使用百度高级搜索，查找与自己所学专业相关的文献。

9. 分别举例说明百度检索的常用语法有哪些？

10. 分别使用百度文库、百度学术查找感兴趣的文献。

11. 使用 Google 学术搜索，查找“屯堡建筑”方面的文献资料。

12. 使用 Google 图书，查询“文化产业管理”方面的电子图书，并查看某一本图书的目录。

13. 贵州数字图书馆的数字资源有哪些？

14. 分别使用某个网上中文、外文开放获取学术资源，查找与所学专业相关的中文文献、外文文献。

第3章　常用的学术论文检索系统

学术论文检索系统，指按某种方式建立起来的，查找类型为学术论文全文信息的数据库检索系统，包括期刊数据库、学位论文数据库、会议论文数据库等。本章介绍的学术论文检索系统，主要为学校图书馆具有数据库使用权限、可在校园IP范围内或校园用户通过远程访问系统免费使用的可直接获取全文的数据库。最后介绍网上部分国内国外免费学位论文数据库。

3.1 中国常用的学术论文检索系统

学术论文检索，最常用的是期刊数据库。中国常用学术期刊数据库主要有：中国学术期刊（网络版）、维普中文科技期刊数据库、人大复印报刊资料数据库、万方中国学术期刊数据库、超星期刊、国家哲学社会科学学术期刊数据库、中国台湾学术文献数据库学术期刊库等。

3.1.1 中国学术期刊（网络版）

1. 中国知网

网址：http://www.cnki.net/

中国知网，又称CNKI，也有人习惯称之为同方知网，始建于1999年6月。中国知网是目前世界上最大的连续学术动态更新的中国学术文献数据库，是一个大型的综合性网站。资源总库收录的资源包括：学术期刊、博士硕士论文、会议论文、教育、法律、工具书等，内容涵盖了自然科学、社会科学、工程技术、农业、医学等领域。资源总库主要数据库，见表 3–1。

表 3–1 中国知网资源总库主要数据库产品列表

文献类型	数据库名称
期刊	中国学术期刊（网络版）
	中国学术辑刊全文数据库
	世纪期刊
学位论文	中国博士学位论文全文数据库
	中国优秀硕士学位论文全文数据库
报纸	中国重要报纸全文数据库
会议	中国重要会议论文全文数据库
	国际会议论文全文数据库
教育	中国高等教育期刊文献总库
	中国基础教育文献资源总库
法律	中国法律知识资源总
	中国政报公报期刊文献总库
工具书	中国工具书网络出版总库
	汉语大词典 & 康熙字典（知网版）
	商务印书馆 精品工具书数据库
	智叟助教辅学平台等
年鉴	中国年鉴网络出版总库
专利	中国专利全文数据库（知网版）
	海外专利摘要数据库（知网版）
标准	国家标准全文数据库
	国内外标准题录数据库
	中国行业标准全文数据库
古籍	古籍（国学宝典）
图片	CNKI 学术图片知识库

2013 年，中国知网对旧版主页进行改版，新版知网主页实现了学术期刊、博硕、会议、报纸、年鉴、专利、标准、成果数据库的一站式跨库检索服务，如图 3–1。

图 3-1　中国知网主页

已购买数据库使用权的高等院校，用户可在校园 IP 范围内免费登录访问、浏览、下载。个人用户可购买 CNKI 检索阅读卡付费使用，阅读卡不受 IP 限制。

2. 中国学术期刊（网络版）

中国学术期刊（网络版）是中国知网期刊数据库中的一个专题数据库，以学术、技术、政策指导、高等科普及教育类期刊为主，内容覆盖自然科学、工程技术、农业、哲学、医学、人文社会科学等各个领域。收录了基础科学、工程科技等十大专辑共 168 个专题的文献，起始年限为 1915 年至今出版的期刊文献，部分期刊回溯至创刊[①]。收录国内重要学术类期刊 8200 余种，其中核心期刊等数据来源的期刊近 2700 种。数据每日更新，目前全文文献总量已达 1.1 亿余篇。

3. 检索方法

中国学术期刊数据库检索途径有：空检、高级检索、专业检索、作者发文检索、句子检索和一站式检索。

①空检

中国学术期刊数据库支持空检，即不用在搜索框中输入任何检索词，直接点击检索按钮，可找到截至检索时间为止中国学术期刊数据库中收录的所有文献结果，这是 CNKI 数据库的一大检索特色。

②高级检索

支持逻辑“与”、逻辑“或”、逻辑“非”检索。检索字段有：主题、关键词、摘要、全文、被引文献、中图分类号、DOI、栏目信息。提供科研基金项目发表的论文检索。

① 数据库介绍信息 [EB/OL].[2019-01-22]. http://kns.cnki.net/kns/brief/result.aspx?dbprefix=CJFQ.

③专业检索

输入检索表达式进行检索。检准率高，但输入的表达式复杂。

④作者发文检索

检索字段有作者、第一作者、通讯作者、作者单位。是通过作者查找文献的方式。

⑤句子检索

在检索框中输入两个关键词，查找句子中同时包含有这两个词的文章。检索结果以摘要形式呈现。

⑥一站式检索

中国知网新版主页提供一站式跨库检索。选择检索字段、选择“学术期刊”，输入检索词，点击搜索按钮检索（如图 3–2）。

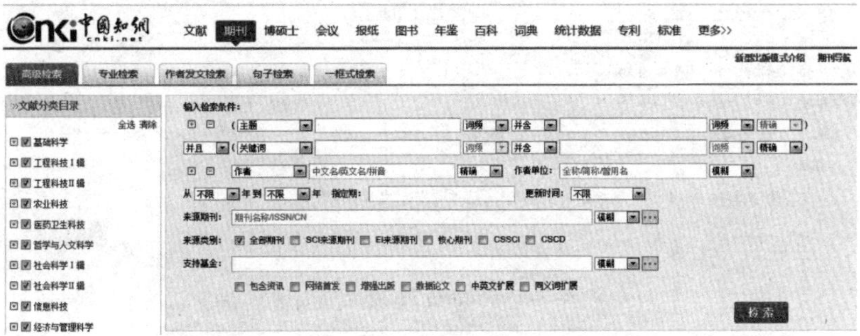

图 3-2　中国学术期刊（网络版）界面

使用中国学术期刊数据库，可在新版中国知网进行跨库检索，也可点击打开中国学术期刊（网络版）的界面进行检索。检索条件默认为主题字段，点击检索条件的下拉菜单，其他字段有关键词、篇名摘要、全文、被引文献、中图分类号、DOI（数字对象标识符）、栏目信息，单选相应字段输入关键词进行检索。可限定检索条件为：选择数据年代、来源期刊、支持基金。检索结果排序方式为：相关度、发表时间、被引（根据文献的被引频次排序）、下载（根据文献的下载量排序）。系统默认详细信息列表，每页显示的检索结果为 20 条记录。

【例 1】利用高级检索方式，查找 2010 年—2018 年篇名字段检索词为“农家乐”并含“经营管理”方面的文章，精确匹配。

检索过程：进入校园网，登录学校图书馆主页，在本馆资源中点击中国知网 CNKI（镜像）或（远程），打开学术期刊界面。

检索途径：高级检索

检索式：检索词“‘农家乐’并含‘经营管理’”/ 篇名 / 精确匹配。

时间限制：2010—2018 年。

期刊类别：全部期刊。

单击检索按钮，显示命中结果数量为 4 条记录。高级检索界面和检索结果如图 3-3、图 3-4。

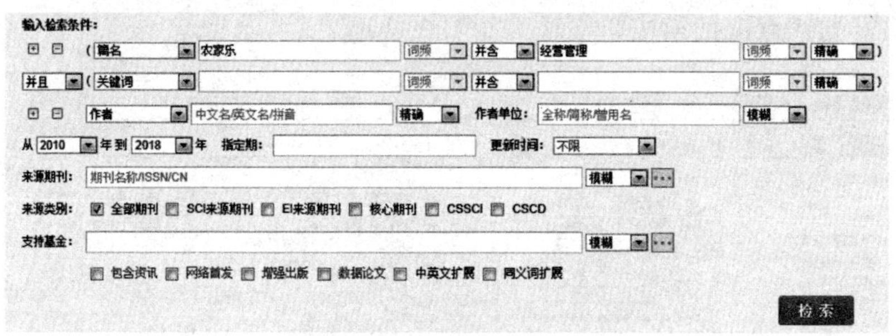

图 3-3 高级检索式界面

排序 相关度 发表时间 被引 下载　　中文文献　外文文献　列表　摘要　每页显示：10 20 50

已选文献：20 清除 批量下载 导出/参考文献 计量可视化分析　　找到 4 条结果

	篇名	作者	刊名	发表时间	被引	下载	阅读
1	对“农家乐”旅游经营管理模式的探讨	李凤娟	商场现代化	2014-06-30		128	HTML
2	渔农家乐经营管理人才的培养方式研究——以舟山市为例	夏海明	中国成人教育	2014-02-28	1	78	HTML
3	浅议“农家乐”旅游经营管理模式	李慧; 聂小荣	旅游纵览(下半月)	2014-02-23	4	314	HTML
4	农家乐经营管理中存在的问题及对策探讨	张洪峰	河南农业	2011-08-15	9	578	HTML

找到 4 条结果

图 3-4 检索结果列表

如果选中的是《对“农家乐”旅游经营管理模式的探讨》一文，单击文章标题打开链接。在新窗口内容详情页可以查看该文的摘要、基金、关键词、刊名等信息，并提供超链接。浏览全文方式为 HTML 原文在线阅读。下载方式：利用 CAJ 浏览器下载或 PDF 浏览器下载（下载前在本机安装 CAJ 浏览器或 PDF 浏览器）。浏览器使用：可复制、粘贴，可转换成 word 文档。

内容详情页还显示“知网节”的相关信息，“知网节”免费使用。“知网节”是 CNKI 的一项特色服务，类似于纸质文献的回溯检索。对于每一篇文章，“知网节”都会提供文章的参考文献列表、关联作者、与本文内容较为接近的相似文献列表、读者推荐的下载文献列表的链接，通过“知网节”用户可获得更多与检索词相关的文献信息，如图 3-5、图 3-6。

对“农家乐”旅游经营管理模式的探讨 记笔记

李凤娟

内蒙古赤峰农牧学校

导出/参考文献 + 关注 分享 收藏 打印

摘要：近年来,随着我国经济水平的发展,越来越多的人们涌向城市,快节奏的城市生活下,一种新的旅游休闲形式应运而生——"农家乐"以其乡土气息和田园风光得到越来越多人们的青睐。但在农家乐实际经营管理中出现的一些问题同样不能忽视,本文主要介绍了四种农家乐旅游的经营管理模式,并对这些模式进行了总结和评价,希望能给农家乐经营管理者提供一些帮助。

关键词：农家乐; 旅游休闲; 经营管理模式;

DOI：10.14013/j.cnki.scxdh.2014.18.216

分类号：F592.7;F327

商场现代化

2014年18期

ISSN：1006-3102

HTML阅读 CAJ下载 PDF下载

图 3-5 命中文献的基本信息

相似文献 （与本文内容上较为接近的文献）

[1] 国内农家乐旅游经营模式研究综述[J]. 陈朵灵. 现代化农业. 2017(03)

[2] 浙江省农家乐转型升级思考[J]. 孔朝阳. 绿色科技. 2010(11)

[3] 关于加强"农家乐"旅游经营管理的建议[J]. 吴益良,施春俊. 江苏政协. 2006(11)

[4] 农家乐乡村旅游经营模式探究[J]. 覃静静. 现代国企研究. 2016(06)

[5] 浅议"农家乐"旅游经营管理模式[J]. 李慧,聂小荣. 旅游纵览(下半月). 2014(02)

[6] 平顶山农家乐旅游市场的营销现状及其对策研究[J]. 王涌涛. 淮海工学院学报(社会科学版). 2011(12)

[7] 崇明"农家乐"现行旅游运营模式弊端及创新研究[J]. 胡小猛,李淳,牛家丛. 旅游学刊. 2006(05)

[8] 城市"农家乐"旅游发展探讨——以深圳市为例[J]. 杜洁莉. 安徽农业科学. 2014(24)

[9] 对农家乐的思考[J]. 肖亚波. 旅游纵览(下半月). 2013(07)

[10] 农家乐的经营和发展探索[J]. 汪鸿. 中国市场. 2019(06)

读者推荐 （喜欢本文的读者同时还下载了这些文献）

[1] 浅析农家乐之餐厅设计[J]. 滕秀夫. 艺术科技. 2014(12)

图 3-6 知网节部分信息

3.1.2 维普中文科技期刊数据库

1. 维普期刊资源整合服务平台简介

网址：http://qikan.cqvip.com/

维普期刊资源整合服务平台由维普资讯公司创办，是一个专业化信息服务整合平台。包含了四个功能模块：期刊文献检索模块、文献引证追踪模块、科学指标分析模块和搜索引擎分析模块。该平台聚合了6个数据库，5个服务平台。见表3–2。

表3–2　维普期刊资源整合服务平台数字资源列表

数据库名称	服务平台名称
1. 中文科技期刊数据库	1. 图书馆学科服务平台
2. 文科技期刊数据库（引文版）	2. 文献共享服务平台
3. 中国科学指标数据库	3. 维普考试资源系统
4. 外文科技期刊数据库	4. 中国基础教育信息服务平台
5. 中国科学经济新闻数据库	5. 维普 –goolge 学术搜索
6. 中国科技期刊评价报告	

2. 维普中文科技期刊数据库

1989年，重庆维普资讯有限公司创建了《中文科技期刊篇名数据库》，维普《中文科技期刊数据库》源于《中文科技期刊篇名数据库》。《中文科技期刊数据库》是维普期刊资源整合平台中6个数据库中之一，该数据库收录了1989年至今1200余种期刊上刊载的期刊全文文章5000余万篇，数据每周更新，文献以每年150万篇的速度递增。数据库分为8个专辑：社会科学、自然科学、工程技术、农业科学、医药卫生、经济管理、教育科学和图书情报。高级检索支持逻辑“与”、逻辑“或”、逻辑“非”检索。

维普中文科技期刊数据库可单选文章、期刊、主题、作者、机构、基金字段进行检索。功能模块有全文快照、在线阅读、文献传递、基金资助、相似文献展示、检索历史、检索结果的发文量被引量分析等。检索途径有：基本检索、传统检索和高级检索。本章主要介绍高级检索。

高级检索条件默认题名和关键词字段，点击下拉菜单，其他字段有任意字段、题名、关键词、文摘、作者、第一作者、机构、刊名、分类号、参考文献、作者简介、基金资助、栏目信息。用户可根据需要选择相应字段进行检索。限定检索条件为：时间限定、期刊范围限定和学科限定。检索结果按相关度排序、被引量排序、时效性排序。检索结果的视图列表方式有：文摘列表、标题列表、详细列表。默认检索结果的呈现方式为文摘列表，每页显示的检索结果可选择 10 条记录、20 条记录等，如图 3–7。

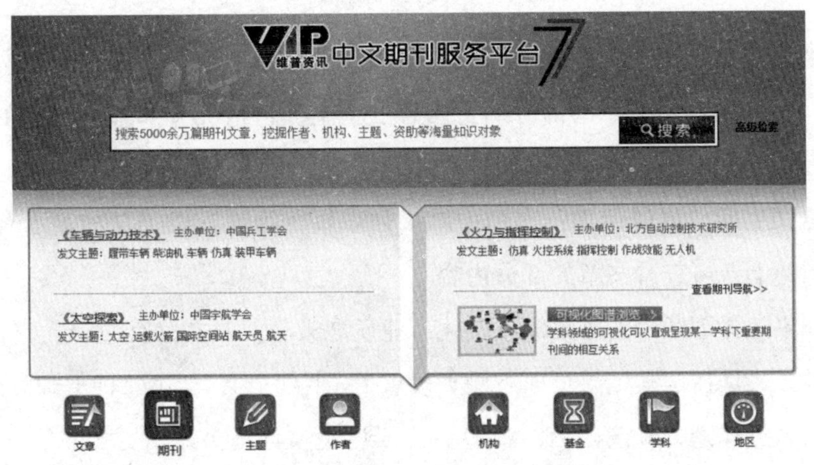

图 3–7 中文科技期刊数据库主页

【例 2】查找 2013—2018 年标题字段“石文化”并含“产业发展”的学术论文，模糊匹配。下载检索结果中第一篇论文的全文信息。

检索过程：登录学校图书馆主页，在本馆资源中点击打开维普中文科技期刊（镜像）或（远程）界面（如图 3–8）。

检索途径：高级检索。

检索条件：题名 =“石文化”并且题名 =“产业发展”，模糊匹配。

时间限制：2013—2018 年。

期刊范围：全部期刊。

点击检索，检索结果为 7 条记录。

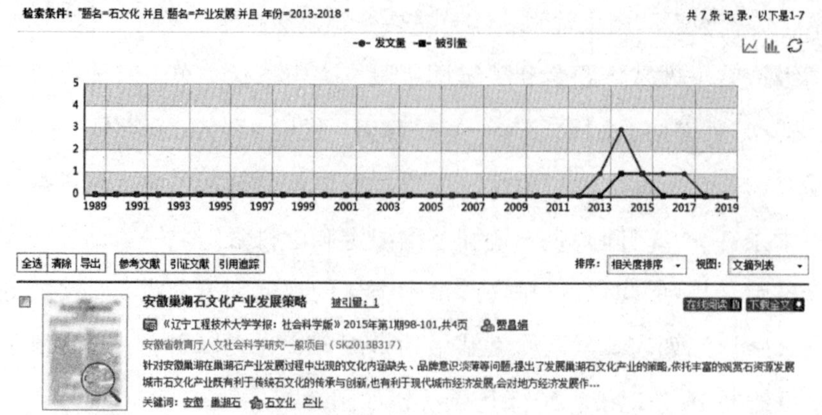

图 3-8 检索结果列表

维普中文科技期刊数据库的命中结果默认文摘列表，不用打开论文标题网页，可直接查看文章的部分摘要内容、基金项目情况（如果有的话）、关键词等信息。

全文快照功能的使用：在命中结果列表页，将鼠标置于左图显示有放大镜的图标上，可查看文章的部分内容。

如果选择下载《安徽巢湖石文化产业发展策略》一文，有两种下载方式：第一种方式是在搜索结果页面右侧直接点击“下载全文”。第二种下载方式为，单击篇名打开论文链接，在详细信息页下载。论文详情页显示更多的信息，如：作者、机构地区、文章出版、基金、摘要、关键词、分类号。与知网节类似，维普在每一篇文章基本信息页面，列举了与本文献相关的参考文献、二级参考文献、耦合文献、引证文献、同被引文献、相关期刊文献，如图 3-9。

第17卷第1期　辽宁工程技术大学学报（社会科学版）　Vol.17，No.1
2015年01月　Journal of Liaoning Technical University（Social Science Edition）　Jan. 2015

贾昌娟.安徽巢湖石文化产业发展策略[J].辽宁工程技术大学学报:社会科学版,2015,17(1):98-101.doi:10.11955/j.issn.1008-391x.20150120.
Jia Changjuan.Development strategies of stone culture industry in Caohu of Anhui[J].Journal of Liaoning Technical University: Social Science Edition,2015,17(1): 98-101.doi: 10.11955/j.issn.1008-391x.20150120.

安徽巢湖石文化产业发展策略

贾昌娟
（巢湖学院 艺术学院，安徽 巢湖 238000）

摘　要：针对安徽巢湖在巢湖石产业发展过程中出现的文化内涵缺失、品牌意识淡薄等问题，提出了发展巢湖石文化产业的策略，依托丰富的观赏石资源发展城市石文化产业既有利于传统石文化的传承与创新，也有利于现代城市经济发展，会对地方经济发展作出贡献。
关键词：安徽；巢湖石；石文化；产业
中图分类号：F49；G124　文献标志码：A　文章编号：1008-391X(2015)01-0098-04

图 3-9 全文数据内容

部分文献不能直接下载全文，维普中文科技期刊数据库新增“文献传递”服务，通过第三方社会公益服务机构，向用户提供快捷的原文传递服务，如图 3-10 所示。

真创新 逆势也有大发展——中国灵璧石文化产业发展的思路 文献传递

《宝藏》2016年第3期93-95,共3页 巩杰

<正>灵璧石文化是中国乃至世界文化史上的一颗璀璨明珠,令人神往。其审美特征——形、质、声、色、纹及所演化出的神韵、意境,似乎集天下奇石之美于一身。博大精深的文化内涵和人文意蕴使其在中外文化史上占有着特殊的历史地位,而备受...

关键词：灵璧 文人雅士 人文意蕴 审美特征 璧石 观赏石 美感享受 止步不前 甚在 太平洋岛国

图 3-10 文献传递服务

如果要获取《真创新 逆势也有大发展——中国灵璧石文化产业发展的思路》全文，点击标题右侧的“文献传递”，按下图参考咨询申请表填写索取文献的邮箱地址及验证码，打开收件箱中提供的下载地址直接下载保存到本机如图 3-11、图 3-12。

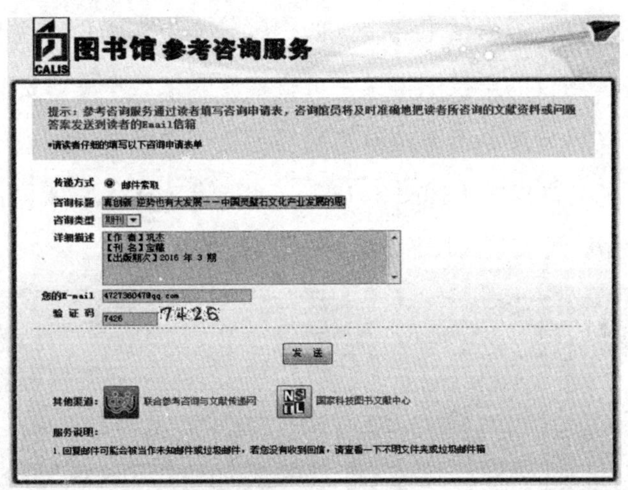

图 3-11 文献传递申请表

尊敬的用户：
您好！欢迎您使用参考咨询服务。

以下是您的咨询结果 真创新 逆势也有大发展——中国灵璧石文化产业发展的思路
附下载地址：http://www.nfced.net/download.asp?f=0319/636886104090083179.PDF

该咨询的有效期为2天。
注：本邮件地址为发送所用，请勿回复本邮件。

图 3-12 文献传递论文下载链接

3.1.3 人大复印报刊资料数据库

网址：http://ipub.exuezhe.com/index.html

人大复印报刊资料数据库包含了六个数据库：全文数据库、数字期刊库、报刊摘要库、报刊索引库、目录索引库、专题研究库。人大复印报刊资料共出版了100多种纸质专业期刊，内容以我国人文社科领域4000余种报刊为信息源，对精选出的论文按照学科、专业进行整理加工编辑而成，包括了人文社科领域中的各个学科，并按专题进行数字化出版。数据库是对原纸质版100多种专业期刊全文复印资料的大型图文数字化出版物。收录的论文经各学科领域的专家学者层层筛选，内容精湛，是具有较高学术价值和应用价值的学术文献数据库。各数据库收录的年限不同，部分专题数据已回溯到创刊年。全文数据库、数字期刊库收录年限为1995年至今。

登录人大复印报刊资料数据库，旧版界面分为登录区、检索区、期刊文章学科分类列表区、检索结果列表区四个区域。付费用户需注册登录，对于拥有该数据库使用权的学校图书馆，可直接检索下载全文。资料列表区显示可查询资料的学科分类。论文检索结果显示位于检索结果列表下方。检索入口有普通检索和高级检索（如图3-13）。2018年对人大复印报刊资料数据库进行了主页改版，可实现跨库检索。

图3-13 人大复印报刊资料数据库新版主页

1. 普通检索

普通检索的字段内容有：主题词、标题、作者、作者简介、原文出处、全文。普通检索无任何限定条件，命中文献数量多，查准率低。如果需对检索到的文献缩小范围和内容，可进行二次查询。普通检索在查询文献中选择“在结果中检索”。还可选择资料列表区“学科分类选择”的学科导航检索 + 结果中检索。见图 3–14。

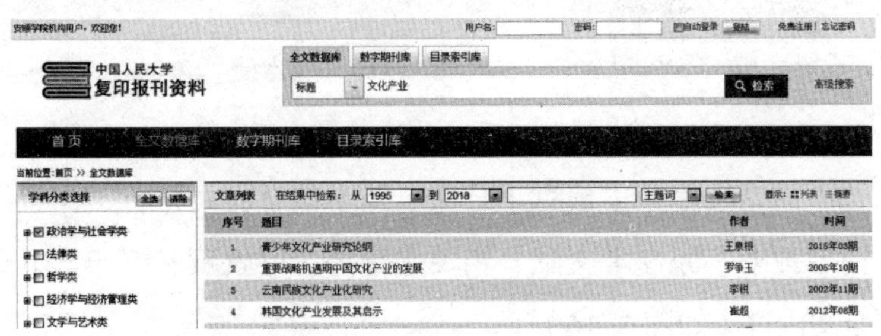

图 3-14 普通检索结果列表

2. 高级检索

高级检索支持逻辑“and”“or”“not”检索，能更准确地查到所需文献。在高级检索各字段中，如要更多地缩小检索范围，单击检索命令生成区的“+”号，可增加限制字段。

高级检索字段内容有：任意值、标题、副标题、作者、作者简介、关键词、正文、摘要、参考文献、原文出处、分类名称、分类号。

【例 3】查找标题字段检索词为旅游与服务方面的论文，时间范围：从 2015 年到 2018 年。

检索过程：登录学校图书馆主页，在本馆资源中点击打开人大报刊复印资料（镜像）或（远程）界面（如图 3–15）。

检索途径：高级检索

检索条件：标题字段“旅游”并且标题字段“服务”，精确匹配。

时间范围：2015—2018 年。

学科分类选择：全选。

点击检索按钮，查询到 6 条记录。

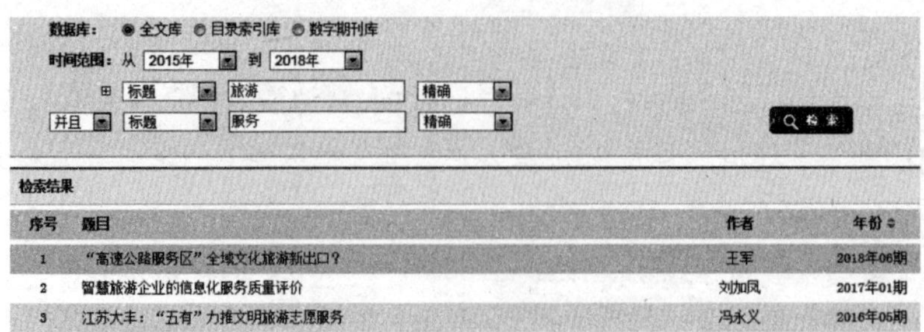

序号	题目	作者	年份
1	“高速公路服务区”全域文化旅游新出口？	王军	2018年06期
2	智慧旅游企业的信息化服务质量评价	刘加凤	2017年01期
3	江苏大丰：“五有”力推文明旅游志愿服务	冯永义	2016年05期

图 3-15 高级检索结果列表

打开选中的论文，基本信息 + 全文。基本信息有：作者、作者简介、原文出处、内容提要，原参考文献、相关文章等，可收藏、打印、下载。显示文本格式全文内容（如图 3-16）。

首页 全文数据库 数字期刊库 目录索引库

智慧旅游企业的信息化服务质量评价

收藏 | 打印 | 下载

作 者： 刘加凤

作者简介： 刘加凤(1977-)，女，汉族，江苏盐城人，常州轻工职业技术学院旅游系副教授，硕士，主要从事旅游经济研究，江苏 常州 213164

原文出处： 城市学刊

内容提要： 为了评价智慧旅游企业的信息化服务质量水平，以中华恐龙园为实例，构建一个指标体系，通过AHP确定各指标权重，运用模糊数学综合评价法对其质量水平进行评价。研究发现，游客对中华恐龙园信息化服务质量整体评价比较高，且有较多因素对中华恐龙园信息化服务质量产生非常重要的影响，这要求智慧旅游企业从提升品牌、促进服务升级、提高服务能力等方面来改善其对客的信息化服务质量。

期刊代号：F9 分类名称：旅游管理

复印期号：2017 年 01 期

关 键 词： 智慧旅游企业 信息化服务 质量评价 AHP 模糊综合评价法 intelligence tourism enterprise information service quality evaluation AHP fuzzy comprehensive evaluation

图 3-16 论文信息详情页

3.1.4 万方数据知识服务平台

网址：http://www.wanfangdata.com.cn/index.html

万方数据是一个综合信息服务平台，集信息资源产品、信息增值服务和信息处理方案于一体。该平台整合了数亿条全球学术资源，在万方主页，集成了期刊、学位论文、会议论文、专利、科技报告、成果、标准、法规、地方志、视频等十余种资源，覆盖各研究层次，可实现跨库检索。主要数据库产品如表 3-3、图 3-17。

表 3–3 万方数据主要数据库产品列表

文献类型	数据库名称
期刊	中国学术期刊数据库
学位论文	中国学位论文全文数据库
会议	中国学术会议文献数据库
专利	中外专利数据库
标准	中外标准数据库
法律	中国法律法规数据库
成果	中国科技成果数据库
方志	中国地方志数据库

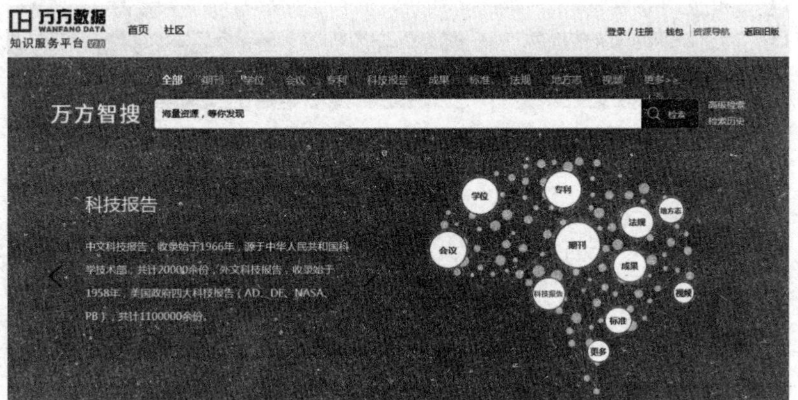

图 3–17 万方数据主页

中国学术期刊数据库

中国学术期刊数据库中的“期刊资源包括中文期刊和外文期刊，其中中文期刊共 8000 余种，核心期刊 3200 种左右，涵盖了自然科学、工程技术、医药卫生、农业科学、哲学政法、社会科学、科教文艺等各个学科；外文期刊主要来源于外文文献数据库，收录了 1995 年以来世界各国出版的 20900 种重要学术期刊”[①]（如图 3–18）。

① 中国学术期刊数据库 [EB/OL]. [2019.01.22] http://www.wanfangdata.com.cn/perio/toIndex.do.

中国学术期刊数据库支持逻辑组配检索。检索方式有：基本检索、高级检索、跨库检索。

1. 基本检索

期刊的基本检索可单选题名、作者、作者单位、关键词、摘要等字段进行检索，搜索框的搜索按钮有“搜论文”“搜期刊”，可根据需要进行选择。如果不单选任何字段，直接在搜索框中输入检索词点击搜索，系统会根据检索词在系统中进行自动匹配。如在搜索框输入“陆学艺”，系统自动在“作者索引”中匹配并推送检索结果，但是该检索方式会检索到众多同名作者的学术论文。基本检索搜索到的论文数据太多，查准率低。

图 3-18 中国学术期刊数据库基本检索界面

2. 高级检索

高级检索的检索条件字段有：主题、题名或关键词、题名、第一作者、作者单位、作者、关键词、摘要、DOI、期刊名称/刊名、基金，默认字段为主题。控制条件有：发表时间。检索匹配：模糊、精确，默认模糊检索。增加了检索历史查询功能。

3.1.5 超星期刊

网址：http://qikan.chaoxing.com/

超星期刊是超星集团推出的以学术、技术、政策指导、高等科普及教育类期刊为主的期刊数据库（如图 3-19）。超星期刊目前涵盖中外文期刊 88000 余种，其中全文收录中文期刊 7400 余种（核心期刊超过 1300 种），实现与上亿条外文期刊元数据联合检索，内容涉及理学、工学、农学、社科、文化、教育、哲学、医学、经管等各学科领域。[①] 拥有 734 种期刊的独家授权（如图 3–19）。

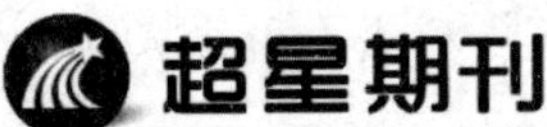

图 3–19 超星期刊界面

1. 超星期刊的资源特点

①域出版：域出版是超星集团提出的出版新理念，即按专题出版。是以专题、主题、栏目形式进行内容与问题的聚合。数据库将不同期刊、不同期、不同栏目中同一专题汇聚在一个专栏里，形成动态的知识、信息模块，实现富媒体的呈现。用户可以按专题分类寻找自己感兴趣的资料。

②流媒体 +PDF 阅读：流媒体可直接阅读，无须下载。期刊内容采用文本格式，可实现全文及图片复制粘贴。超星期刊提供原版阅读，具有数据库文献检索阅读、富媒体专题汇编阅读及碎片化知识数据阅读等功能，提供移动、PC 全终端服务模式。

③不受校园网 IP 限制：超星期刊检索不受 IP 限制，用户通过个人账号登录的方式，在单位外也能阅读期刊，手机端更支持随时阅读。实现与超星百链、超星发现、移动图书馆、学习通等超星公司其他产品的无缝对接。

④没有并发数和使用次数的限制：超星期刊检索无上限，不会出现多人同时检索时卡顿或宕机等现象。

⑤检索页面支持直接查看全文及 PDF 下载。

2. 检索方式

超星期刊的检索方式有：期刊导航、分类导航、高级检索。

（1）期刊导航

① 超星期刊 [EB/OL]. [2019.02.10] http://qikan.chaoxing.com/search/openmag?index=index.

期刊导航是根据期刊查找论文的方式。期刊导航分为学科导航、重要期刊导航、主办单位导航、出版周期导航、出版地导航。

①学科导航：是将期刊按学科类别分为大众、教育、文化、艺术等 18 个一级类目，用户根据需要选定某一类目，再逐一点击直至查到所需资料。分类导航还根据人们利用数据库的情况，设置了“推荐”类目。向用户推荐影响因子高、阅读和下载次数多、被引次数高的期刊。

②重要期刊导航：主要指查找中文核心期刊、CSSCI、CSCD、SCI、EI、CA 上刊载的学术论文的方法。

③主办单位导航: 将期刊主办单位分为出版社、211 高校、科研院所、学会，进行学术论文查询的导航。例如，选择 211 高校中的某所学校，可查找该校学报上刊载的学术论文。

④出版周期导航: 根据期刊的出版周期，将期刊分为年刊、季刊、双月刊、半月刊、旬刊、周刊进行导航。

⑤出版地导航：按照出版地，分为华北、华东、华中、东北、西南、华南、西北、其他。例如查找贵州省的期刊文献，点击“西南”，找到“贵州省”，再查找所需期刊。

（2）分类导航

按照《中国图书馆图书分类法》，将所有文献分为 22 个大类，进行学科分类导航。

2. 学术论文检索

（1）一站式检索

超星期刊的所有字段一站式检索，可一次输入某个关键词，在同一界面，分别点击全部、主题、标题、关键词、摘要、栏目、基金、正文进行检索。

【例 4】以“屯堡文化”为检索词，分别用超星期刊提供的一站式所有字段进行检索。（检索时间：2019 年 4 月 12 日）

检索方法：点击超星期刊网址（http://qikan.chaoxing.com/）登录。目前该数据库是一个免费的期刊数据库，浏览、下载不受学校 IP 控制。

“全部”字段：包含了中文文献、外文文献，共检索到 1,759 个结果。

“主题”字段：表示论文主题为“屯堡文化”， 共检索到 799 个结果。

“标题”字段：标题中含有“屯堡文化”的文献，共检索到 263 个结果。

“刊名”字段：含有“屯堡文化”的期刊，检索结果为 0。

“作者”字段：检索结果为 0。

“机构”字段：表示含有“屯堡文化”的机构，共检索到 37 个结果。

“关键词”字段：共检索到 280 个结果。

“摘要”字段：共检索到 664 个结果。

“栏目”字段：期刊中设有“屯堡文化”专栏发表的文献，共检索到 44 个结果。

“基金”字段：表示发表的论文是科研基金项目的阶段性成果，且基金项目名称包含“屯堡文化”一词，共检索到 55 个结果。

“正文”字段：正文中包含“屯堡文化”一词的论文，共检索到 41019 个结果。

在一站式检索结果中，超星期刊提供二次检索，即为了缩小检索范围，可“在结果中检索”。例如论文主题为“屯堡文化”的文献共检索到 799 篇，如果想在上述检索结果中查找“吕燕平”发表了多少篇文章，检索式为：作者 = 吕燕平 / 在结果中检索，点击搜索，共查找到“吕燕平”发表的 10 篇与“屯堡文化”研究相关的文章。

（2）高级检索

超星期刊的高级检索的字段与一站式检索字段相同，高级检索支持 “并且”“或者”“不含”的逻辑关系检索。限制条件为：期刊的来源类别、年份、语种。

【例 5】某大学生创新创业项目题目为“AS 学院大学生信息检索能力现状调查”，以“信息检索”为检索词，检索式为：标题 = 信息检索。共检索到 8201 条结果，需使用高级检索缩小检索范围（如图 3–20）。重新制定检索策略，检索式如下：

标题 = “信息检索” 并含 “能力”

不含标题 = “文献检索”

并且基金 = “信息检索”

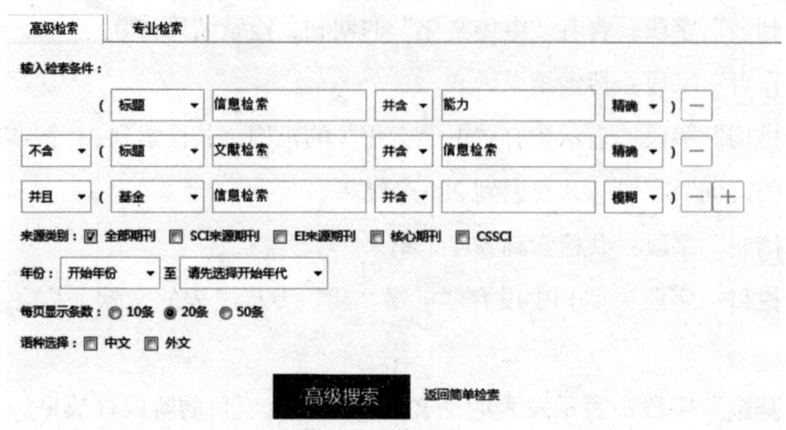

图 3-20　超星期刊高级检索界面

解读：上述检索式表达的意思为，查找标题中同时含有“信息检索”“能力”（但不含“文献检索”）的基金项目发表的论文，精确匹配。点击“高级搜索”按钮，共查找到 10 条结果。单击任何一个标题，进入内容详情页，不仅提供 PDF 版式文件的下载，还可直接阅读全文（超星期刊提供部分文献的原版阅读）。对于未提供浏览全文内容的文献，则提供文献传递服务。

3.1.6 国家哲学社会科学学术期刊数据库（NSSD）

网址：http://www.nssd.org/

国家哲学社会科学学术期刊数据库（NSSD），是国内最大的公益性期刊数据库，简称“国家期刊库（NSSD）”。

1. 数据库介绍

以下内容原文引自“国家哲学社会科学学术期刊数据库”主页上的数据库介绍。

国家哲学社会科学学术期刊数据库，是由全国哲学社会科学规划领导小组批准建设，中国社会科学院承建的国家级、开放型、公益性哲学社会科学信息平台，具体责任单位为中国社会科学院图书馆（调查与数据信息中心）。作为国家社会科学基金特别委托项目，于 2012 年 3 月正式启动，系统平台于 2013 年 7 月 16 日上线开通。

意义：国家期刊库旨在建设成为我国国内最大的公益性社会科学精品期刊数据库，最大的社会科学开放获取平台，实现学术资源的开放共享，为学术研究提供有力的基础条件，促进学术成果的社会传播，推动我国哲学社会科学繁荣发展、走向世界。

资源：收录精品学术期刊 1000 多种，论文超过 485 万篇以及超过 101 万位学者、2.1 万家研究机构相关信息，国家社科基金重点资助期刊 200 种，中国社会科学院主管主办期刊 80 多种，三大评价体系（中国社会科学院、北京大学、南京大学）收录的 500 多种核心期刊。回溯到创刊号期刊 500 多种，最早回溯到 1921 年。

功能：提供人性化、多样化的功能服务，持续推出新功能、新服务、免费在线阅读和全文下载、多种论文检索和期刊导航方式。

论文检索方式：题名、关键词、机构、作者、摘要、刊名、年份、分类号、ISSN、基金资助、全文检索。

期刊导航方式：同步上线期刊导航、学科分类导航、核心期刊导航、社科基金资助期刊导航、中国社科院期刊导航、地区分类导航等（如图 3-21）。检索结果可进行聚类统计分析、多种排序、多种分面显示、导出等。

多种用户定制功能：历史记录查询、定制推送、收藏订阅等。

部分期刊实现与纸本期刊同步出版，学术统计以及评价。

使用方式：

个人用户：注册后在任何地点都可以登录使用。

机构用户：签署机构用户授权使用协议，在机构 IP 范围内无须登录，直接使用。①

本校读者在校园 IP 范围内使用。

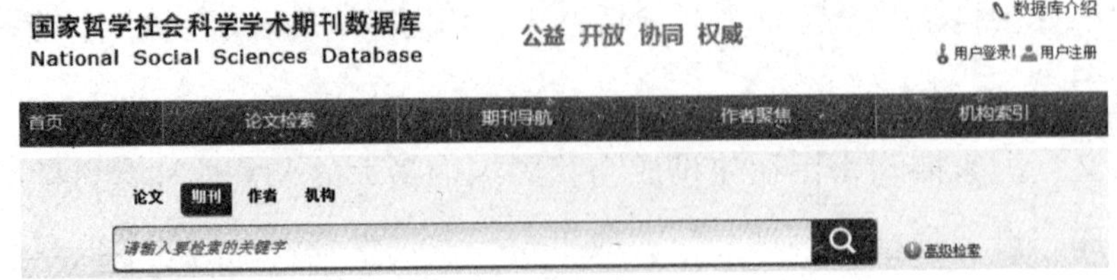

图 3-21 国家哲学社会科学学术期刊数据库（NSSD）主页

2. 检索实例

【例 6】某学生拟申报科研项目的题目是“传统节日在贵州乡风文明建设中的作用研究”，利用数据库查找 2010 年至 2018 年“乡风文明”方面的期刊文献。

检索步骤：校园网 IP 范围内→图书馆主页→本馆资源→国家哲学社会科学学术期刊数据库。

检索方法：论文检索

检索式：题名＝乡风文明，年份＝ 2010—2018 年

检索结果：72 条记录

文献获取方式：全文下载、阅读全文

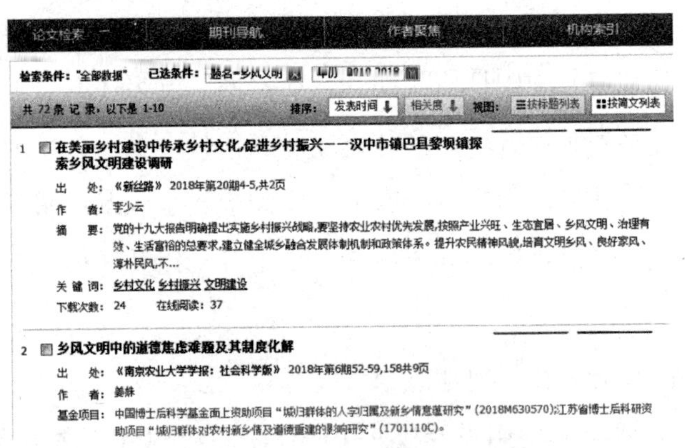

图 3-22 检索结果列表

① 数据库介绍 [EB/OL]. [2019.03.10] http://www.nssd.org/.

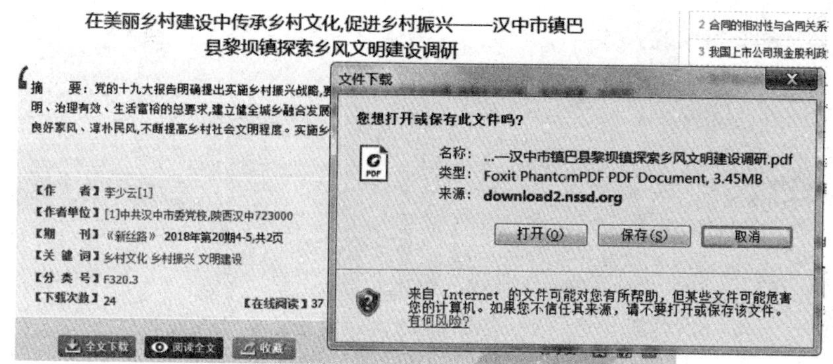

图 3-23　全文下载界面

3.1.7 台湾学术文献数据库

网址：http://www.airitilibrary.cn/

华艺数位股份有限公司成立于 2000 年，该公司于 2004 年推出台湾学术文献数据库。数据库所收录的论文学术性强，在人文社科研究方面注重实证，调查数据精准，研究视角独特。

台湾学术文献数据库由“科学数据库”“人社数据库”两个子库组成，按照论文类型不同，分为学术期刊、学位论文。学术期刊库收录科学期刊、人文社科期刊上刊载的学术论文。学位论文库收录高校提供的科学学位论文、人社学位论文。台湾学术文献数据库涵盖人文学、基础与应用科学、医药卫生、生物农学、工程学、社会科学等 6 大学科门类，75 个学科研究领域，是目前收录台湾地区学术文献量最多的全文数据库。收录台湾地区超过 80% 以上的核心期刊的全文数据，总计收录 1700 种期刊文章 61 万余篇。期刊库文献日更新，平均每月新增全文约 2 万篇。收录文献年代自 1991 年至今，主要为 2000 年以后的文献。收录了 55 所台湾高校的学位论文，博硕士论文 13 万余篇（台湾大学硕博士学位论文为独家收录，全球唯一授权）。收录电子书近 3 万种（提供链接地址：http://ebooks.airitilibrary.cn/）。目前全球图书馆用户超过 1000 家。

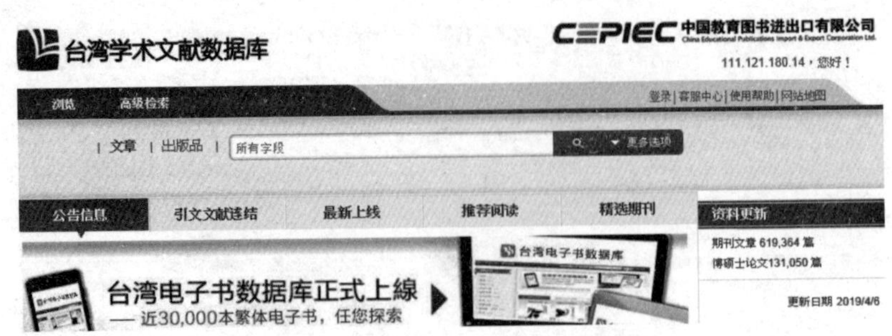

图 3-24　中国台湾学术文献数据库主页

1. 数据库简介

（1）数据内容：索引 + 摘要 + 全文（PDF 格式）。

（2）文献类型：学术期刊、学位论文、电子书。

学术期刊库：收录台湾地区公开出版的学术期刊电子全文 PDF 文档，分为人社期刊与科学期刊两大主题类别，还纳入美国、中国香港、马来西亚等地区出版的中英文期刊。

学位论文库：以中文为主要语言类别，收录台湾大学、台湾“交通大学”、台湾“中兴大学”、台北“科技大学”、台湾“清华大学”、台北大学等台湾地区重要大学硕博士论文电子全文 PDF 文档 13 万余篇。

电子书数据库：收录台湾地区近千家出版社逾 3 万册以上优质中文出版品。如需要进一步查询电子书，系统会链接至中国台湾电子书数据库。

（3）语言．网页语言为简体中文。全文语言为繁体中文。支持简体中文、繁体中文互相检索。下载时需确认文本 PDF 是用简体中文下载还是用繁体中文下载。也可利用数据库新提供的文档阅读器，于下载时或下载后以简体中文阅读。

（4）浏览功能：可依学科、出版机构、期刊索引、汉语拼音、英文刊名进行浏览。

（5）参考文献串联：用户通过参考文献串联平台收录的文献数据，获取所需全文文献。

（6）检索方式：支持简体检索，输入简体字即可检索繁体字文献，“所有字段”简单检索。更多检索条件，检索字段有所有字段、题名、关键词、摘要，作者，刊名 / 书名 / 学位授予单位。出版地区可选择中国台湾、中国大陆（含港澳）、以及其他地区，默认全选所有地区。

（7）访问方式：校园 IP 认证访问。校外用户可通过联图远程访问系统登录访问，无并发数限制。本校读者可访问中国台湾科学期刊和科学学位论文的内容。

（8）版权状态：可下载的全文献皆取得所有著作权人的合法授权。

（9）使用方式：浏览、打印及下载全文，PDF 直接下载。

（10）刊号查询：支持 ISSN 号检索。

2. 学术论文检索

数据库以台湾地区各类学术文献为主体基础，提供在线学术文献浏览、检索、下载等平台服务。平台优势包括：支持简体检索、简易浏览接口、书目编辑管理、参考文献串联、全文下载打印。

（1）简单检索

数据库主页为读者提供一站式查询，简单检索仅提供“所有字段”检索。在一站式搜索框左侧，有“文章”“出版品”两个选项。选择“文章“检索，内容主要侧重于文章的主题。选择“出版品”检索，内容主要突出刊物的特征。

【例 7】某学生的毕业论文题目是“乌江源百里画廊民宿旅游发展分析”，想了解中国台湾学术文献数据库中收录了哪些“民宿”研究方面的学术论文。

检索步骤：

学校图书馆首页→数字资源→本馆资源→中国台湾学术文献数据库

检索途径：一站式查询

检索式：所有字段 = 民宿

检索结果：学术期刊 264 条，学位论文 134 条，电子书 96 条。下图的检索结果列表显示学术期刊的内容。如果想查询“民宿”方面的学位论文，则检索结果显示学位论文列表。相关度排序方法有两种：相关度最高、最新出版在前，默认按“相关度最高”排序，每一页 10 笔记录。提供来源数据库、学科分类和年代分布的检索结果数量。

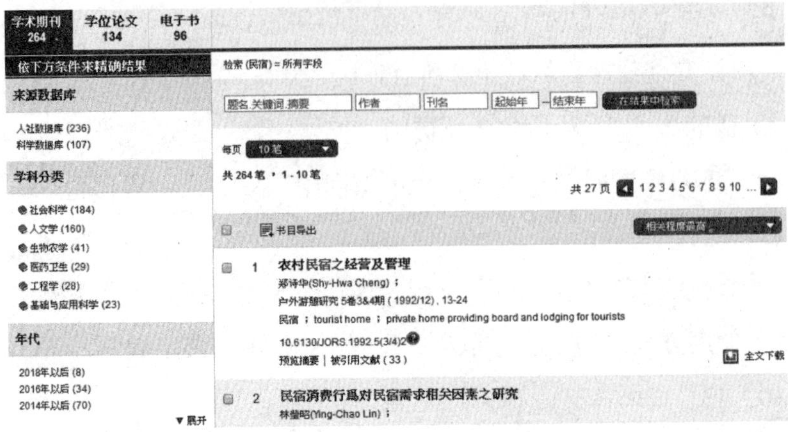

图 3-25　学术期刊检索结果列表

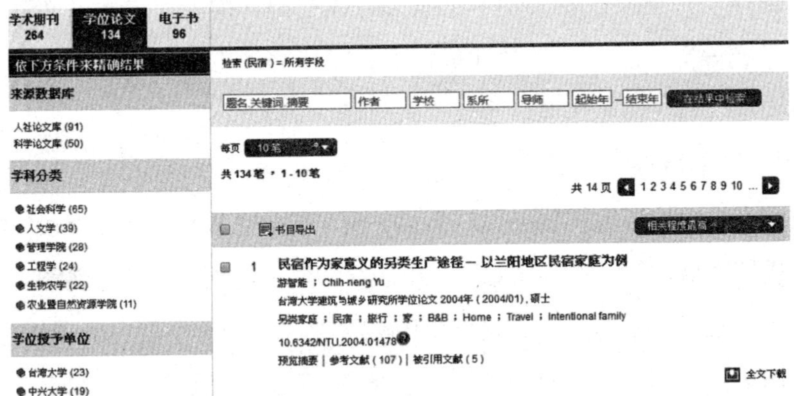

图 3-26　学位论文检索结果列表

书目导出：数据库针对科学期刊库和科学论文库提供书目导出功能。用户可在搜索结果页论文标题前的中勾选，也可跨页勾选，选择将所需要的文章根据导出格式选项，选择输出至 ENDNOTE 或 REFWORK 等文件管理工具，发送至电子邮箱。一次至多可汇出 20 笔。如图 3-27。

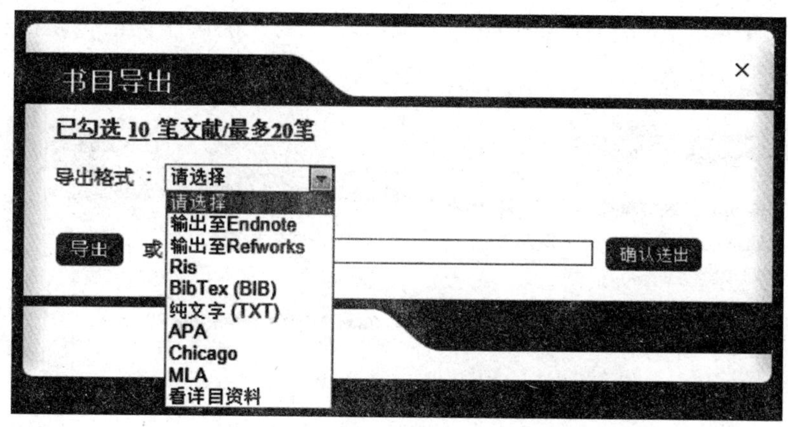

图 3-27 书目导出界面

数据库提供学术文献的二次检索，即“在结果中检索”。检索字段内容为：题名、关键词、摘要、作者、刊名、起始年——结束年。例如在“题名、关键词、摘要”检索框中输入“民宿旅游”进行二次检索，点击在结果中检索，检索结果为 0。

如果想要下载的学术论文是《民宿消费行为对民宿需求相关因素之研究》，单击标题，打开内容详情页。内容详情页的信息有：论文期刊来源、摘要、参考文献、被引用文献、国际计量。“书目管理工具”板块，用户可勾选所需要的文章书目导出，汇出至 ENDNOTE 或 REFWORK 等文件管理工具。可选择以文献传递方式，“E-mail 给朋友”，填写邮箱地址，发送到邮箱。还可“打印书目”，见下图。

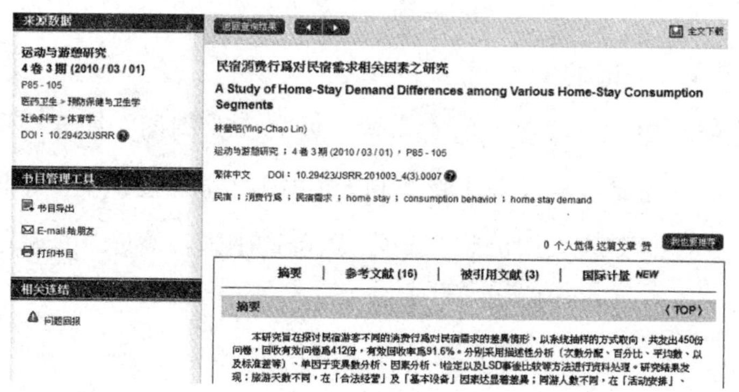

图 3-28 学术期刊论文内容详情页

全文下载：点击全文下载图标，输入验证码，确认阅读语言是简体中文下载，还是繁体中文下载。见下图。

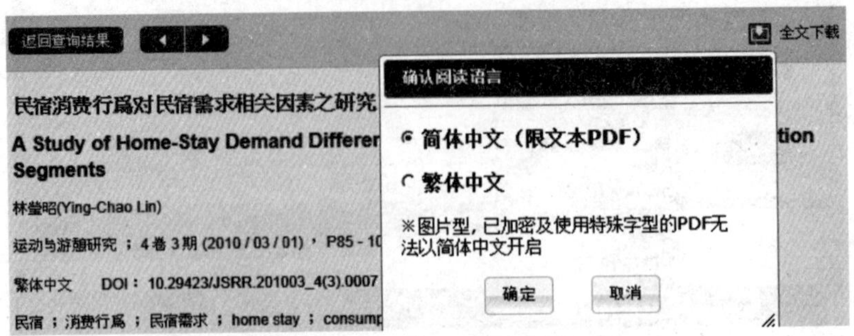

图 3-29 确认下载的阅读语言

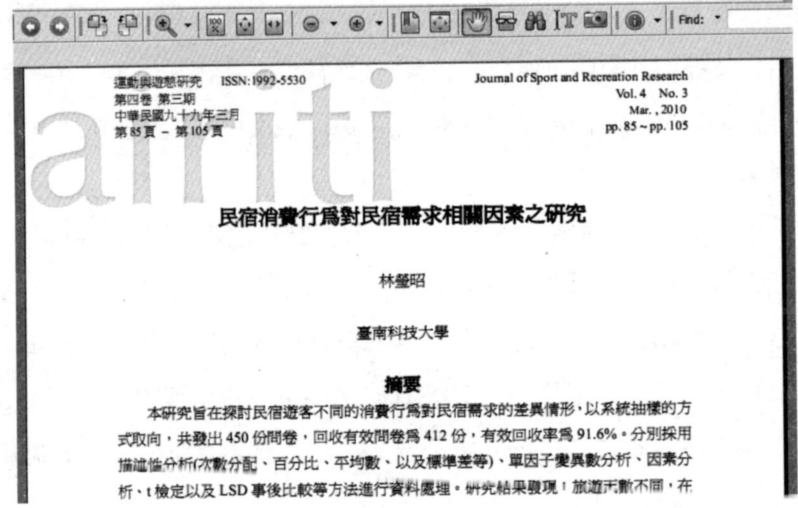

運動與遊憩研究 ISSN:1992-5530
第四卷 第三期
中華民國九十九年三月
第85頁 － 第105頁

Journal of Sport and Recreation Research
Vol. 4 No. 3
Mar. , 2010
pp. 85 ~ pp. 105

民宿消費行爲對民宿需求相關因素之研究

林瑩昭

臺南科技大學

摘要

本研究旨在探討民宿遊客不同的消費行爲對民宿需求的差異情形，以系統抽樣的方式取向，共發出 450 份問卷，回收有效問卷爲 412 份，有效回收率爲 91.6%。分別採用描述性分析(次數分配、百分比、平均數、以及標準差等)、單因子變異數分析、因素分析、t 檢定以及 LSD 事後比較等方法進行資料處理。研究結果發現：旅遊天數不同，在

图 3-30 全文内容

（2）更多选项检索

更多选项的检索字段有：所有字段。题名、关键词、摘要字段。作者字段，是以文章主题要素来查询作者。刊名 / 书名 / 学位授予单位字段，是以论文发表的出处查询文章。出版地区选项，可单选中国台湾、中国大陆（含港澳）以及其他地区，也可全部勾选，见下图。

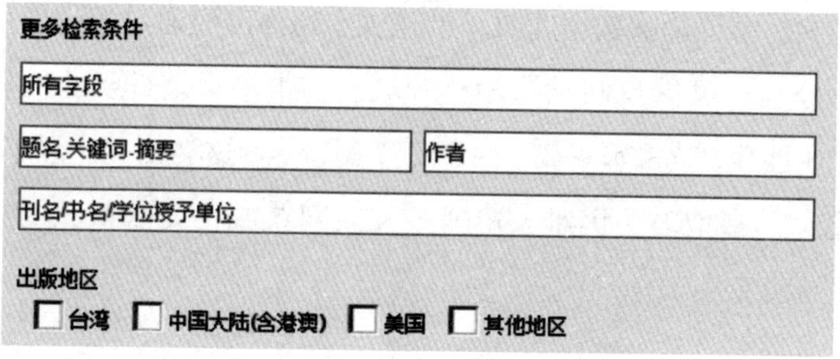

更多检索条件

所有字段

题名.关键词.摘要　作者

刊名/书名/学位授予单位

出版地区

台湾　中国大陆(含港澳)　美国　其他地区

图 3-31　更多选项检索界面

（3）高级检索

高级检索限定条件 + 组合条件，支持逻辑“and”“or”“not”检索。检索字段为：题名、作者、关键词等。年代可选择近半年、近一年、近三年、近五年，或自定义。检索结果排序的选项为：相关程度最高、最新出版在前、电子全文优先，见下图。

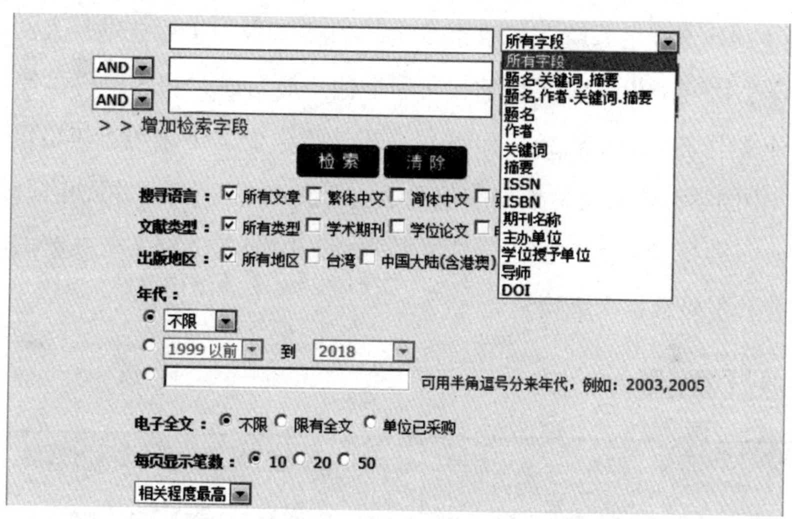

图 3-32　高级检索界面

■ 3.2 常用的学位论文数据库

学位论文，在这里主要指硕士论文、博士论文，是作者为获得相应学位而撰写的论文。学位论文数据库收录的论文，均为已经通过答辩以后的硕士、博士论文。学位论文能反映某一学科领域当前水平，是重要的科学研究信息源，具有专业性强、学术水平高、内容可靠等特点。这类论文一般不公开出版，流通范围有限，获取较为困难。可通过互联网获取相关信息，主要是通过学位论文数据库获取。

3.2.1 中国学位论文全文数据库

网址：http://www.wanfangdata.com.cn/degree/toIndex.do

中国学位论文全文数据库，是万方主要数据库产品中的一个重要数据库，学位论文资源包括中文学位论文和外文学位论文。万方数据（集团）公司与国内900余所高校和600余所科研院所具有学位授予权的单位合作，精选优秀硕士学位论文、博士学位论文和博士后报告。收录的中文学位论文始于1980年，共计500余万篇，年增30万篇，涵盖理学、工业技术、人文科学、社会科学、医药卫生、农业科学、交通运输、航空航天和环境科学等各学科领域。外文学位论文收录始于1983年，累计收藏11.4万余册，年增量1万余册。目前中国学位论文全文数据库收录学位论文603万余篇，并逐年回溯建库，是我国收录数量最多的学位论文全文数据库。中国学位论文全文数据库的检索方式有基本检索、高级检索。

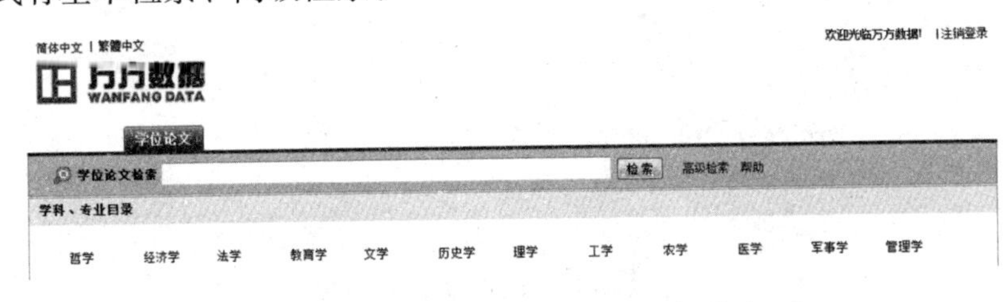

图 3-33 中国学位论文全文数据库主页

1. 基本检索

基本检索提供题名、作者、学科、专业、关键词、摘要、导师、学位授予单位字段查询，只需选择某个字段输入检索词查询即可。如图3-34，以“屯堡文化”为检索词，在题名字段点击“检索”按钮查询，共查到15条结果。

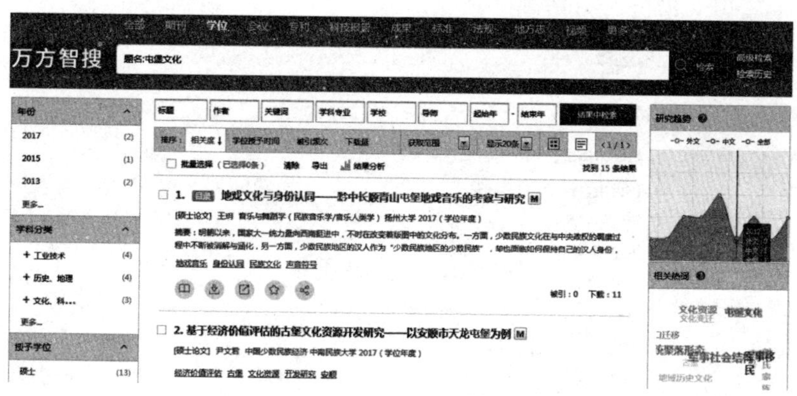

图 3-34　基本检索查询结果

2. 高级检索：

在高级检索界面，有高级检索、经典检索和专业检索。经典检索途径包括以下字段：标题、作者、导师、学校、专业、中图分类、关键词、摘要。专业检索需输入检索表达式进行检索。高级检索界面还提供万方数据查新咨询服务。

【例 8】利用中国学位论文全文数据库，查找学位授予单位“贵州大学”关于“屯堡”研究方面的学位论文，时间限定为 1990—2018 年。

检索途径：高级检索。

检索过程：登录学校图书馆主页→本馆资源→万方学位论文（镜像）

检索条件：标题中包含“屯堡”，关键词中包含“屯堡”，摘要中包含“屯堡”。

学校：贵州大学。

发表日期：1990—2018 年。

有无全文：有全文。

论文类型：所有类型。

高级检索　经典检索　专业检索　查新咨询服务中心

高级检索

标题中包含：屯堡文化
作者中包含：
导师中包含：
关键词中包含：屯堡
摘要中包含：屯堡
学校：贵州大学
专业：
发表日期：1990 - 2018 年
有无全文：有全文
论文类型：所有类型
排序：相关度优先　经典论文优先　最新论文优先
每页显示：10
检索

图 3-35　高级检索查询界面

点击检索按钮，查询到 2 条记录。显示命中学位论文列表栏，如图 3-36。

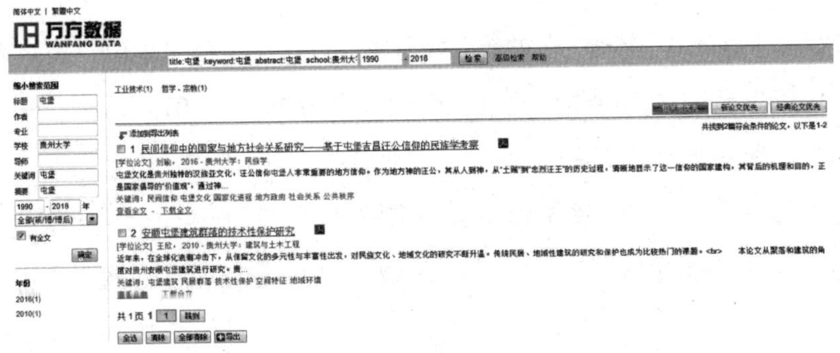

图 3-36　高级检索命中数据列表

选中第一篇论文，单击链接到该文详情页，可查看论文的部分内容。点击“查看全文”，可在线阅读全文。如果想下载保存，则点击“下载全文”，如图 3-37。

民间信仰中的国家与地方社会关系研究——基于屯堡吉昌汪公信仰的民族学考察

查看全文 下载全文 导出 下载PDF阅读器

屯堡文化是贵州独特的汉族亚文化，汪公信仰屯堡人非常重要的地方信仰。作为地方神的汪公，其从人到神，从"土贼"到"忠烈汪王"的历史过程，清晰地显示了这一信仰的国家建构，其背后的机理和目的，正是国家倡导的"价值观"，通过神性的普照而实现对地方社会的统摄。

汪华出生在隋末的徽州地区，当时天下大乱，群雄割据。为保境安民，汪华建立吴国，称吴王。后李世民统一天下，汪华归唐。在汪华去世后，民间对其进行祭祀，但却并未得到国家的认可。不仅如此，司马光《资治通鉴·唐纪五》甚至称汪华为"贼帅"。一直到南宋因罗愿所撰《新安志》，汪华的形象才得到了颠覆性的重塑汪华也逐渐被国家所接受，成为一个"正统化"的地方神祇。而在汪华从人到神的过程中，国家和汪氏宗族是两股最重要的推动力量。

明朝时，汪公信仰随着大量从江南地区移入贵州的军士家庭及后移民被移入到了贵州，成为构建屯堡社会的力量之一。黔中汪公信仰，首先应源于明初调北征南的战争性质与汪公神圣性内涵的一致性。汪公信仰以汪公庙为载体，与其他重要宗教场所的兴建一道，不但一起参与了城市精神高地的构建，而且作为国家与军事移民社会关系中的黏合性因素，以其国家再次赋予的神圣光辉，引领了一个新兴城市建构中的国家化进程。与一般情况下村庄庙宇由当地居民修建机理不同，明洪武年间，大量坛宫庙宇建于普定卫、平坝卫、安庄卫所辖屯堡村寨之中，成为村庄社会形成的精神基础。

新中国建立后，国家在吉昌村的汪公信仰活动中的作用经历了一个从禁止到默许，再到共谋的过程。进入21世纪，屯堡文化迅速转变为一种稀缺的文化资源，成为地方政府发展经济的一种资本，其地位也就随之急剧上升。而在这样的背景下，国家对汪公信仰的认同从历史上的"价值观"逻辑转变为"资本"逻辑。但是就村庄生活而言，汪公是屯堡社区的"地方神"，守护着屯堡人的精神生活和行为底线，维持着屯堡社区公共秩序。吉昌汪公会作为基层权威组织在社区日常生活的显赫地位，发挥着对村庄的统合作用。

作者：	刘瑜
学科专业：	民族学
授予学位：	硕士
学位授予单位：	贵州大学
导师姓名：	杨志强
学位年度：	2016
研究方向：	
语种：	chi
分类号：	B933
关键词：	民间信仰 屯堡文化 国家化进程 地方政府 社会关系 公共秩序
机标分类号：	
机标关键词：	民间信仰 国家 地方社会 关系研究 屯堡文化 民族学 屯堡社区 村庄 屯堡人 价值观 过程 贵州
基金项目：	

图 3-37 论文详情页

全文信息的左侧是论文目录，右侧为论文全文内容。点击目录，自动跳转到相应章节内容。如图 3-38。

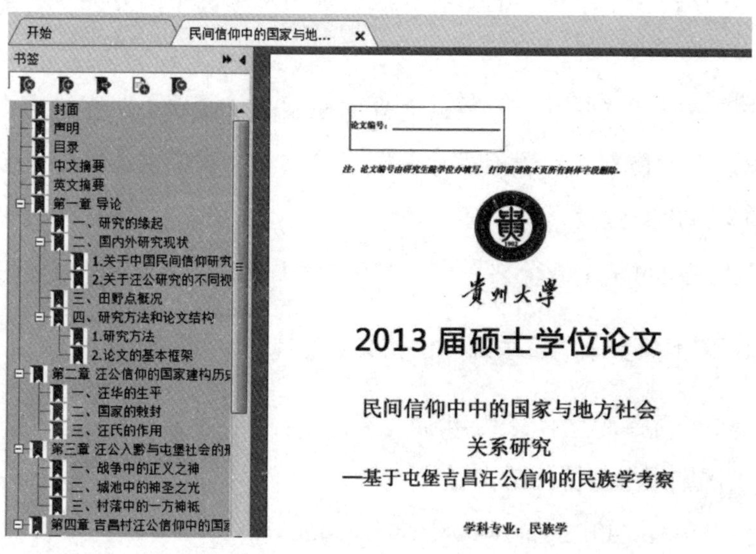

图 3-38 学位论文全文节选

3.2.2 中国博士学位论文全文数据库、中国优秀硕士学位论文全文数据库

网址：http://kns.cnki.net/kns/brief/result.aspx?dbprefix=CDMD

"中国博士学位论文全文数据库""中国优秀硕士学位论文全文数据库"是中国知网的系列产品，简称 CMFD，是中国知网"学位论文"的两个子库。

收录的学位论文来源于高等院校、科研院所等单位，是目前国内学位论文资源最完备，数据最规范、出版周期最短的连续动态更新的博硕士论文全文数据库，也是国务院学位委员会指定的唯一硕士学位点评估依据数据库。数据库分为 10 个专辑，168 个专题近 3600 个子栏目。收录了 2000 年至今具有博士学位授予权单位的优秀硕士学位论文以及全国博士学位授予权单位的优秀硕士学位论文，部分学位论文回溯至 1984 年。向 CMFD 投稿的已签约硕士培养单位 695 家。收录博硕士学位论文全文文献 400 余万篇。

登录方式：

方法一：登录中国知网主页，在一站式检索界面勾选“博硕士”库进行检索。一站式简单检索字段为：主题、关键词、题名、全文、作者、导师、第一导师、学位授予单位、摘要、目录、被引文献、中图分类号、学科专业名称。

方法二：打开“博硕士”数据库界面检索。“博硕士”库检索方式有：高级检索、专业检索、句子检索和一框式检索。高级检索还提供基金项目支持发表的学位论文检索。

下载方式：付费下载全文。

3.2.3 网上免费国内、国外学位论文数据库

1. 网上国内免费学位论文网站

（1）国家图书馆博士论文库

网址：http://mylib.nlc.cn/web/guest/boshilunwen

国家图书馆自建博士学位论文数据库，实名注册，在线阅读可看 24 页正文。提供文献传递。

（2）国家科技图书文献中心中文学位论文库

网址：https://pre.nstl.gov.cn/

收录 1984 年至今博硕士论文、博士后论文。

（3）香港大学学术库

网址：http://hub.hku.hk/

The HKU Scholars Hub（香港大学学术库），收录 1976 以来博硕士论文。提供浏览和简单的检索，全文为 PDF 格式，提供部分全文。

（4）香港中文大学博硕士论文库

网址：http://repository.lib.cuhk.edu.hk/tc/collection/etd

CUHK Electronic Theses & Dissertations Collection（香港中文大学博硕士论文库），收录 1967 年以来香港中文大学研究生提交的硕士－博士论文全文。提供浏览和简单检索，PDF 格式摘要、目录及全文。

（5）香港科技大学学位论文

网址：http://lbezone.ust.hk/rse/electronic-theses

HKUST Electronic Theses（香港科技大学学位论文），提供 1994 年以来博硕士论文，大部分全文。

（6）香港城市大学学位论文

网址：http://www.cityu.edu.hk/lib/digital/thesis/index.htm

香港城市大学学位论文（CityU Theses Online），收录 1990 年以来学位论文，可 OA 获取的全文有 4000 余篇。

（7）香港浸会大学学位论文

网址：https://repository.hkbu.edu.hk/etd/

香港浸会大学学位论文（ETDs），收录 1991 年以来学位论文，2013 年以后的学位论文可以 OA 获取全文。

（8）台湾新竹“清华大学”博硕士论文全文系统

网址：https://etd.lib.nctu.edu.tw/cgi-bin/gs32/hugsweb.cgi?o=dnthucdr&

收录 1962 年以来博硕士论文，部分全文，简易查询，繁体字检索。

（9）台湾联合大学系统博硕士论文系统

https://etd.lib.nctu.edu.tw/cgi-bin/gs32/gsweb.cgi/ccd=Z6_6Ef/login?jstimes=1&loadingjs=1&userid=guest&o=dwebmge&cache=1554695036984

收录台湾“交通大学”、台湾“中央大学”、台湾“清华大学”、台湾

"阳明大学"博硕士论文，部分全文下载。检索方式：简易查询、进阶查询，繁体字检索。可浏览论文。

（10）台湾人文及社会科学引文索引资料库

http://tci.ncl.edu.tw/cgi-bin/gs32/gsweb.cgi/ccd=8wYQGD/tcisearch_opt1?Geticket=1

收录2000年以来中国台湾地区及海外华人出版的人文及社会科学期刊、中国台湾地区博士论文。检索方式有：简易查询、进阶查询、指令查询、以文找文。提供"原始链接"到原系统。

（11）台湾博硕士论文知识价值系统

https://ndltd.ncl.edu.tw/cgi-bin/gs32/gsweb.cgi/ccd=EvNjGI/search?mode=basic

收录1958年以来台湾各大学校院的博硕士论文，已授权的论文全文：47万余篇。登录个人账号，输入验证码后进入系统，可查看全文信息。检索方式：进阶查询、浏览查询、指令查询，繁体字检索。

（12）师范校院联合博硕士论文系统

http://etds.lib.ntnu.edu.tw/cgi-bin/gs/gsweb.cgi?o=d1

收录1959年以来台湾师范院校的学位论文全文或摘要。限制条件：可搜索台湾彰化师范大学博硕士论文全文数据库、台湾"清华大学"博硕士论文全文系统、台湾台中教育大学博硕士论文全文系统、台湾师范大学博硕士论文全文系统和台北市立大学博硕士论文全文系统电子全文档。全文会链接至来源学校的学位论文数据库。提供进阶查询、简易查询、浏览检索三种检索方式，繁体字检索。

（13）中国文化研究论文目录（1946—1979年）

网址：http://readopac.ncl.edu.tw/nclJournal/chinaculture.htm

数据库资料的来源类型为：期刊、报纸、论文集、学位论文。收录了1949—1979年期间上述类型文献中研究中国文化的单篇论著。在资料来源类型，选择学位论文，输入关键词查询。可点击分类浏览查询，也可点击收编书刊浏览查询。[①]

2. 网上免费国外学位论文全文资源

（1）美国博士论文档案数据库 1933—1955 年

http://web.b.ebscohost.com

EBSCO（美国博士论文档案数据库 1933-1955）。该数据库收录了 10 万余篇论文文献，是唯一收录 1933—1955 年间被美国大学承认的博士论文最完整的档案数据库，可以通过浏览作者、主题、大学和出版年并组配检索。

（2）NDLTD 学位论文库

网址：http://www.ndltd.org/

美国国家自然科学基金的一个网上学位论文共建共享项目，目前全球 170 多家图书馆、7 个图书馆联盟、20 多个专业研究所加入 NDLTD。提供论文全文链接 3 万余篇。

（3）麻省理工学院学位论文库

网址：http://dspace.mit.edu/handle/1721.1/7582

MIT Theses（麻省理工学院学位论文库），提供该学院自 19 世纪中叶以来的部分学位论文共 2 万余篇，提供 2004 年以来所有的博硕士学位论文，部分全文。

（4）诺丁汉大学论文数据库

网址：http://eprints.nottingham.ac.uk/

The university of Nottingham(诺丁汉大学论文数据库)，提供 131 篇免费硕博论文。涵盖医学、艺术、教育、法学、工学等学科。

（5）德克萨斯州数字图书馆

网址：https://tdl-ir.tdl.org/handle/2249.1/9387

收录了美国德克萨斯州四所大学的部分学位论文，有全文。

（6）Ohio State University(俄亥俄州立大学电子学位论文)

① 4 查找学位论文 [EB/OL]. [2019.02.02] http://www.lib.tsinghua.edu.cn/find/find_disser.html.

网址：http://www.ohiolink.edu/etd/search.cgi

数据库收录了1.2万余条记录。索引更新及时，可免费获取，还可在线翻译成中文。内容涵盖了机械、电子、管理、哲学、化学、环境学、材料、数学、物理等学科。

（7）Trove 澳大利亚国家图书馆

网址：https://trove.nla.gov.au/book/。收录学位论文，部分全文。

（8）加拿大 AMICUS 学位论文

http://www.bac-lac.gc.ca/eng/services/theses/Pages/theses-canada.aspx

AMICUS 是全加拿大的公共书目信息检索系统，1965年建立学位论文库，收录了1300余个图书馆的学位论文信息，可免费检索相关信息并免费获取1998—2002年出版的部分学位论文信息。电子论文有全文。

（9）ETH Zurich 学位论文库

https://www.research-collection.ethz.ch/handle/20.500.11850/15/discover

该数据库是瑞士苏黎世联邦理工学院机构库的一部分，有全文。

思考题

1. 中国常用期刊数据库有哪些？

2. 试用某个期刊数据库，查找本专业教师发表的论文。

3. 试用超星期刊的学科导航，查找《XX学院学报》2018年第6期的目录。

4. 打开某个期刊数据库，简述该数据库提供了哪些检索方式。

5. 某科研项目标题为《GZ省特殊教育学校教学设施和设备卫生调查研究》。利用学校图书馆数字资源，以“特殊教育”并含“设备”为检索词(篇名、标题或题名，模糊检索)，检索下列数据库收录的文献各有多少条结果。如果某个数据库的检索结果为0，如何扩大检索范围？检索结果是多少条文献？简述检索过程，并简要分析不同数据库的检索结果。

（1）中国知网 CNKI 中文期刊全文数据库

（2）维普中文科技期刊数据库

（3）人大复印报刊资料数据库

（4）超星期刊

（5）中国台湾学术文献数据库

（6）国家哲学社会科学学术期刊数据库（NSSD）

6. 利用万方学位论文数据库，查找篇名包含“蜡染工艺”一词的学位论文。检索结果是多少？简述检索过程。

7. 试述其他免费获取学位论文全文的途径。

第 4 章　常用的图书检索系统

图书检索系统指提供查找图书书目信息或全文信息的检索系统，主要分为纸质图书检索系统和电子图书检索系统。

纸质图书检索系统的功能主要是为图书馆提供文献保障服务，系统用户主要是高校图书馆、中小学图书馆、公共图书馆或其他信息服务机构。该系统用于书刊采购编目、典藏管理、流通服务、公共查询和情报检索。是提供查找纸本图书的馆藏情况以及开展借阅服务的管理系统，只能查看图书的基本信息，但不能查看全文信息。各图书馆和信息服务机构会根据馆藏需要，选择不同的图书管理系统。本章主要介绍图书馆集成管理系统 GDLIS NET。

电子书检索系统所提供的信息量更大。不仅能查询书目信息，还提供电子图书全文下载、在线阅读或部分阅读等功能。

4.1 纸质图书检索系统

4.1.1 图书馆集成管理系统 GDLIS NET 简介

图书馆集成管理系统 GDLIS NET 由北京金盘鹏图软件技术有限公司开发，旨在建设国内网络图书馆。该系统集成了图书馆采编、书刊典藏、流通管理、期刊管理、馆藏查询等功能。

4.1.2 GDLIS NET 主要检索模块

GDLIS NET 针对图书信息的主要检索模块有：书目检索、分类浏览、热门推荐、新书通报等。

1. 书目检索：以书目列表的形式，提供图书信息的查询。

2. 分类浏览：以列表方式，根据图书的入藏日期，将所有校区和所有类型图书信息展现出来供读者查询。显示内容有书名、作者、出版社信息、索书号和馆藏情况（如图 4–1）。

3. 热门推荐：根据某一时段读者借阅排行榜、热门评分、热门收藏、热门浏览和热门检索词的使用情况进行图书目录排序，例如借阅量最高的图书，排在列表的最前端（如图 4–2）。

4. 新书通报：根据最近图书入藏时间列表显示图书信息。入藏时间最近的，排在书目列表的最前端（如图 4–3）。

序号	题名	责任者	出版信息
1	彩色电视机修理技术	王锡胜编著	电子工业出版社
2	人工电话原理和维护.上册	湖南省邮电学校《人工电话原理和维护》编写组编	人民邮电出版社

图 4–1 图书分类浏览列表

序号	题名	责任者	出版信息
1	不等式研究.第二辑	杨学枝主编	哈尔滨工业大学出版社 2012
2	习近平用典	人民日报评论部[编著]	人民日报出版社 2015
3	材料物理	刘正堂[等]主编	西北工业大学出版社 2017
4	特种焊接技术及应用	李亚江，王娟等编著	化学工业出版社 2018

图 4–2 热门推荐图书列表

序号	题名	责任者	出版信息	索书号
1	世界社会主义运动:复印报刊资料	中国人民大学主办	中国人民大学书报资料中心	D3/1
2	经济问题探索	云南省发展和改革委员会主办	《经济问题探索》杂志社	F12/5
3	古生物学报	中国古生物学会、古生物学报编辑委员会	科学出版社	Q/5
4	当代教育科学	山东省教育科学研究所	当代教育科学杂志社	G2/3

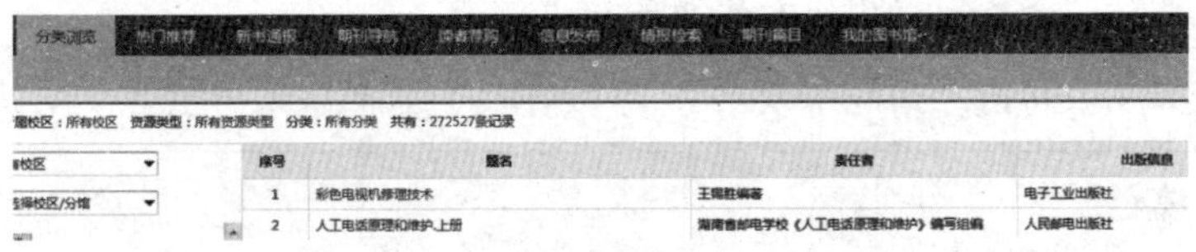

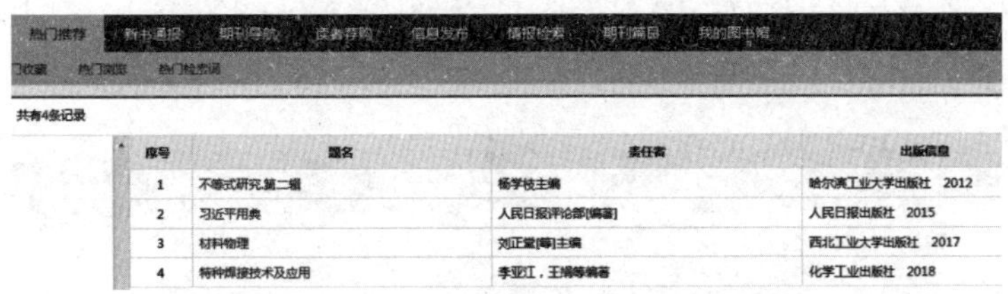

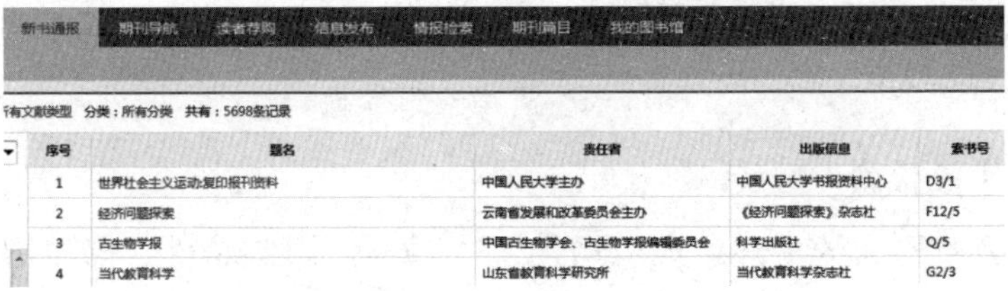

图 4–3 新书通报列表

4.1.3 检索方式和检索途径

图书馆集成管理系统书目检索方式有：简单检索、多字段检索、组合检索。

检索途径又称检索项，由不同检索字段组成。图书馆集成管理系统GDLIS NET书目检索的主要字段如表4–1。

表4–1 检索字段列表

检索项	检索字段说明
题名	利用书名途径查找图书信息
责任者	利用作者姓名查找具体的图书
主题词	利用关键词查找不知道确切书名的同一学科专业图书
索书号	利用图书馆的藏书唯一标识号来查找具体图书
出版者	查找同一出版社出版的所有图书
标准编码	利用“国际标准书号”（ISBN）查找具体的图书

1. 简单检索

提供七种书目检索途径：题名、作者、出版者、标准编码、索书号、主题词、全部字段。选择查询类别为图书，直接在搜索框输入检索词，点击搜索键查询（如图4–4）。

图4–4 简单检索界面

2. 多字段检索

除了简单检索的上述字段，增加了一些检索限制条件，能更准确定位到相关记录。输入检索词，可选择校区 / 分馆、馆藏地、入藏时间、检索匹配等多字段限制条件检索（如图 4–5）。

简单检索 多字段检索 组合检索
馆藏书目多字段检索
题 名： 出版者：
责任者： 标准编码：
索书号： 主题词：
校区/分馆： 所有校区 资源类型： 请选择校区/分馆
馆藏地： 请选择校区/分馆 入藏时间： 全部
每页显示： 10 结果排序： 题 名 升序 降序
模糊检索： 是 否
检索 重置

图 4–5 多字段检索界面

3. 组合检索

利用检索项右侧的＋号符来增加运算逻辑检索。点击搜索框右侧“＋”号或“—”号增减当前项的值。检索逻辑下拉框可选择逻辑“并且”“或者”“不含”匹配。检索字段有：全部、题名、责任者、标准编码、出版者、主题词、文献名。默认的检索匹配为模糊检索（如图 4–6）。

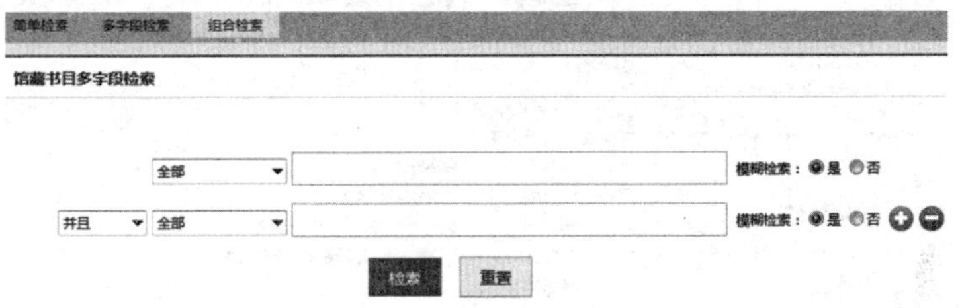

图 4–6 组合检索界面

4.1.4 馆藏书目查询

【例 1】某学生论文题目为《XX 省特殊教育学校教学设施和设备卫生调查研究》，利用图书馆的馆藏书目查询，查找图书馆有哪些“特殊教育”方面的纸质图书。

1. 检索步骤

（1）方法一：通过校园网，登录学校图书馆主页，点击“书目检索”，进入图书馆集成管理系统书目查询界面。

（2）方法二：下载手机“移动图书馆”APP，点击进入“馆藏查询”界面。

（3）方法三：在学校图书馆检索大厅，利用检索终端，点击进入“书目检索”界面。

2. 检索策略

在书目检索或馆藏查询界面，输入检索词“特殊教育”，选择题名字段，点击搜索按钮，共查找到 43 本图书。

3. 查看图书信息

打开选中的图书书名，如点击《特殊教育导论》一书，书籍详细信息页显示责任者为“刘全礼著”，出版发行项为“教育科学出版社”，索书号为“G760/32”，馆藏信息显示共有 5 本图书，馆藏状态为“在架”(如图 4–7、图 4–8、图 4–9）。

图 4–7　命中图书信息列表

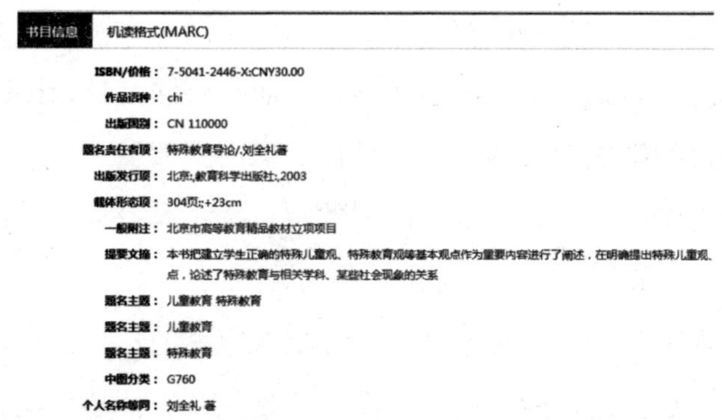

书目信息 机读格式(MARC)

ISBN/价格：7-5041-2446-X:CNY30.00
作品语种：chi
出版国别：CN 110000
题名责任者项：特殊教育导论/.刘全礼著
出版发行项：北京:,教育科学出版社:,2003
载体形态项：304页;;+23cm
一般附注：北京市高等教育精品教材立项项目
提要文摘：本书把建立学生正确的特殊儿童观、特殊教育观等基本观点作为重要内容进行了阐述，在明确提出特殊儿童观、点，论述了特殊教育与相关学科、某些社会现象的关系
题名主题：儿童教育 特殊教育
题名主题：儿童教育
题名主题：特殊教育
中图分类：G760
个人名称等同：刘全礼 著

图 4-8 书籍详细信息

馆藏信息 附件信息 评论信息 相关借阅 借阅趋势

所有馆(5) 安顺学院图书馆(5)

索书号	登录号	条形码	馆藏地址	
G760/32	J044655	J044655	捐赠书库	安顺学院图书馆
G760/32	J048154	J048154	捐赠书库	安顺学院图书馆
G760/32	J048494	J048494	捐赠书库	安顺学院图书馆
G760/32	J048501	J048501	捐赠书库	安顺学院图书馆

图 4-9 书籍馆藏信息页

4. 其他检索途径

除了题名途径，用户可根据检索需要选择其他检索途径。例如以《特殊教育导论》一书为例，可选择的其他检索途径有：（1）作者检索：在检索框输入“刘全礼”，除了查到该作者所著的《特殊教育导论》一书而外，还能检索到该作者所著的其他的相关图书。（2）标准编码检索：在搜索框输入 ISBN 号“7-5041-2446-X”，直接查找到该图书。（3）索书号检索：在搜索框输入索书号“G760/32”直接查找到该图书。手机移动图书馆馆藏查询的其他检索途径只有作者、主题词、ISBN 三个字段。

■ 4.2 电子图书检索系统

电子图书，亦称电子书，是借助计算机技术或其他电子设备，通过数码方式将一定的文字、图片、声音、影像等信息内容记录在以光、电、磁为介质的设备上，再进行数字化处理，是可使用特定设备来读取、复制、传输的有别于以传统纸介质为载体的数字化出版物，是网络出版的重要内容。它与传统图书在信息量、文字量、编排体例等方面有相同之处，按照传统书籍的格式编排，可视为纸质图书的数字化延伸。借助阅读器、电脑或手持终端，可下载和阅读电子书的内容。电子图书的特点为：海量存储、检索便捷、可复制、清洁环保、节省资源、图文声像相结合。

纸质图书数字化分为两种类型。一种是对原书的扫描，另一种是对原书内容的数字化。目前使用较多的电子图书检索系统有：超星数字图书馆、读秀学术搜索、方正电子图书（APABI）等。可通过校园网访问免费下载，也可通过数据库公司主页访问付费下载。

4.2.1 超星数字图书馆

网址：http://www.chaoxing.com/

超星数字图书馆是目前中国最大的中文在线数字图书馆，该品牌创立于2000年，收录的图书出版时间最早年限为1977年至今。是国家“863”计划中，中国数字图书馆示范工程项目，致力于纸张图文资料的数字化。超星数字图书馆中的电子图书数据库收录图书范围覆盖了哲学、社科总论、经典理论、民族学、经济学、自然科学总论、工程、建筑、计算机等各个学科门类共300余万种，已解决版权的图书有140余万种，全文总量13亿余页。所提供的特色专题库有“文史资料数据库”“地方志数据库”“计算机数据库”“会议论文数据库”“艺术期刊数据库”“新地方志数据库”“年画数据库”“院士文库”等。用户可通过首页界面上的图书分类目录导航，选择图书检索功能查找所需图书，安装超星阅读器下载阅读。

1. 检索界面

学校图书馆提供的访问方式有两种：一种是镜像站点访问，这是针对学校已购买使用权的可免费提供给校内用户使用的电子图书数据库，数据安装在学校服务器上，查询速度快，可全文下载和在线阅读。另一种是远程访问站点，提供所有超星电子图书查询。其中购买了使用权的电子图书可全文下载，对于未购买使用权的电子图书，只可浏览试读图书的部分章节内容（如图 4–10、图 4–11）。

图 4–10 超星电子图书本地镜像界面

图 4–11 超星电子图书远程访问界面

2. *检索方法*

超星数字图书馆的检索方式有：分类检索、快速检索、高级检索。用户一般采用快速检索和高级检索查阅图书。

（1）快速检索

快速检索的界面简单友好，在检索入口仅提供书名、作者、主题三种检索途径。分类导航默认“全部分类”，也可根据下拉菜单选择图书的学科类别。图书类别按《中国图书馆图书分类法》列出 22 大类。系统默认的每页显示结果为 10 条记录。每本图书的基本信息有：书名、作者、出版日期、主题词、分类、图书简介。可在检索结果页进行二次检索。

【例 2】某学生撰写的毕业论文题目为“XX 景区导游服务市场开发探析”，想查找“导游服务”方面的电子图书。

检索过程：登录学校图书馆主页，点击本馆资源中超星电子图书（镜像）或（远程），打开汇雅电子图书平台。

检索途径：快速检索。

检索策略：检索词“导游服务”/ 书名。

图书分类：全部分类。

点击检索按钮，共查到书名含有“导游服务”的记录 23 条。快速检索界面支持在结果中检索，右上角还提供“进入读秀图书检索”链接（如图 4-12）。

图 4-12 命中电子图书列表

利用翻页键查找所需图书，点击书名，下载全文或打开全文。下载超星电子图书，需先安装超星阅读器。超星阅读器 pdz 是超星公司自主开发的具有独立知识产权的阅读器，是专门针对超星数字图书的阅览、下载而研发的专业阅读器。超星还针对安卓平板电脑，设计了 AndroiPad 图书阅读软件。针对 iPad 平板电脑，设计了超星阅读 iPad 版。

（2）高级检索

高级检索增加了逻辑“或”，逻辑“非”检索。检索项有：书名、作者、主题词。可根据检索项输入检索词。高级检索还提供了出版年代控制，可选择检索的学科范围。如果使用快速检索，出现命中结果比较多的情况，使用高级检索来缩小检索范围。下载方法与快速检索同。

【例 3】某学生的毕业论文题目是“HGS 旅游商品发展思路分析”，以“旅游”/ 书名作为检索词进行快速检索，共查到 5065 本图书，需要缩小检索结果。使用高级检索进行精确查询。

检索过程：学校图书馆主页→本馆资源→超星电子图书（镜像）或（远程）

检索途径：高级检索。

检索策略：书名 =“旅游”，并且书名 =“商品”。

出版年代：2000—2018 年。

检索范围：全部类别。

点击检索按钮，共命中 10 条记录（如图 4-13）。

共查到 10 本图书

《旅游商品与购物管理》
作者：方百寿，沈丽晶，张芳芳编著
出版日期：2011
主题词：旅游商品-基本知识
分类：经济图书馆>旅游经济>旅游经济理论与方法
图书简介：本书包括和第二篇旅游商品。第一篇包括旅游商品理论及旅游购物管理理论，主要内容有旅游商品的范畴、旅游商品的类别、旅游商品的开发与规划、旅游商品的设计、旅游商品的消费者、旅游商品的市场营销、旅游商品管理、旅游购物规范等；第二篇为山东旅游商品介绍以及山东主要旅游商品质量判别。

《山东省旅游商品发展探索》
作者：杨亮著
出版日期：2009
主题词：旅游商品-商品经济-经济发展-研究-山东省
分类：经济图书馆>贸易经济>中国国内贸易经济>商品流通

图 4-13 高级检索电子图书列表

3. 超星电子图书阅读方法

超星电子图书的浏览方式可分为在线阅读和离线阅读。如果只想了解图书章节中的基本内容，可使用在线阅读的方法。如果想要下载下来详细阅读，需了解离线换机的阅读方法。如果想将下载的超星电子图书在学校局域网外的其他电脑上阅读，可按以下操作进行。以下阅读方法为原文引用。

一、家中电脑能上网的步骤

1. 注册个人用户并登录

（1）下载前打开超星阅读器，点击“注册”→“新用户注册”，按照提示完成注册并记住用户名和密码。

（2）下载图书前，点击“注册”→“用户登录”，输入用户名密码完成登录，开始下载图书。

（3）拷贝所需的下载图书到 U 盘，并复制到家中电脑。

2. 在线登录，阅读下载图书

打开家中电脑的超星阅读器→点击“注册”→“用户登录”，用在学校注册的同一用户名登录成功，即可阅读下载图书。

二、家中电脑不能上网的步骤（多了一个获取离线注册文件的过程，并使用离线登录方式）

1. 获取离线注册文件

（1）在家中的电脑打开超星阅读器→“注册”→“离线登录”→“帮助”，在帮助的第一步里会显示本机的机器码，抄下来。

（2）下载前打开超星阅读器，点击“注册”→“新用户注册”，按照提示完成注册并记住用户名和密码。

2. 注册个人用户并登录

在学校下载图书的电脑上打开超星阅读器→“注册”→“离线登录”→“帮助”，在帮助的第一步里有一个链接 http://passport.ssreader.com/lixian.asp，点击进入，并输入已注册过的用户名和密码，并把家里的电脑机器码输入，点击登录。显示“申请离线注册证书成功”后，下载离线注册文件，把此文件与下载下来的图书文件一起拷贝到家中的机器上。

3. 离线登录，阅读下载图书

在家中电脑打开超星阅读器，点击“注册”→“离线登录”，输入注册时的用户名，并选中拷贝到电脑上的离线注册文件，点击确定，离线证书验证成功，即可阅读所拷贝的下载图书。[①]

4.2.2 读秀电子图书检索

网址：http://area.duxiu.com/area/asxy/index.jsp

读秀学术搜索是 2007 年超星公司推出的数字文献服务平台，也是一个学术搜索引擎。“读秀知识库”是超星数字图书馆的延伸产品，以 430 多万种中英文图书和 10 亿多页中文全文资料为基础，组成超大型全文数据库和资料基本信息数据库。数字文献服务平台与学校图书馆系统挂接，将已有的馆藏纸本图书、电子图书、电子期刊、学位论文等资源整合到该平台下，做到了全部中文图书的一站式服务，同时还提供专利、标准、音视频、会议论文、政府信息等查询服务，实现一站式跨库检索。（读秀学术搜索详见第 5 章 5.6 介绍）本章仅介绍读秀图书数据库检索。

1. 读秀图书数据库简介

读秀图书数据库收录的内容包括了馆藏纸本、包库全文（电子书）、部分阅读的电子图书，用户可一站式检索馆藏纸本图书和电子图书。

读秀图书检索有以下特点：一次检索可获取馆藏纸书信息、馆藏电子书全文镜像、图书馆文献传递及其他文献服务机构馆藏信息等所有可以使用的资源、图书的目次（章节）检索。提供图书封面页、书名页、版权页、前言页、目录页、正文部分页的试读，提供网上书店购买等多种获取图书的方式。

图书检索界面包含了普通搜索、高级搜索、分类导航。搜索语言有中文搜索、外文搜索。搜索结果显示图书的使用权情况，读秀提供获取图书信息

---

① 超星电子图书下载后离线换机（在其他电脑上）阅读方法 [EB/OL].[2018-12-06]. http://lib2.asu.edu.cn/info/2520/2780.htm.

的三种途径：馆藏纸本、包库全文、部分阅读（试读）。

（1）馆藏纸本

点击搜索结果的某一馆藏纸本，系统自动链接到图书馆集成管理系统的书目详细信息页，直接获取馆藏信息。

（2）包库全文

对于图书馆已购买使用权的电子图书，搜索结果显示为包库全文，机构用户可全文阅读和全文下载。

（3）部分阅读

主要指没有馆藏纸质文献，又未购买电子图书使用权的图书，读秀提供部分内容的全文检索或文献的部分在线试读，在线试读默认为正文 17 页或 21 页。还可进入读秀的文献传递中心，通过电子邮件的方式申请图书馆文献传递服务。基本步骤为：打开“图书馆文献传递中心”链接，填写需要文献传递的页数以及电子邮箱地址，输入验证码“确认提交”， 登录邮箱账号查看试读章节的网页链接。单次原文文献传递数为正文 1/5 页的内容，最多 50 页，提供 20 天的有效在线阅读服务，在该期限内，可随时在线阅读浏览（如图 4–14、图 4–15）。

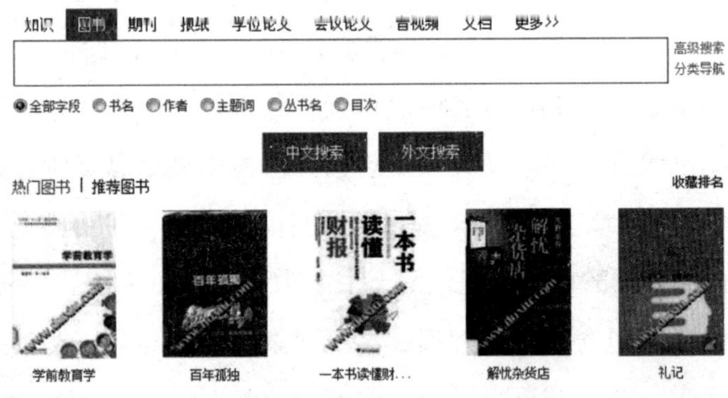

图 4–14　读秀图书数据库界面

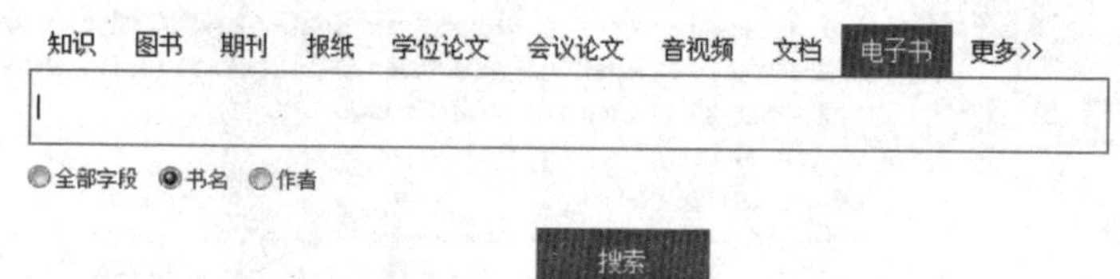

图 4-15 读秀电子书数据库界面

2. 检索途径

读秀图书数据库的基本搜索途径为：全部字段、书名、作者、主题词、丛书名、目次。中文图书高级搜索的主要途径为：书名（包含或等于）、作者、主题词、出版社、ISBN 号、分类（提供中国法 22 大类，默认全部分类）、年代、搜索结果显示条数（默认每页显示 10 条，其余可选择 15 条、30 条、50 条）。

电子书数据库的检索途径为：全部字段、书名和作者。

3. 检索方法

（1）基本检索

通过学校图书馆主页，进入读秀学术搜索首页，在搜索框内输入检索词，选择检索字段，查找书目和全文信息。

【例 4】某学生拟定的论文题目为“自闭症儿童语言沟通能力训练个案研究”，利用读秀图书数据库，查找与“自闭症”相关的馆藏图书和电子图书信息，时间不限。

检索步骤：校园网 IP 范围登录学校图书馆主页，在本馆资源中打开读秀搜索链接，选择“图书”数据库。

检索字段：书名。

搜索语言：中文搜索。

在搜索框输入检索词“自闭症”，点击搜索键，显示检索结果为中文图书 186 种。如图 4-16。

《透视自闭症 本土家庭实证研究与海外经验》 导出 收藏

作 者：李敬，程为敏主编

出版日期：2011.04　页 数：358

简 介：本书作者用质性研究的方法，为我们描述了33个自闭症儿童及其家庭的生活状况和各方面的需要，描述了他们为改善自己所处的社会环境所作的努力以及他们的无奈。最后，他们从社会政策的角度提出了具有可行性和可操作性的政策建议。

ISBN：978-7-80168-637-4

主题词：小儿疾病-缄默症-研究

分 类：医药、卫生->神经病学与精神病学->精神病学->儿童精神病

馆藏纸本　包库全文　收藏馆:118　总被引:12　被图书引:3

图 4-16　基本检索的中文图书搜索结果列表

基本检索提供在结果中搜索的二次检索，可进一步缩小检索范围，以达到类似符合多个检索条件的检索需求。如上例，以书名字段搜索到“自闭症”方面的图书有 186 种，结果太多。二次检索可在搜索结果中，利用作者、主题词、丛书名和目次字段再次检索。如限定在主题词中包含“自闭症”的图书，找到中文图书 2 种。结果如图 4–17。

找到相关的中文图书 2 种,用时 0.003 秒　模糊匹配　默认

《了解自闭症 精神分析取向的发现、理解与治疗》 导出

作 者：Anne Alvarez，Susan Reid著；许育光，叶琼婷，刘秀芬合译；林玉华主编

出版日期：2003.08　页 数：339

丛书名：精神分析系列

ISBN：9571133713

主题词：自闭症

分 类：医药、卫生->神经病学与精神病学->精神病学->儿童精神病

目 录：第1页 1序论——处闭症、性格与家庭&anne alvarez&susan reid

第19页 2自闭症儿童的衡鉴——家庭观点&susan reid

第45页 3与自闭症儿童家长探讨创伤及其它因素之意义&trudy klauber 更多...

图 4–17　基本检索的二次检索结果

利用翻页键，选择所需图书。例如选中的图书是《儿童自闭症康复手记》，图书信息页显示可部分阅读，也可申请图书馆文献传递（如图 4–18、图 4–19）。

儿童自闭症康复手记

作者：夏德均著

出版发行：北京：光明日报出版社，2013.09

ISBN号：978-7-5112-5360-6

页数：185

丛书名：天道康复系列丛书

原书定价：28.00

开本：21cm

主题词：小儿疾病-缄默症-康复训练-小儿疾病-缄默症-康复训练

中图法分类号：R749.940.9（医药、卫生->神经病学与精神病学->精神病学->儿童精神病）

内容提要：本书适应自闭症、脑瘫症、抽动症、癫痫症、多动症、抑郁症、发育迟缓、学习障碍、常问题。本书对正常儿童的健康提升同样有帮助，对家长健康的养育孩子具有特别的指导价值。

参考文献格式：夏德均著. 儿童自闭症康复手记[M]. 北京：光明日报出版社, 2013.09.

部分阅读　图书馆文献传递

图 4-18　图书信息页

正文17页　1 /17　放大　缩小　文字摘录　截取图片　PDF　打印

一　儿童自闭症可以彻底康复吗？

第一部分　认识篇

儿童自闭症是可以完全康复的，有人听了一定会生产怀疑，甚至反感：你看，又一个骗局出现了。自闭症是世界性的难题，改善一些症状还说得过去，彻底康复那是不可能的。

我能理解有这种想法的人，但世界每天都在产生奇迹，奇迹的产生需要打破常规。这个世界有真也有假，有陷阱也有机遇。

图 4-19　图书原文信息中部分在线试读内容

获得授权的图书可以直接在线阅读或下载后阅读。未获授权的图书则可试读，试读完成后，想继续阅读该书的其他部分，或者想获取更多文献资源，则可通过其他图书馆、文献互助平台、图书馆文献传递中心、按需印制服务等途径获得该书（如图 4-20）。

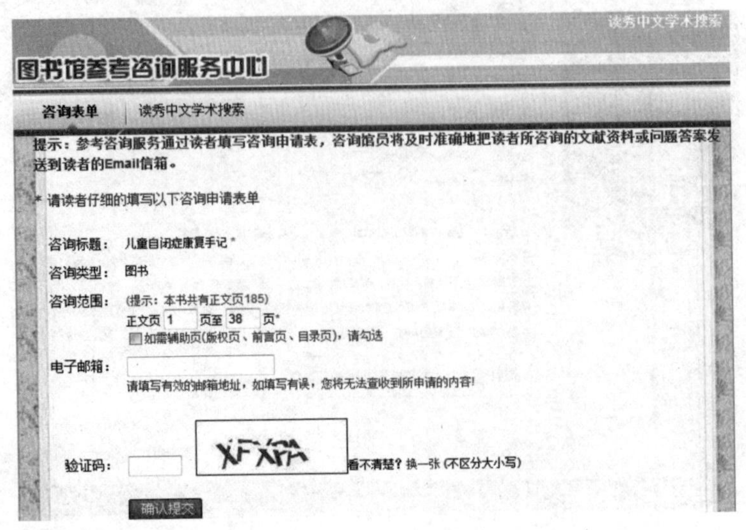

图 4-20 文献传递界面

（2）高级检索

读秀图书数据库的高级检索界面提供了多个检索输入框，可以同时输入多个检索条件。例如搜索“生态旅游”方面的图书，在书名字段进行中文搜索，共找到 56 种中文图书。利用高级检索，在检索条件中，限定所搜索的图书的出版年代为 2010—2018 年，共找到 12 种中文图书。

（3）分类导航

分类导航即分类检索，在读秀图书数据库搜索页面左侧。分类导航按中图法分为 22 大类。检索方法：按照学科分类逐级单击，在界面中部会显示所选中类目下的电子书名链接，电子书的主要信息包括书名、作者、出版时间、页数、馆藏纸本或部分阅读。

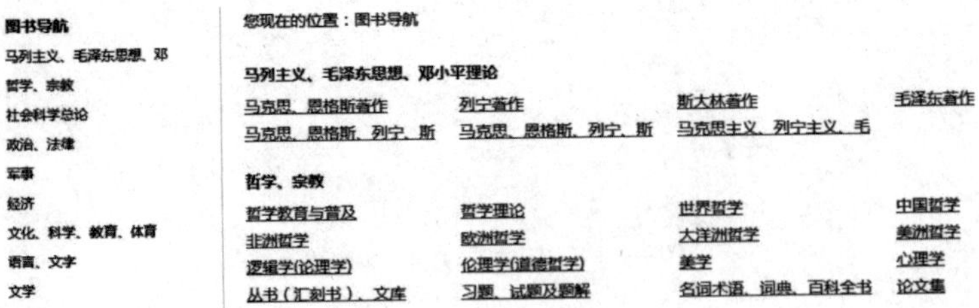

图 4-21 分类导航页面

4.2.3 APABI 数字资源平台

网址：http://apabi.szlib.com/List.asp?lang=gb

方正 Apabi 数字图书馆于 2000 年由北大方正电子有限公司开发并开通使用。电子图书涉及了理学、工学、农学、医学、文史哲、政法经、教育学等学科门类，内容包括社会科学、自然科学以及其他精品畅销书籍。2003 年，方正 Apabi 数字图书馆与 CALIS 管理中心合作，建立了教学参考书全文数据库。该数据库是针对高校需求收集整理已解决数字版权的精品教材和教学参考书建立的专业数据库。数据库以计算机、经济管理、外语、通信、生物等前沿学科为重点，覆盖了文、理、工、医、农等重点学科。方正 Apabi 电子书采用该公司独立开发的 CBE 格式，采用了“高保真”技术，使电子书最大限度保持了原来的样式。目前方正 Apabi 已与 500 余家出版机构签订合作协议，每年新出版电子图书超过 12 万种。

方正 Apabi 电子图书数据库的访问方式有两种：已购买数据库使用权的机构用户，在 IP 范围内免费使用，个人用户则采用密码登录使用（如图 4–22）。

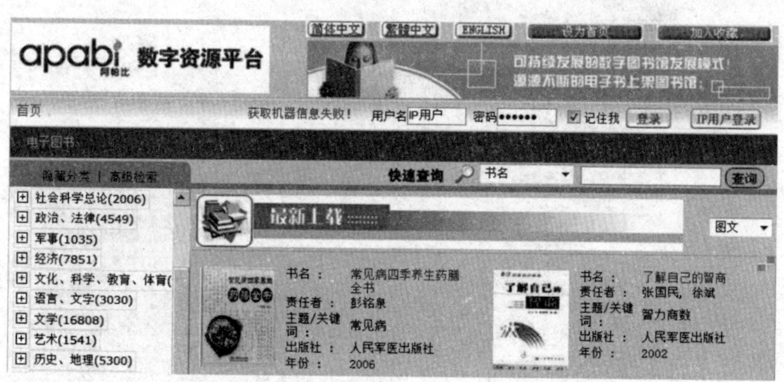

图 4–22 方正 Apabi 电子图书数据库主页

1. 方正 Apabi 电子图书检索

Apabi 电子图书的检索方法有快速查询、高级检索，还可以用分类浏览方式逐一查找自己所需的图书。

（1）快速查询：系统提供的检索途径有书名、责任者、主题 / 关键词、摘要、出版社、年份、全面检索。例如以“教育”为书名的检索条件，共找到 1740 种图书。检索结果查看方式为图文、列表、缩略图，默认查看方式为图文。如果检索结果较多，需缩小范围，系统还提供“结果中查”的二次检索。在检索结果中以“教育学”进行二次检索，共找到 40 条记录（如图 4–23、图 4–24）。

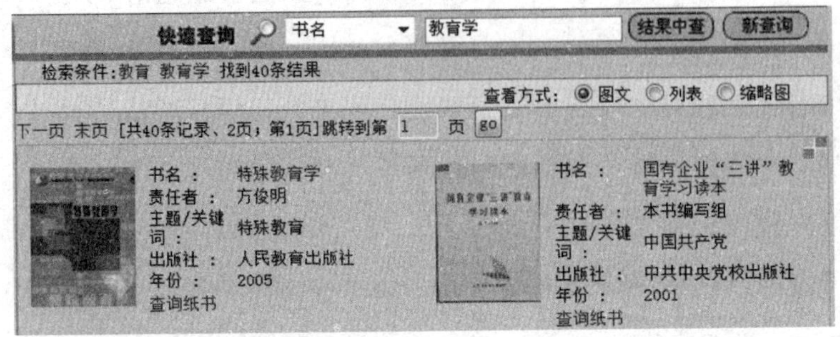

图 4–23　二次检索结果图文信息列表

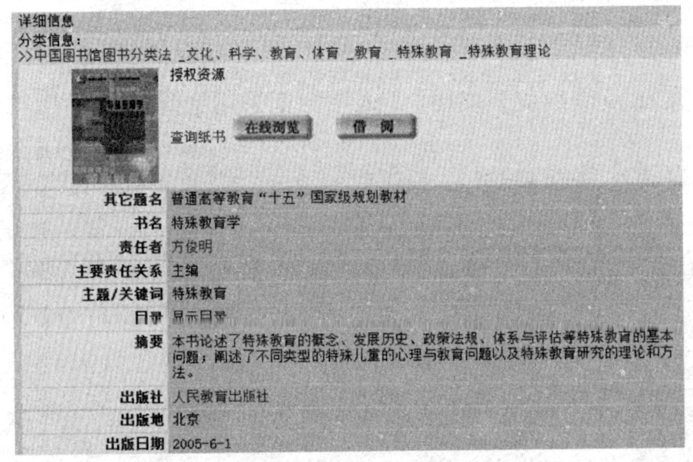

图 4–24　图书详细信息

点击打开图书的详细信息页，根据提示，可查询馆藏纸质图书，可在线浏览，还可借阅电子书。

（2）高级检索

高级检索途径除了具有快速查询的七个字段而外，还增加了更多的限制条件，如其他题名、出版日期、标识类型、中图法分类号等。分为“本库查询”

和“跨库查询”。

“本库查询”支持逻辑“并且”和逻辑“或者”检索。“跨库查询”可选择某一个数据库或所有数据库查询（如图 4–25）。

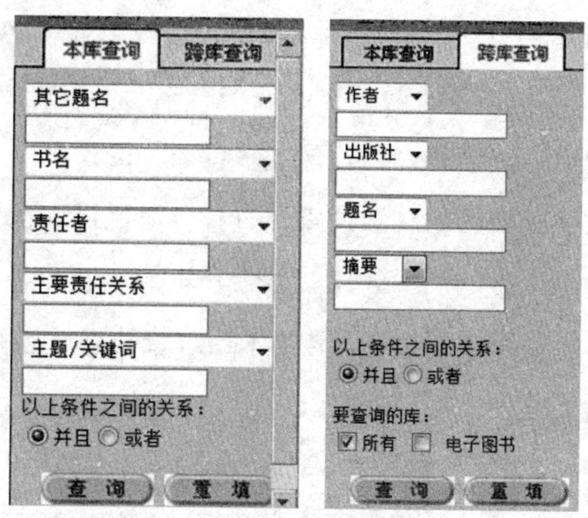

图 4–25 本库查询、跨库查询界面

（3）分类检索

方正 Apabi 网页左侧，为用户提供了分类列表，分类方法是按照中图法将所有电子图书分为 22 大类，各大类下分为若干子类目共 4 级。检索方法为根据学科类别，单击某一类别名称，逐级点击深入直至查找到自己所需的图书。

2. 电子图书在线浏览与借阅

如图 4–24，《特殊教育学》一书，书名上方有“在线浏览”“借阅”按钮。单击详细信息页的“在线浏览”，可在线阅读本书内容或将电子书下载到计算机上。阅读电子书，首先要下载安装 Apabi Reader 阅读器。Apabi 电子书的在线浏览和下载受用户数限制，一个用户只能在线阅读一本书而不能同时打开多本书，在线浏览时间一般为 1 小时。用户数类似于纸质图书的复本，Apabi 电子书还设置了借阅期。假如图书馆购买的《特殊教育学》电子书复本数为 10，在 10 本书之内，可下载或在线浏览本书。下载相当于“借阅”，在规定时间内可浏览，借阅期结束后，所下载的电子图书就失效了，类似于自动归还。如果复本被其他人借完，下载按钮就会变成“预约”，功能与纸质图书的预约借书类似。

思考题

1. 可以使用哪几种方法，利用图书馆集成管理系统 GDLIS NET 进行“馆藏查询”？简述不同方法的检索过程。列举三本与本专业相关图书的书名、责任者、出版发行项、索书号、馆藏地址。

2. 试用超星数字图书馆的高级搜索，查找导游面试方面的电子图书。

3. 利用读秀学术搜索的图书频道，搜索几本与本专业相关的电子图书。

4. 分别利用超星数字图书馆、读秀学术搜索查找自己感兴趣的电子图书，比较两个检索工具的差别。

5. 试用方正 Apabi 数字资源平台，搜索“非物质文化遗产”方面的电子图书。

6. 结合自己所学专业，选择电子图书数据库查找自己感兴趣的电子书。

第 5 章　专题数据库的使用

■ 5.1 考试系统的使用

5.1.1 银符考试题库 B12

网址：http://www.yfzxmn.cn/YFB12/

北京银符信息技术有限公司于 2002 年成立，该公司在中国是最早从事考试数据库研发的。2011 年，该公司针对高校、医院等行业推出了多款以考试为基础的数据库。银符考试试题资源由多个在线考试及网络考试系统、管理系统组成，主要数据库见表 5–1 统计。本章主要介绍银符考试题库 B12。

表 5–1　银符考试试题资源列表

应用范围	数据库名称	访问网址
图书馆行业	银符考试题库 B12	http://www.yfzxmn.cn/YFB12/
	银符职业技能实训系统	http://zyjn.yfzxmn.cn/
	银符高校试题素材库	http://sck.yfzxmn.cn
	银符公开课平台	http://open.yfzxmn.cn
医院行业	银符医院培训考核系统	http://60.190.243.176:9015/YFHospital/
交通行业	银符职业技能实训系统：交通分库	http://zyjn.yfzxmn.cn
电力行业	银符职业技能实训系统：电力分库	http://dl.yfzxmn.cn

1. 银符考试题库 B12 简介

银符考试题库 B12 是基于互联网环境下的多资源考试数据库，是专门针对高等学校设计的。题库紧扣国家资格类考试大纲，集资源、学习、考试训练与教学交流为一体，是以各种考试资源为主体的在线考试系统和学习平台。数据库内有各种国家级、省级考试的历年真题、模拟题、分类真题、分类模拟题，既可以进行考前模拟在线训练，也可以进行在线模拟测试。

银符考试题库 B12 试题资源包括的类别有：语言类（20785 套）、计算机类（15862 套）、法律类（3889 套）、公务员类（20649 套）、经济类（25188 套）、工程类（23758 套）、综合类（11244 套）、医学类（29313 套）、研究生类（16375 套）、自考类（7403 套）、党建类（300 套）11 个专辑①，共有 17 余万套试题，1000 多万道试题。

银符考试题库 B12 以考试数据为主，多媒体库和资讯网为辅助，九大功能模块为：我的题库、随机组卷、专项训练、升级信息、留言板、就业信息网、多媒体库、在线考试和近期考试（如图 5-1）。其中“就业信息网”提供创业指导、职业测评、职业规划、就业法规、网申技巧、面试技巧、简历制作、职场资讯方面的信息（如图 5-2）。“多媒体库”是专为购买银符考试题库的学校搭建的高校自建媒体库，是提供本校范围内资源的共享平台，教师可将自己课程的 PPT、讲义、复习资料等上传到多媒体库供本校学生观看和下载（如图 5-3）。该库还免费为用户赠送 60G 的视频、音频、电子书等多元化的学习资源。“近期考试”是系统根据不同时段不同类别考试安排，为用户提供的报考指南，便于用户根据自己的考试需求选择相应类型的题库进行练习。

题库功能有：在线模拟测试训练、智能随机组卷练习、多方位专项强化练习、试题资源查询检索、个人试卷保存中心、评测成绩统计分析、信息反馈互动交流、多媒体服务中心。答题页面为用户提供在线答题、在线评分查分、答案解析（或部分解析）、错题练习、试题知识点分类、在线听力播放、

① 对各类题库试题套数统计的截止时间为 2019 年 3 月 31 日。

在线打印、下载、图片放大、晒成绩等多种功能，帮助学生实现立体化学习，全面提高成绩。流动宣传栏推出的近期考试时间及科目练习提示，可帮助考生了解最新考试资讯。

题库不受时间、空间限制。校内用户在 IP 范围内直接使用不需要登录，在校外需要通过联图远程访问系统登录使用。访问方式为镜像或远程。还可下载手机 APP 安装注册使用。

图 5-1　银符考试题库 B12 主页

图 5-2　就业信息网功能模块

图 5-3　多媒体库界面

2. 银符考试题库 B12 数据库检索

数据库提供试题资源的全文检索、试题检索和试卷检索。

（1）选择访问网址，进入题库主页

登录学校图书馆网站，点击进入银符考试题库 B12。

镜像访问网址：http://222.198.248.195:9066/YFB12/

远程访问网址：http://www.yfzxmn.cn

（2）选择试题类别，进入详细页面

①分类导航：按语言类专辑、计算机类专辑、法律类专辑、公务员类专辑导航单击进入各大类，继续单击选择各小类题型进入答题状态。

②随机组卷：单击银符 B12 考试题库主页“随机组卷”模块，系统随机选择对应试题库中的题型模板进入答题状态。

③专项训练：单击“专项训练”模块，根据考试科目针对薄弱题型进行某个专项的强化练习，进入答题状态。

④我的题库：单击“我的题库”，使用前先注册，输入用户名和密码登录，打开收藏的个人考试资料进行练习。

（3）在线考试

选择试题类别的二级考试科目进入详细页面，选择相应试卷，进入答题状态。答题开始时计时开始，交卷后，系统自动评分并给出标准答案解析或部分解析。在模拟题的每一个小题前还提供“提交纠错信息”“评价难易度”“提交知识点”的互动小窗口。答题结束，可选择将考试试卷存入“我的题库”，保存已答的考试试卷，收藏个人考试资料供以后备查便于进行再次练习。也可选择下载或打印试卷。

3. 登录银符考试题库 B12 使用方法

登录银符考试题库 B12 →选择专辑→选择试卷→开始答卷→确认交卷→评分→查分→查看答案解析→存入我的题库。打开“我的题库”，重新练习、继续练习、错题库练习。

5.1.2 新东方多媒体学习库

网址：http://library.koolearn.com

新东方多媒体学习库是由新东方开发的多媒体在线教育培训平台，集网络课堂、在线考试、多媒体互动为一体。数据库包含应用外语类、出国考试类、国内考试类（考研、四六级考试）、实用技能培训类等四大系列课程，是外语教学辅助资源。内容涵盖国内考试、出国留学、小语种、应用外语、职业认证、求职指导和实用技能 7 大类别。平台内容由课程、考试、资讯、专项、直播课组成，在专项板块，引进了不列颠学术百科国际化数字资源。网络课堂是新东方多媒体学习库的核心部分，该课程结合网络特点，对新东方传统教学的课程内容进行了有机整合。2006 年新东方多媒体学习库进行改版，实现了“一站式”学习。

新东方多媒体学习库网络课程模块分为七大类：考试达人、跟艾力学酷英语、全球视野、职业准备、新东方“梦想之旅”大师讲堂、爱学名师（如图 5–4）。

图 5–4 新东方多媒体学习库主页

1. 新东方多媒体学习库导航栏目

在学校 IP 范围，登录图书馆主页，打开本馆资源，点击登录新东方多媒体学习库，不用注册登录，可直接使用。学校用户在校外登录联图远程访问系统点击打开新东方多媒体学习库使用。

新东方多媒体学习库主页的左侧是导航栏，用户可根据需要点击打开每一级分类课程内容。

（1）国内考试

点击“国内考试”，数据库提供的二级分类课程主要有大学英语四级、大学英语六级、考研英语、专四、专八、考研数学、考研政治、考博英语等148个网络学习课程。

（2）出国留学

提供托福、雅思、GRE、GMAT70个网络学习课程。

（3）小语种

提供日语、韩语、法语、德语、西班牙语、意大利语、俄语67个网络学习课程。

（4）应用外语

提供商务英语、口译、基础英语、新概念65个网络学习课程。

（5）职业认证

提供医学、金融方面41个网络学习课程。

（6）求职指导

提供5个网络学习课程。

2. 新东方多媒体学习库平台内容

（1）课程

与国内考试课程内容一致。

（2）考试

进入新东方主页，点击“考试→国内考试类一站式服务”，考试题库提供国内四级、六级、考研、出国留学、新概念考试类目的在线测试。

每日一测的题库考试题型为：英语四级词汇理解训练、六级预测卷、大学英语六级阅读单项练习、大学英语六级听力讲座单元练习、考研英语阅读理解训练、出国留学类目提供雅思机考全真模考、托福口语测试、新概念第一册阅读强化练习、新概念青少版2A课课练Unit6—10。

试题精选题库考试题型为：大学英语四级笔试仿真试卷、大学英语六级笔试仿真试卷。考研类目提供考研英语完型专项测评、考研英语阅读专项测评、考研英语完型阅读综合测评、考研英语词汇专项测评、考研大作文。出国留学类目为托福听力模拟题。新概念第一册同步课课练、新概念第二册全真模拟试卷。

通过各类课程学习和模拟训练，能使用户在短期内迅速掌握考试技巧，使词汇、阅读、作文、听力逐步得到突破，提高考试分数。

（3）资讯

资讯类目课程有：爱学励志、爱学资料、爱学互动、爱学资讯、爱学名师等关于各类考试的视频和资讯，考试资料下载等。

①爱学励志：提供大师讲堂和名师课堂。名师课堂提供考研复习、出国留学、四六级复习、口语学习、新概念课程视频。

②爱学资讯：各类型考试的电子期刊阅读和内部资料下载，精品图书教材资料介绍，精选论坛资料提供内部考试资讯下载。提供学习资料在线分类下载，下载资料离线也可正常使用。

③爱学互动：提供英语直播课堂、时时英语多媒体互动。可在该板块进行实时与非实时在线互动，与相同学习兴趣的人进行交流互动，探讨学习疑问。

④爱学资讯：提供大学考研、四六级考试，出国留学，文娱英语的相关资讯，如考试信息、文化资讯，帮助考生实时掌握政策信息。

⑤爱学名师：提供 209 个名师的课程视频。

（4）专项

专项类目有：互动口语、四六级实训、不列颠百科（如图 5–5）。

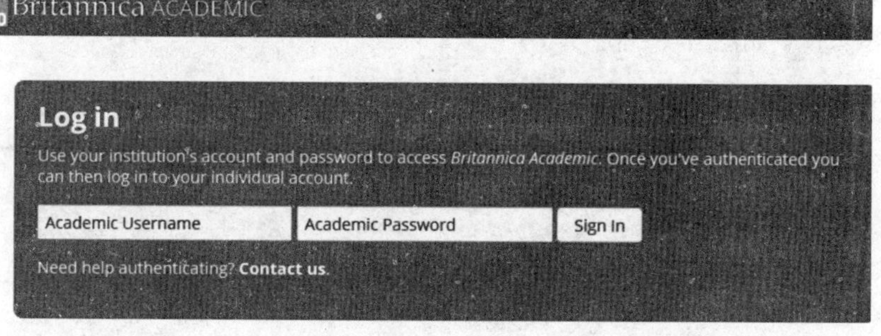

图 5–5 不列颠学术百科登录界面

（5）直播课

提供课程直播预告，领衔名师介绍。

■ 5.2 视频数据库

视频数据库是指用于管理视频数据并为用户提供基于内容检索的软件系统。视频数据库包含两大类，一类是为用户提供基于信息内容检索的视频数据库，一类是为用户提供基于声视内容检索的视频数据库。以视频信息内容为管理对象建立的数据库，可称为基于文本检索的视频数据库；以视频声视内容为管理对象建立的数据库，可称为基于内容检索的视频数据库。①

5.2.1 超星学术视频

网址：http://ssvideo.superlib.com/

超星学术视频是一个学术视频网站，由超星公司自主拍摄制作。所有视频系精选国内众多知名专家学者、学术权威多年的学术研究成果制作而成，或是针对教学研究由专家专门设计的报告内容。采用面对面授课形式，充分发挥网络教学优势。视频范围涵盖哲学、经济学、法学、教育学、文学、历史学、理学、工学等系列，共八万余部学术专辑。内容有微视频、报告厅、超星课堂。该数据库的课程八千余门，共计十七余万集，每年新制作视频达一万集以上（如图 5–6、图 5–7）。

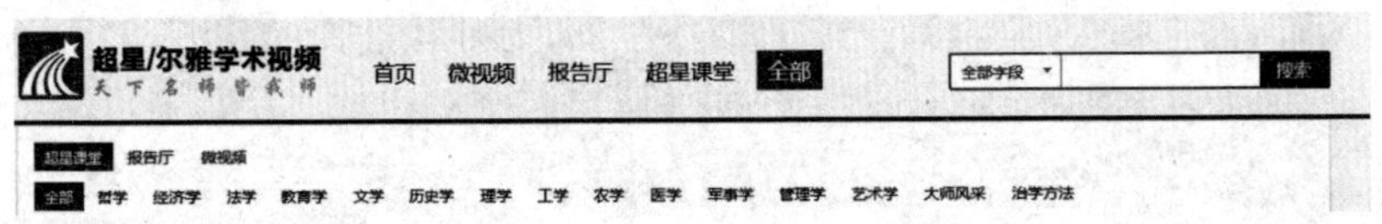

图 5–6 超星 / 尔雅学术视频远程访问主页

① 视频数据库 [EB/OL].[2019–01–25]. https://baike.baidu.com/item/%E8%A7%86%E9%A2%91%E6%95%B0%E6%8D%AE%E5%BA%93/6782125?fr=aladdin#reference–[1]–21521167–wrap.

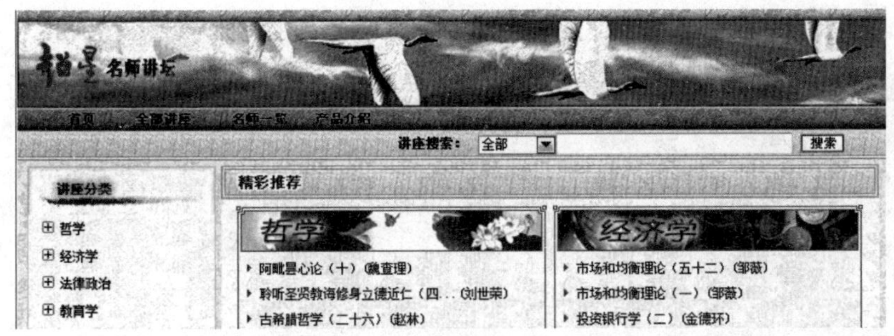

图 5–7 超星 / 尔雅学术视频镜像访问主页

超星学术视频检索方法分为分类检索和讲座搜索两种方法。

1. 分类检索：镜像访问站点分类检索可按讲座分类的九大类选择学科，点击进去利用翻页键逐一查询，直到找到自己所需的讲座。远程访问站点的分类检索是根据超星学术视频主页上微视频、报告厅、超星课堂的分类视图，找到自己所需视频，点击进去直接收看。

2. 讲座搜索：镜像站点的搜索的途径有讲座名称、主讲人、系列名称，默认全部讲座。远程搜索的途径有：主题、主讲人、主讲人单位，默认全部字段。

【例 1】以“历史”为检索词，搜索相关的讲座视频

检索步骤：在校园 IP 范围内，进入图书馆主页，点击打开超星学术视频（镜像）或（远程），在校外通过联图远程访问系统访问。

在搜索框内输入检索词。检索式为：讲座名称＝历史。

点击搜索按钮，共搜索到 60 集讲座视频。

直接点击打开视频收看。镜像站点视频提供讲座字幕内容，还可将视频下载到本机（如图 5–8）。

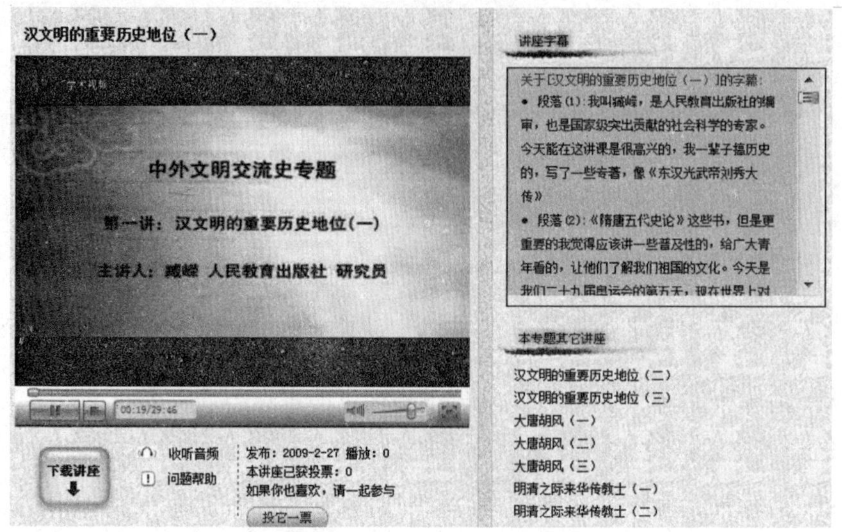

图 5-8 视频讲座界面

5.2.2 软件通计算机技能视频学习系统

网址： http://rjt.softtone.cn/index

软件通计算机技能视频学习系统，简称软件通，是一款多媒体视频数据库，是大规模实用技能学习型数据库，由中新金桥信息工程技术（北京）公司于2006年9月研发推广。该系统通过“知识点＋实例”的“微课程”形式，实现计算机视频教学和全程语音讲解。教学视频由技术专家现场实际操作演示，采用图文并茂的全程语音视频同步实例教学，易于掌握，具有较强的专业性、实用性和同步性。能够帮助用户从零基础开始，快速学习和掌握各类主流软件的操作技能，不需要专人指导，是一种自助式网络学习系统。

使用该数据库，需下载安装“金桥播放器”。校内用户不用登录，在图书馆本馆资源中即可点击访问。本校用户在校外通过联图访问系统登录访问。

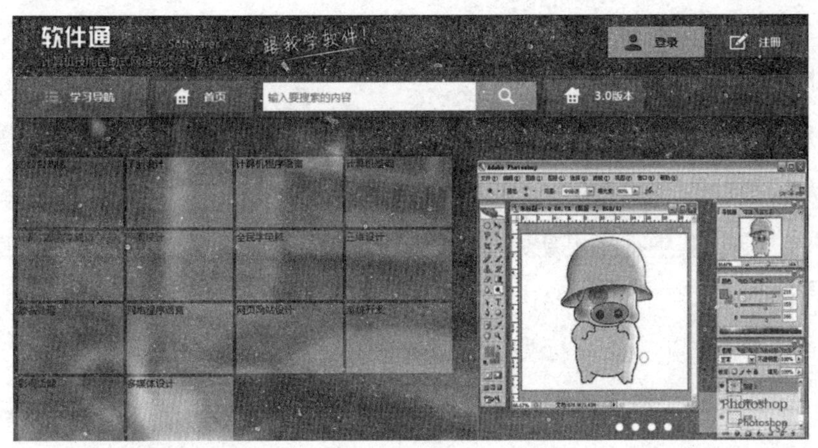

图 5-9　计算机技能自助式网络视频学习系统本地镜像主页

图 5-10　计算机技能自助式网络视频学习系统远程访问主页

1. 软件通视频数字资源简介

软件通视频数字资源涵盖了办公自动化、工业设计、计算机程序语言、计算机基础、计算机数据库语言、平面设计、全民学电脑、三维设计、数据处理、网络程序语言、网页网站设计、系统开发、影视后期、多媒体设计 14 个大类。

软件通远程访问系统课程分类为：商务管理、软件研发、文化创意、前沿科技、工程设计、考试论证六大课程体系。设置了机械设计院系、软件专业院系、信息工程院系、建筑相关院系、城市规划院系、艺术设计院系、动画设计院系以及更多院系的相关课程。还设置了软件工程师、网络工程师等十大职业课程。软件分类相关课程主要有办公自动化、工业设计、计算机程序语言等。系统为用户提供了摄影大赛、程序设计大赛、简历设计大赛等金桥技能大赛平台。

软件通数据库基本覆盖了人们工作和生活中所使用的工具软件。以 AS 学院为例，软件通镜像站点包含了 154 种软件，254 门课程，133 套案例和 43547 个视频，其中视频更新数每年超过 3000 个。整个系统采用网站的形式，导航信息清晰，用户不需要接受专门培训即可掌握使用方法。课程的主要模块有：办公自动化、多媒体设计、工业设计、计算机基础、平面设计、三维设计。分为最热课程、最热视频。按职业类别提供计算机方面需要掌握的软件操作与使用课程，分别为：法律专业人员、工程技术人员、购销人员、教学人员、经济业务人员、企业高级管理人员、文学艺术工作者、新闻出版文化工作人员、行政办公人员、制版印刷人员。

数据库根据不同层次用户需求，将视频课程按照学习递进层次和操作技巧难度分为初、中、高三个等级，适合于计算机等工科类应用学科不同层次的教学要求。

2. 系统特色功能

课程设置是软件通的系统特色功能，系统中的课程有两种形式：一种是自学课程，另一种是我的课程。

（1）自学课程

自学课程是指系统中为大多数用户预先设定的课程，分为初、中、高三个等级层次，可解决初学者对软件学习无从下手的问题，适合多数人学习的需求。登录软件通系统主页即可在学习导航或快速导航中看到自学课程的入口。课程中的视频具有很高的相关度，可以满足某一特定行业的需求，如高等学校、法律专业、工程技术等，普及范围广。

（2）我的课程

我的课程是用户自定义课程。机构用户注册后，系统自动生成“个人网络学习空间”，登录软件通系统进入我的课程进行设置。这是为那些想自己安排学习计划、增加学习强度的用户准备的可自行定义的课程，对收藏的课程、播放过的视频及学习过程进行管理。可增加和删除所收藏的课程或视频，随时查看自定义微课程中已加入的视频名称，视频简介、学习进度，使用情况等信息。软件通增设的课程推荐功能，是专门针对用户与用户之间互动学习需要的，还可将自己认为比较实用的课程推荐给他人，达到促进相互间共同提高软件知识水平的目的。

3. 导航与搜索

软件通系统收录了五万多个视频文件，在视频页面，系统提供了视频导航和搜索功能。可通过搜索框搜索视频，也可通过分类导航和快速导航点击逐级查看，直至找到自己所需的课程。

（1）分类导航

根据镜像站点界面上的分类导航，直接选择软件分类，点击进入各类软件课程（如图 5-11）。

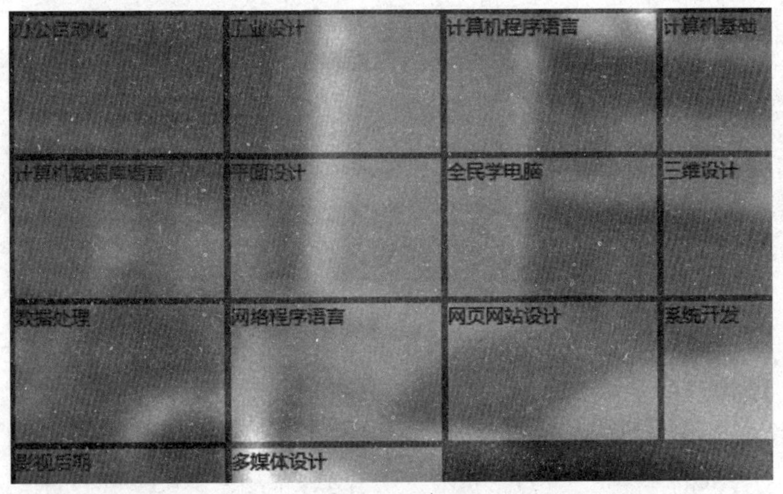

图 5-11　软件通镜像站点分类导航界面

软件通镜像站点界面上的最热课程、最热案例、最热视频课，展示的是系统中最受欢迎的课程。该类课程分别提供了办公自动化、多媒体设计、工业设计等分类导航。用户可将光标移到选定的类别上，直接点击课程视图，进入各类课程学习。见图 5-12、图 5-13、图 5-14。

图 5-12　最热课程

图 5-13　最热案例

图 5-14　最热视频

（2）快速导航

软件通镜像站点的“学习导航”，提供“按课程”“按案例”“按职业”逐一点击查询的导航方式。点击进入二级分类页面，显示该类目下的全部课程。

远程访问站点的“快速导航”界面，按照“课程分类”“院系分类”“职业分类”“软件分类”途径，逐级点击查询到自己所需课程。

例如“院系相关课程”导航，根据不同院系设置了相应课程。课程类别为：标准课程、案例课程（见图 5-15）。

分类　全部　平面设计学院　动画设计院系　机械设计院系　软件相关院系　信息工程院系　建筑院系　城市规划院系　经济院系　艺术设计院系　美术设计院系　计算机院系　机电工程院系　土木工程院系　环境工程院系　室内设计院系

全部　平面艺术设计　多媒体设计　网页设计　书籍设计　服装设计　影视特效　影视广告　影视动画　机械制图　大数据技术与应用　网络信息安全　软件开发　软件测试　计算机科学与技术　电子信息工程　智能科学与技术　软件工程　建筑设计　城市规划　景观园林　艺术设计　风景园林规划设计　城市规划与设计　风景绿地规划设计　金融　统计　会计　影视艺术　音乐艺术　美术及设计艺术　工业艺术设计　环境艺术设计　陶瓷艺术设计　视觉传达设计　服装艺术设计　平面艺术设计　计算机科学与技术　计算机应用工程　信息安全工程　计算机软件开发　虚拟现实　工业设计　电子机械　电气工程　建筑工程　测量工程　土木工程制图　计算机技术及绘图　工程设计　环境规划　建筑内部空间设计　陈设家具设计

图 5-15　院系相关课程

（3）视频搜索

视频搜索，即采用全文检索的方式快速搜索视频。软件通的视频搜索无字段限制，输入检索词，就能精确查找相应的检索结果。

【例 2】以“网页设计”为检索词，利用搜索框进行搜索，共查找到 88 条结果（如图 5-16）。

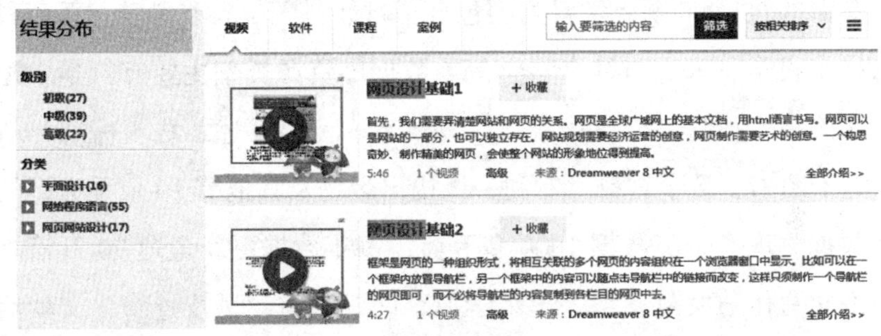

图 5-16　视频搜索结果

搜索结果呈现的方式有：视频、软件、课程、案例，供用户选择查看。检索结果排序默认按相关度排序，点击下拉菜单，可选择从高级到初级的方式排序，也可选择从初级到高级的方式排序。搜索结果分布按级别、分类两种方式呈现：根据级别分布，共检索到“网页设计”方面的课程，初级 27 条、中级 39 条、高级 22 条。方便用户根据自己对软件掌握的程度，选择相应的课程等级进行学习。根据分类情况，共检索到平面设计方面 16 条，网络程序语言方面 55 条，网页网站设计方面 17 条。用户可根据类别选择学习的课程。

5.3 国道外文专题数据库

5.3.1 数据库简介

网址：http://v2017.specialsci.cn/#/

SpecialScitTM 国道外文专题数据库由北京中加国道科技有限责任公司开发，是目前国内最大的外文专题数据库平台，1999 年开始面向教学、科研和情报机构提供在线服务。

SpecialScitTM 国道外文专题数据库平台可供查阅的外文数字资源有：高科技前沿系统、基础学科系统、农业医学学科、人文社会科学、工程技术学科五个专辑共 68 个专题。学科类型包含了自然科学、农业科学、医药科学、工程与技术科学、人文与社会科学等。数据库资源类型主要有：学术论文、学位论文、技术报告、会议记录、议题议案、专栏评述、法规标准、新产品资讯、电子图书、教学材料、专利、机构出版物及其他等 10 余种类型的文摘和全文数据。现有全文数据 1600 多万篇，每年数据更新量达 70 万篇。适用范围为论文写作与文献参考、学生学习、课题跟踪、科技查新、文献信息查重等。全文文件统一采用 PDF 格式。

数据库特点：理论与应用并重，突出应用实例。时效性强，数据更新迅捷，逐日更新。数据质量高，每条记录都经专业人员筛选、分类、著录和标引。在线电子杂志由各专业权威专家负责选编和撰稿。数据来源真实可靠，主要来源于国外高校、专家学者、科研机构和政府组织，并保留文献信息的“原始链接”备查。

课题研发人员可通过各专题中的原生数字化资料、新产品资讯及在线电子杂志，第一时间获悉国外同行的研究进展、产业化进程，帮助自己理出新的问题解决方案。

在校园网 IP 范围内自动登录直接访问全文数据。

图 5-17 SpecialScitTM 国道外文专题数据库主页

图 5-18　SpecialScitTM 国道外文专题库界面

5.3.2 数据库检索

1. 检索方式

系统提供快速检索、高级检索、专业检索三种检索方式。选择所需专题，选择其中某种检索方式进行检索。

（1）快速检索：在数据库主页右上角“快速搜索框”，默认在“全文”字段中检索，可一次输入 2 个检索词。支持逻辑“and”“or”组配。

（2）高级检索：进入数据库高级检索界面。高级检索支持多字段检索，可自定义 1—6 个字段。检索字段有：标题、著者、机构、全文、主题词、描述、集合名、系列号、年份、文献类型。用户根据需要选择字段检索。

（3）专业检索：通过构建检索表达式，按照布尔逻辑关系，同时对多字段进行检索。

2. 国道导航

国道导航分为学术导航、分类导航、机构导航、奖项导航。用户可以通过不同的导航链接，查询资料。

（1）学术导航：在数据库主页，点击“学术导航”的学科专题逐级查询所需资料。在该界面还融合了全文检索功能，可查找全文信息。

（2）分类导航：按各专题库中的一级分类名称查询资料。检索过程为：分类导航→专题库→分类子库→检索→聚类检索结果。

（3）机构导航：按照机构名称查询文献，相关文献由机构成员所著或机构网站所发布。系统中涉及知名机构有 2.2 万多家。

（4）奖项导航：导航共列出了诺贝尔奖、鲁梅尔哈特奖、艾伦纽厄尔奖、图灵奖等 22 个大奖项名称，涉及了 50 多个一级学科。可按奖项名称、获奖者列表、获奖年份、获奖者相关文献等途径进行信息检索。

3. 搜索语言：

英文，同时支持输入中文搜索。

4. 辅助功能：

中英文互译、读者互动。针对检索词的“学术例句”增加帮助功能。

【例 3】以“Guide”为检索词，利用快速检索方法进行检索，检索结果为 31 条，排序方式默认按重要度排序。

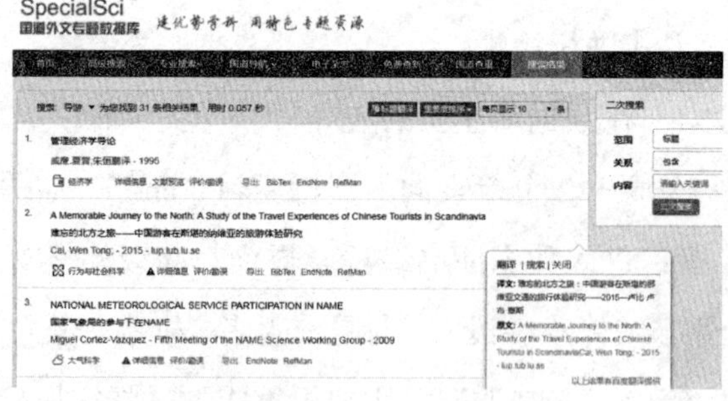

图 5-19　英文搜索结果

在检索结果中，提供标题翻译功能。在文献阅读环节，数据库提供国道在线词典助读功能。

系统支持二次检索，二次检索框位于列表页右上角，可对标题等 8 个字段进行单选。例如在标题字段输入关键词“Guide”进行二次检索，标题中含有“Guide”的结果为 3 条。也可用中文“导游”搜索。

在每条检索结果下，设置了读者互动和社区功能。阅读文献时，读者可对作者的观点进行评价、打分和批注。如通过“评价 / 勘误”进入论坛，与人分享自己的观点。对文献编印和标注中出现的错误进行勘误。（如图 5–19）。

【例 4】以“Tourism”（旅游）为检索词，进行中文搜索。打开其中一篇硕士学位论文“字段详情”页面，可进行文献预览和镜像下载全文，也可扫描二维码下载镜像文件到手机上随时阅读（如图 5–20、图 5–21）。

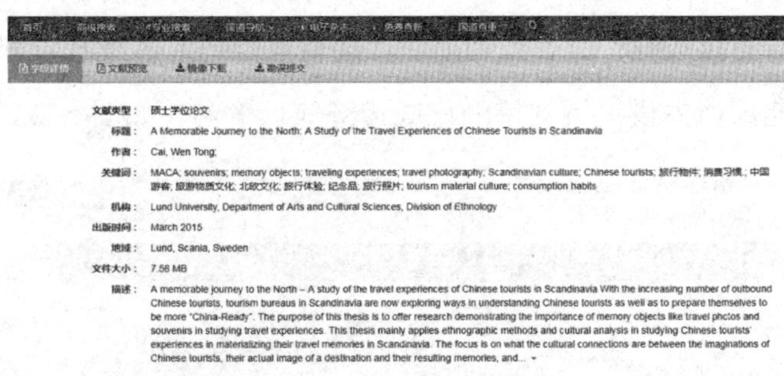

图 5–20 外文文献字段详情

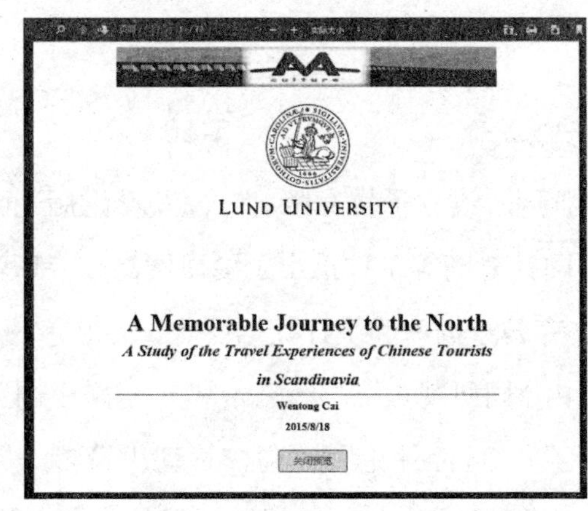

图 5–21 全文文献封面页

■ 5.4 国研网数据库

网址：http://g.drcnet.com.cn/u/979207/index.aspx

国研网数据库，又称国研网，是北京国研网信息有限公司承办的国务院发展研究中心信息网”的简称，该网站由国务院发展研究中心主管。国务院发展研究中心是直属中国国务院的政策研究和咨询机构，主要职能是研究中国国民经济、社会发展和改革开放中的全局性、战略性、前瞻性、长期性以及热点、难点问题，开展对重大政策的独立评估和客观解读，为党中央、国务院提供政策建议和咨询意见。

国研网是中国知名的经济类专业信息网站，数据库依托国务院发展研究中心的丰富信息资源，与海内外诸多著名经济研究机构合作，全面整合了中国宏观经济、金融研究及行业经济领域专家学者的研究成果，并提供相关的案例信息，具有权威性、专业性和前瞻性的特点。是为各级政府部门、企业、投资者和研究人员提供决策支持的权威经济信息平台（如图 5-22）。

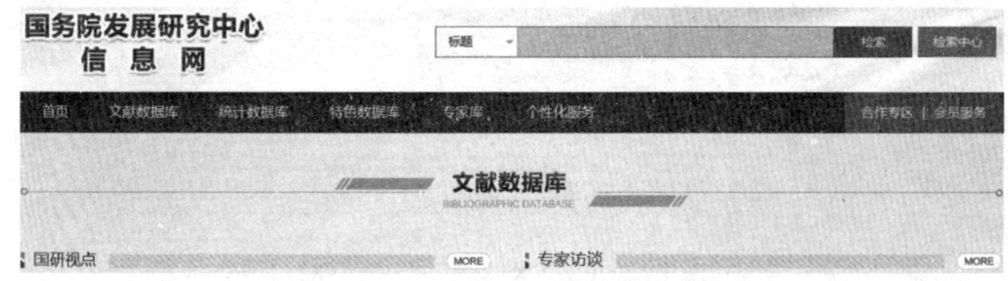

图 5-22 国研网主页

5.4.1 栏目简介

国研网面向不同行业，设立了教育版、世经版、金融版、企业版等多个专版。2001 年 10 月，国研网针对高等院校推出了国研网高校专版。高校专版数据库主要有全文报告库、专题数据库和统计数据库。

1. 全文报告库：由“国研视点”“宏观经济”“金融中国”“行业经济”“区域经济”“企业胜经”“世经评论”“高校管理决策参考”“基础教育”等 17 个专项子库组成，数据库每日更新。数据库根据各个小专题内容性质的不同，还设置了相关的信息板块。如打开“区域经济”专题，界面左侧多视角推送相关信息链接，主要有经济动态、权威视点、经济分析、决策参考、发展数据和比较借鉴。界面左侧的区域列表，不仅提供国内各省市的链接，还提供国外区域经济的相关信息链接。

2. 专题数据库：由“新型城镇化”“宏观调控”“体制改革”“市场与物价”“人口与发展”“基础设施建设”“公共管理理论”“社会保障”“资源环境”等25个专项子库组成。根据不同的小专题提供相关的网页链接，如点击打开“新型城镇化”专题，在界面左侧提供了该专题的最新动态、专家视点、理论研究、政策参考的链接，并且向用户推送“精选内容”。

3. 国研网统计数据库：是目前国内最具权威性、专业性、系统性的数据库。包括了“宏观经济数据库”“对外贸易数据库”“国民经济核算数据库”“金融统计数据库”“重点行业数据库”“世界经济数据库”等 18 个专项子库（如图 5-23）。

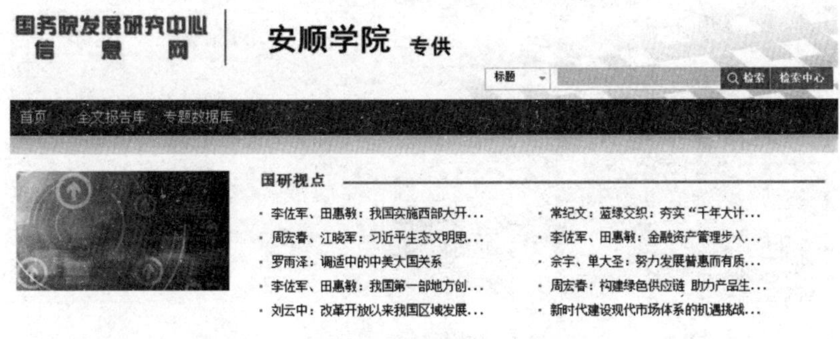

图 5-23 国研网高校专版主页

5.4.2 浏览与检索

登录学校图书馆主页，点击“本馆资源”中的“国研网数据库”镜像或远程进入数据库主页。机构用户免费使用，其他用户可购买该数据库中的文章或 VIP 卡权限，通过在线付款后即可阅读订购的数据库内容。

1. 分类检索：选定全文报告库的子库或专题数据库的子库，逐一点击进入，直至找到所需信息。点击打开选中的标题，可浏览全文信息，也可下载到本机。

科技旅游引领下的特色小镇规划实践——以贵州省天文小镇规划为例

2018-11-01

内容摘要：FAST的建成和启用对于我国射电天文学发展具有重要意义，同时还带动了我国科技旅游的热潮。在此背景下，贵州省天文小镇规划深入贯彻科教兴国、创新驱动战略，以打造“世界品质、中国气质、贵州特质的天文地质复合型特色发展区”为目标，在处理好传统与现代、发展与保护的关系的基础上，紧密围绕FAST的创新科研内涵，从严守安全底线、普及天文知识、发展天文产业和旅游业及编制一体化规划四个方面着手，探索了一条以大科学装置推动科技旅游发展、助推全面小康的新型城镇化道路。

关键字：科技旅游，特色小镇，FAST，贵州省

图 5-24 信息下载页面

2. 快速检索：国研网信息快速检索的方法很简单。网站主页检索中心提供的检索字段有：标题、作者、关键词、全文。在搜索框内输入关键词，选定检索字段，按检索键即可找到所需资料。

【例 5】以“贵州文化产业”为检索词，查找标题中含有“贵州文化产业”的文献信息。共找到 8 条记录。检索结果按发布时间排序，提供文章的摘要内容（如果有）。在页面左侧显示数据来源的子库模块，近一年、近三年、近五年各时段的搜索结果。

点击选中的文章标题，显示全文信息。也可点击“保存”，全文下载到本机。

全部 教育版 综合版 党政版 金融版 世界经济与金融信息平台 电子商务数据库 更多

国研网 SRIT DRCNET 国研搜索 SEARCH

贵州文化产业 搜索 高级检索

标题 作者 关键词 全文

找到 8 篇记录

模块 全部
行业经济 6篇
文化产业数据库 2篇
年份 全部
近一年 1篇
近五年 6篇

(0) 全选 消选 导出目录 内容：摘要 | 精简 排序：发布时间

政府引导地区产业集群形成与发展的作用机理——以贵州文化产业集群为例 2018-07-09

作者：中国人民大学经济学院 丁肠 关键词：产业集群，政府措施，集群意愿

本文以政府如何采取措施来引导地区产业集群发展为切入点，构建贵州地区政府在文化产业集群形成与发展中的作用机理模型进行有关分析，通过文献法、内容编码法等研究方法，得出集群意愿的三大动因，

分享到：

关键词置为标签
自动推送关键词
公共搜索记录>>
热门搜索>>

图 5-25 搜索结果页

快速检索结果页面，提供高级检索，用多个主题关键词进行检索。检索字段与快速检索字段相同，支持逻辑与、或、非检索。检索匹配为精确、模糊。可利用搜索框左侧的“+”“-”号，增减检索词的输入。在高级检索页的左侧，选定数据库专题，在检索框中输入查询词，点击“立即搜索”，查找相关全文信息。

例如，想查找关于贵州旅游方面的文章，输入检索词“贵州 + 旅游”/ 标题，选择逻辑“与”的关系，精准匹配，全选所有数据库，单击“立即搜索”，

查找到的全部为标题中含有贵州与旅游的文章。如果想查找旅游但不包括全域旅游方面的文章，检索式为："旅游—全域旅游"/标题，选择逻辑"非"关系，进行精确检索即可。

■ 5.5 超星移动图书馆

移动图书馆是现代数字图书馆的一种新型信息服务系统，依托于无线移动网络、互联网以及多媒体技术，以手机、掌上电脑等移动终端设备作为信息获取和信息展示的工具，使人们不受时间、空间和地域限制进行图书馆书目信息查询，浏览与下载使用系统中提供的数字资源和图书馆的文献资源信息。服务内容有两大类：第一类是图书馆传统的书目检索和借阅服务，第二类是图书馆的学术资源检索服务。移动图书馆是图书馆数字化服务功能的延伸和补充。中国主要的移动图书馆有：超星公司推出的"超星移动图书馆"，中国国家图书馆推出的"掌上国图"，上海图书馆为该馆持卡读者开发的"上海图书馆手机版"，北京世纪超星推出的"首都图书馆 app"，北京图书馆推出的"北京图书馆 app"，360 推出的"360doc 个人图书馆 app"免费知识管理平台，香港图书馆推出的中英文双语"香港图书馆 app"，书生公司推出的"书生移动图书馆"。在众多移动图书馆中，"超星移动图书馆"是目前为止拥有高校用户最多的一款图书馆资源共享 app，拥有 1200 万的移动阅读终端用户群。

5.5.1 超星移动图书馆简介

超星移动图书馆是超星公司专门为各机构图书馆制作的专业阅读平台，以移动通信网络为支撑，以图书馆集成管理系统平台中的元数据和数据资源为基础，以一站式信息检索为核心，通过手持终端设备向用户提供各种信息服务。该平台分为五大板块：资源导航、资源检索、内容中心、我的中心、信息发布。平台拥有百万余册电子图书，为用户提供电子图书、报纸文章、期刊文章、学位论文、视频等学术资源在手持设备上的一站式检索。向学校用户提供图书馆最新咨询浏览，用户可自助完成馆藏纸质图书的书目查询、个人借阅信息查询、图书续借、预约借书等。注册后，不受校园网 IP 的限制，不论是在家、在路上、在车上都可以不受限制地访问校内资源。

5.5.2 超星移动图书馆手机客户端访问说明

1. 使用手机或掌上电脑扫描以下二维码，下载客户端，客户端名称为“移动图书馆”。可在图书馆主页上提供的二维码扫码下载，也可以在主流市场下载。

图 5-26 移动图书馆二维码

2. 根据提示，下载 Android 手机版、Android Pad 版，IOS 手机版、IOS Pad 版。

3. 将移动图书馆页面向右滑动，或点击页面左上角的头像按钮，完善用户信息，点击登录并验证。学生使用校园一卡通（学号）登录并验证。教职工使用工号登录并验证。登录成功后，才是本馆的合法用户，方能正常使用超星移动图书馆中的各种资源和服务。

5.5.3 超星移动图书馆功能介绍

1. 读者管理空间

读者管理空间实现了对已有图书馆应用系统与数字服务的高度集成。将移动图书馆页面往右滑动，出现一个管理空间。“我的收藏”可以将自己喜欢的图书、期刊、报纸等收藏在里面。“学习历程”是一种个性化自助服务，按年月日显示用户自己曾阅读过的学术资源信息，是用户检索历史、浏览历史的记录。“借阅信息”是个人借阅图书记录，提供个人借阅查询，界面显示书名、借阅时间、应该还书日期等信息，读者可在线自助完成图书续借，还可预约借书、挂失、到期提醒。“设置”主要是对软件的离线下载、离线设置，调整亮度和风格。

2. 馆藏查询

馆藏查询实现了纸质馆藏书目的移动检索，是提供查询学校图书馆书目数据的方式。可查询本馆的文献资源。检索途径有题名、作者、主题词、ISBN 号。点击检索到的具体书名，显示图书摘要、出版项、索书号、馆藏复本量、馆藏地点等信息，可预约借书。

3. 数字资源类型

数字资源类型有：学术资源、书世界、报纸、视频、公开课、有声读物。

（1）学术资源

以频道方式提供图书、章节、期刊、报纸、视频、学位论文的一站式检索，支持中文搜索和外文搜索。

检索方式：在搜索框内输入关键词，选定资源类型，点击搜索按钮。检索结果页面支持对图书、期刊、报纸进行二次检索。输入关键词，按搜索键进行文献信息的二次检索。点击搜索结果右上方的“筛选”，图书频道的检索字段有：全部字段、书名、作者、主题词等。期刊频道检索字段有：全部字段、标题、作者、刊名、作者单位、关键词。报纸的检索字段有：全部字段、标题、作者、来源、全文。图书、期刊可选定“中文资料”或“外文资料”搜索，输入中文关键词，检索结果为中文。输入外文关键词，检索结果为外文文献。电子图书、期刊、报纸可查看摘要和全文。电子图书提供四种获取途径：阅读全文、下载到书架、文献传递、全国馆藏。章节频道可在线阅读所有图书中关于某个主题的章节的内容。该平台提供电子图书全文、章节、论文的文献传递服务，中文文献的满足率达 96% 以上，外文文献的满足率达 92% 以上。搜索到的文献可以通过文献传递的方式发送到自己的电子邮箱。

（2）书世界

资源类型全部为电子图书。

检索方式：输入关键词，点击搜索按钮进行快速检索。在检索结果页，点击打开选中图书的详细信息页面，可查看图书的内容提要、作者、出版日期、出版社信息。可将自己喜欢的图书“下载到书架”，也可在搜索结果页，直接点击书名后的“+”号下载到书架。

（3）报纸

提供《经济观察报》《环球时报》《青年报》《贵州日报》等，还可以根据自己的需要，点击“添加”或“+”号，添加各地区的各种报纸。

检索方式：按报纸出版地区检索。

（4）视频

采用分类索引的方法进行导航。用户根据“视频分类”提供的治学方法、医学、农学、工程技术等12个类目，根据需要打开某一个类目下提供的视频直接播放。

检索方式为分类检索，通过分类导航查找视频。

（5）公开课

提供文学、历史、文化、社会科学、礼仪与技巧等栏目。

检索方式：快速检索。单击手机下端的“讲堂”，点击搜索键，在搜索框输入关键词，可搜索到自己所需的公开课视频，可单击播放。

（6）有声读物

提供科幻文学、儿童故事、英语听力、有声小说、曲艺杂谈、文学名著、对话大师、历史军事、科普百科栏目。

检索方式：分类检索、快速检索。分类检索：根据有声读物分类栏目逐一查询。快速检索：输入检索词，在全库中查询有声读物。直接点击收听。

（7）书架

将自己喜欢的书籍，添加收藏在书架中，方便用户更快捷地查找自己想看的电子书。可以将不需要的书籍删除。单击收藏的某一本书，打开内容页详细阅读电子书。电子书功能：单击目录，直接跳转至某一章节。如果阅读过程中需对电子书作批注，单击笔、墨水颜色就可进行批注。可调节阅读背景的亮度，可快速翻页进行快速阅读。

（8）添加应用

在主界面添加内容中心提供其他应用，如添加热门报刊、头条、科技、财经、文史、人文、体育、外文资讯等，可添加多个快捷方式，方便自己查询相关信息。

超星移动图书馆还可接入超星云舟知识空间系统，下载超星学习通，获取更多的中外文文献。

5.6 读秀学术搜索

网址：http://area.duxiu.com/area/asxy/index.jsp

读秀学术搜索是由海量全文数据及基本信息组成的超大型数字文献服务平台。分为知识、图书、期刊、报纸、学位论文、会议论文、音视频、文档、考试辅导、课程、标准、专利、讲座、政府信息等频道，为读者提供 10 亿页全文资料、430 余万种中英文图书等一系列学术资源。读秀学术搜索将图书馆的纸质馆藏图书、电子图书、期刊数据库、学位论文数据库等整合在一个平台上，几乎囊括了本单位文献服务机构内的所有信息源，为读者提供一站式检索（如图 5–27）。

图 5–27 读秀学术搜索主页

5.6.1 主要频道介绍

1. 知识频道：读秀学术搜索将全部学术文献拆分为10亿页资料，包括自动识别出来的部分全文，包含与检索词相关的章节、内容和知识点。这是读秀学术搜索的一大亮点。

2. 图书频道：详见4.2.2 读秀电子图书检索。

3. 期刊频道：有7000万余篇学术文章。提供刊物、篇目检索。将检索到的文章自动链接到学校图书馆已购买的CNKI（包库）、维普、超星期刊数据库。

4. 报纸频道：提供6300万余篇报纸全文和8300万余篇报纸篇目。

5. 学位论文频道：提供280余万篇学位论文。平台将检索到的学位论文自动链接到学校图书馆已购买万方学位论文数据库。

6. 文档频道：提供人们上传到读秀学术搜索的文档4300余万篇全文。文档格式为：DOC、PDF、PPT、XLS、TXT及其他格式。

5.6.2 一站式检索

读秀学术搜索将图书馆的各种学术资源整合到同一平台，输入任何检索词，检索结果页面会显示图书馆学术资源情况并提供相关链接。在检索结果页面的右侧，还可以同时获得相关的各种学术资料的结果。优点是避免读者同时打开多个数据库，多个站点逐一独立登录。一次检索，即可获得本校图书馆所有的资料，为读者提供全面的学术信息。

【例6】利用读秀学术搜索的不同文献频道，以“搜索引擎”为检索词，在书名/标题字段进行中文搜索（如图5-28、图5-29）。

一站式检索结果：

知识频道：212686条

图书频道：中文图书179种

期刊频道：中文期刊7487篇

报纸频道：中文报纸3743篇

学位论文频道：中文学位论文 2733

会议论文频道：中文会议论文 438 篇

音视频频道：音视频 1436 部

电子书频道：中文电子图书 12 种

讲座频道：讲座 6 部

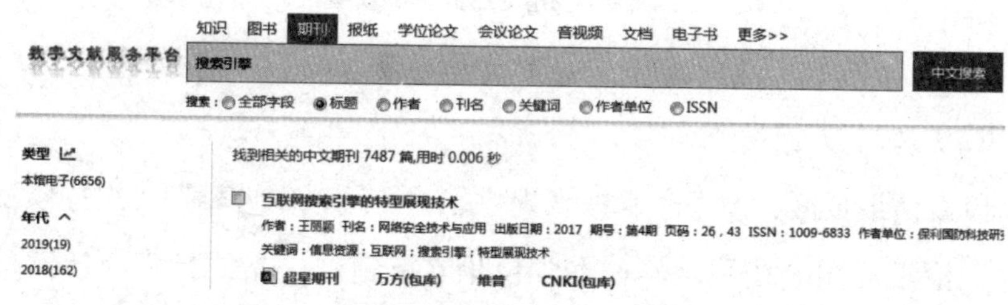

图 5-28 期刊数据检索结果

图书 相关11329篇	期刊 相关30819篇
SEO搜索引擎优化从入门到精通	搜索引擎营销研究
胡奇峰编著, 广州：广东经济出版社, 2015	刘树安, 中国管理信息化, 2015
	互联网上的搜索引擎
报纸 相关6036篇	**学位论文** 相关10950篇
论搜索引擎的“死掉”	基于搜索引擎的问答系统的设计与实现
蔡江伟, 证券时报, 2019	江乐, 硕士, 北京邮电大学, 2018
搜索引擎创造虚拟现实	电商网站的搜索与推荐引擎的设计与实现

图 5-29 相关的各种学术资料结果显示

5.6.3 数据库检索

进入学校校园网，IP 范围内，登录图书馆主页，进入本馆资源，点击登录读秀学术搜索。

1. 检索结果聚类

读秀学术搜索在多个文献频道提供检索结果聚类。例如，在学位论文频道查询“搜索引擎”方面的学位论文，在检索结果页的左侧提供了聚类功能，可以根据电子全文、年代、学位授予单位、学位、学科对结果进行聚类选择。

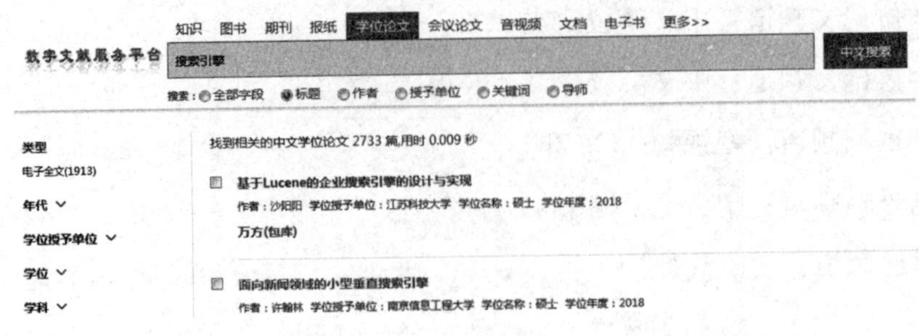

图 5-30 检索结果聚类

2. 二次检索

在检索结果页面，读秀学术搜索提供了“在结果中搜索”二次检索功能，支持多个检索词同时使用。例如在学位论文频道，一站式检索“搜索引擎”的结果为 2733 篇学位论文。在该页面再输入“搜索引擎”（中间用半角空格分开）“问题”两个词进行二次检索，检索结果为 63 篇学位论文。

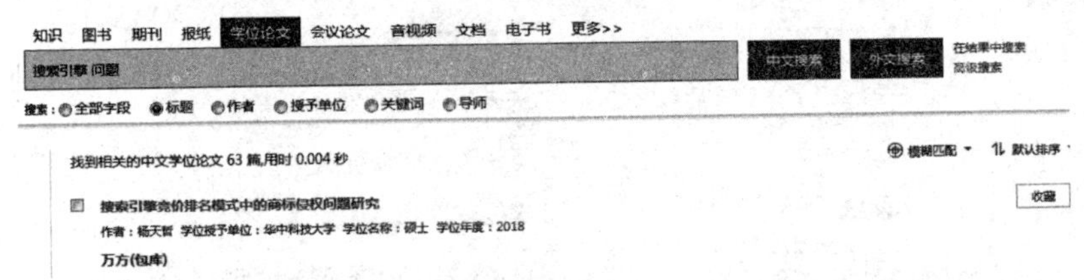

图 5-31 二次检索结果

3. 高级检索

高级搜索的目的，是在搜索结果太多的情况下，为缩小检索范围，利用逻辑组配，在检索字段限制、年代范围等方面作限制达到查准的目的。

■ 5.7 CASHL 数据库

网址：http://www.cashl.edu.cn/portal/

CASHL 是中国高校人文社会科学文献中心（China Academic Humanities and Social Sciences Library）英文简称，中文名为“开世览文”，是教育部根据高校人文社会科学发展和文献资源建设需要投入专项资金建立的、全国性唯一的人文社科外文期刊文献保障体系。CASHL 采用的服务模式是集中式文献传递。只要是加入成为 CASHL 的成员馆的高校，师生即可注册成为 CASHL 的正式用户。登录 CASHL 门户网站“开世览文”注册成功后，可享受相关服务。如查询到所需文献后直接向中心提出文献传递请求，系统会自动将文献请求发送到相应的服务馆，服务馆在 3—5 个工作日内直接传递给用户。

5.7.1 数据库简介

CASHL 于 2004 年 3 月 15 日正式启动，是一个完整的人文社科外文期刊资源体系。CASHL 的建设宗旨是组织若干所具有学科优势、文献资源优势和服务条件优势的高等学校图书馆，有计划、有系统地引进和收藏国外人文社会科学文献资源，采用集中式门户平台和分布式服务结合的方式，借助现代化的网络服务体系，为全国高校、哲学社会科学研究机构和工作者提供综合性文献信息服务。[①]

CASHL 包含了“高校人文社会科学外文期刊目次库”“高校人文社会科学外文图书联合目录”等数据库，收录了近 2 万种人文社会科学领域的重要外文期刊，包括 JSTOR、PAO 等国外著名人文社科数据库在内的近 1900 多种电子期刊回溯数据，过刊数据最早回溯至 1665 年。收录了 112 万种外文印本图书，来自 EEBO、ECCO 等数据库的 34 万种电子图书。整合了全国 89 所高校的馆藏资源，提供 70 所文科专款院校图书馆的人文社科外文图书联合目录查询。主要资源有：中外文期刊、中外文会议论文、中外文学位论文、国外科技报告、中外专利、中外标准。数据库收录范围覆盖所有人文社会科学一级学科：地理、法律、教育、经济 / 商业 / 管理、军事、历史、区域学、人物 / 传记、社会科学、社会学、体育、统计学、图书馆学 / 信息科学、文化、文学、心理学、艺术、语言 / 文字、哲学 / 宗教、政治等学科等。提供数据库检索与浏览、原文文献传递、书刊馆际互借、代查代检、相关咨询服务等。CASHL

① 人文社会科学信息资源共享平台——CASHL 简介 [EB/OL].[2019-02-21] https://wenku.baidu.com/view/d2d6833ab84ae45c3a358c13.html .

将特色服务和数据库资源整合在同一平台，提供一站式文献检索、借阅、文献传递等服务，使用户减少了获取文献的流程。

图 5-32 CASHL 数据库主页

5.7.2 用户使用步骤

注册账户：先到 CASHL 主页（http://www.cashl.edu.cn）进行用户注册。注册时，其中带红色星号标记的为必填项，所属成员馆请务必选择 XX 学院图书馆，姓名及联系电话等要求使用真实信息。注册完成后，须持有效证件到图书馆参考咨询部确认，方可使用。

信息确认：新注册用户需牢记注册相关信息并持有效证件到图书馆一楼参考咨询室进行用户确认，或者进行电话确认。当读者邮箱中收到 CASHL 系统发送的确认邮件即表示身份审核通过，成为 CASHL 系统合法的注册用户。

递交请求：确认后，用户即可使用注册的账号和密码登录 CASHL 主页（http://www.cashl.edu.cn），点击主页上“资源发现”，按照“期刊”“图书”“文章”“大型特藏”等查询并提交文献传递请求。或通过“为您服务”栏目下的“文献获取”检索与提交申请。（使用申请文献传递服务前请务必先查询 XX 学院图书馆馆藏资源包括纸本和电子数据库资源，并试着从网络上获取免费全文。在确定没有馆藏，并且找不到网络免费全文的情况下，再申请文献传递，避免不必要的浪费。）

获取全文：递交文献传递请求后，通常在 3—5 个工作日之内，即可在电子邮箱中获取所需文献（遇节假日顺延）。如一周后仍未收到全文，请与参考咨询部联系。由于版权限制，同一期刊同卷同期的文章只能申请四篇或四篇以下。CASHL 馆藏图书部分章节复制，不超过原书内容的三分之一。①

5.7.3 数据库资源检索

登录 CASHL 主页，数据库提供资源检索、图书借阅、原文传递、全文下载、CASHL 大型特藏等多样化服务。检索途径有：文章、期刊、图书、大型特藏、区域文献（日文文献、俄文文献、韩文文献）、电子资源、古籍、学科特色资源、国家哲社期刊、民国期刊、前瞻研究。可点击进入不同的检索页面获取文献，也可进行一站式检索。

1. 简单检索

简单检索字段为：全面、题名、著者、主题、出版机构。默认“全面”检索。输入检索词，选择查询字段，点击检索按钮（如图 5–33）。

图 5–33 简单查询界面

【例 7】以“旅游”为检索词，选择题名字段，查询相关文章，

找到 2 条命中结果。命中结果页提供二次检索。点击进入文章详细内容页，可申请文献传递，获取全文信息（如图 5–34）。

① AS 学院图书馆 CASHL 文献传递服务流程 [EB/OL].[2018–11–27] http://lib2.asu.edu.cn/info/5581/3117.htm.

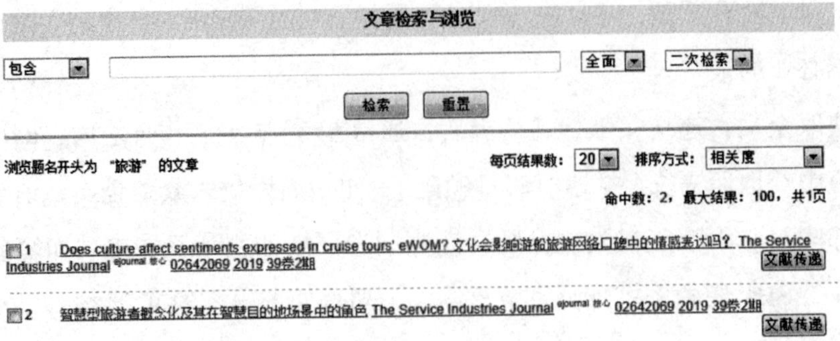

文章检索与浏览

包含 全面 二次检索

检索 重置

浏览题名开头为 "旅游" 的文章 每页结果数：20 排序方式：相关度

命中数：2，最大结果：100，共1页

1 Does culture affect sentiments expressed in cruise tours' eWOM? 文化会影响游船旅游网络口碑中的情感表达吗？ The Service Industries Journal ejournal 核心 02642069 2019 39卷2期 文献传递

2 智慧型旅游者概念化及其在智慧目的地场景中的角色 The Service Industries Journal ejournal 核心 02642069 2019 39卷2期 文献传递

图 5-34 检索结果列表

2. 高级检索

高级检索支持逻辑“and”“or”关系，检索字段有：全面、篇名、作者、刊名、ISBN 号。检索限制有：出版时间限制、学科类别限制、馆藏地址限制、资源类别限制。检索结果按相关度、出版时间、题名排序。如：检索词“旅游＋管理”，出版时间不限，搜索到 3 条图书记录。图书详细内容页出版发行、馆藏地等相关信息。

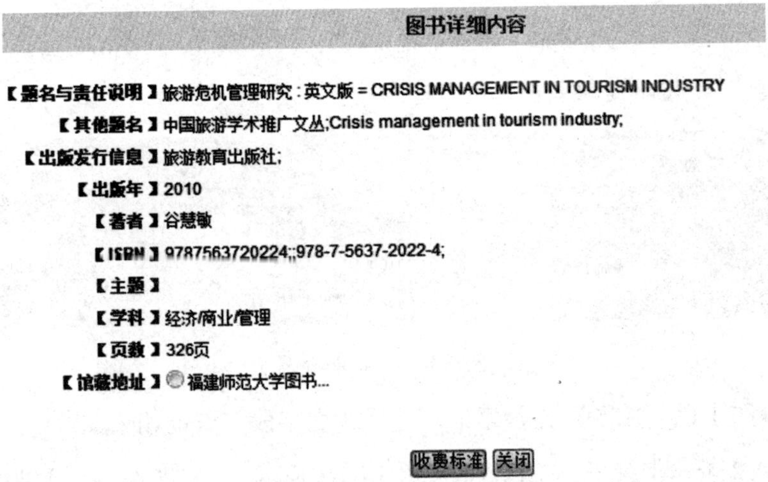

图书详细内容

【题名与责任说明】旅游危机管理研究：英文版 = CRISIS MANAGEMENT IN TOURISM INDUSTRY
【其他题名】中国旅游学术推广文丛;Crisis management in tourism industry;
【出版发行信息】旅游教育出版社;
【出版年】2010
【著者】谷慧敏
【ISBN】9787563720224;;978-7-5637-2022-4;
【主题】
【学科】经济/商业/管理
【页数】326页
【馆藏地址】福建师范大学图书...

收费标准 关闭

图 5-35 图书详细内容页

5.8 联图远程访问系统

目前各高等学校都购买了数据库使用权，建立了自己的数字资源，如电子图书数据库、期刊数据库、学位论文数据库、视频数据库等。由于各数据库供应商是通过 IP 地址限制用户对数据库的访问来保护自己的知识产权，因此用户只能在校园 IP 范围内免费使用，使得合法使用者在 IP 范围之外无法访问这些数字资源。为了使合法用户能够随时随地通过互联网正常使用图书馆资源，各高校根据本馆实际，引入了远程访问系统。目前，国内高校图书馆常用的远程访问系统主要有：iReader 数字资源远程访问管理系统、易瑞授权访问系统 v5.1、信达远程访问系统 V3.0、VPN 远程接入系统等，以下主要介绍联图远程访问系统的使用。

5.8.1 联图远程访问系统简介

联图远程访问系统由北京联图科技公司开发，是一款专门用于解决学校用户在校园外网远程直接访问、下载图书馆数据资源等问题的软件系统。服务对象为学校正式教职工、全日制在校学生，对不同类别用户提供不同访问权限，操作简单。授权用户登录联图远程访问系统，输入账号密码，无论在家里，还是在学生宿舍，均可方便快捷地使用图书馆数据资源并免费下载。

5.8.2 使用说明

（1）进入图书馆主页，点击飘浮图标“联图远程访问系统”，登录访问。

（2）访问入口：http://222.198.248.195:9000/login.fds。点击网址进入系统服务主界面。

（3）登录该系统不需要注册账号。学生登录：账号及密码同为一卡通卡号。

图 5-36 联图远程访问系统主界面

5.8.3 主要功能

（1）使用简单，用户只需登录联图访问系统，即可访问数据资源。

（2）授权的用户在能上网的地方，可随时随地通过因特网正常使用图书馆已购买使用权的“本馆资源”，还可使用“试用资源”。

（3）软件系统支持图书馆“本馆资源”中所有数据库的镜像或远程访问。

5.8.4 远程可访问的数据资源

学校用户在校外可访问的数据库如表 5-2，远程访问系统中各数据库的检索方法与校园网内访问的方法相同。

表 5-2 远程可访问的数据资源列表

中国知网 CNKI（镜像、包库）	国道外文特色专题库
维普中文科技期刊（镜像、包库）	国研网数据库（镜像、远程）
人大报刊复印资料（镜像、远程）	新东方多媒体学习库
万方学位论文（镜像、远程）	银符考试题库（镜像、远程）
中国台湾学术文献数据库	软件通计算机技能视频学习系统（镜像、远程）

（续表）

超星电子图书（镜像、包库）	超星学术视频（镜像、远程）
读秀搜索	库客数字音乐图书馆
畅想之星光盘数据库	

思考题

1. 某学生准备参加英语等级考试，可利用学校购买的哪些数据库进行试题练习和课程学习？简述检索过程。比较不同考试系统的差异。

2. 学生可利用什么数据库进行教师资格认定考试、会计师资格考试、导游资格考试、公务员考试、汉语水平考试等试题练习？简述检索过程。

3. 学校图书馆本馆资源中的视频学习系统有哪些？查找与本专业相关的学术视频。

4. 以“中国文化”为检索词，搜索超星 / 尔雅学术视频讲座。全部字段检索结果多少条？主题字段检索结果多少条？简述检索过程。

5. 使用软件通视频学习系统可进行哪些方面的视频学习？举例说明。使用软件通计算机技能视频学习系统查找“word”方面的视频课程。

6. 利用国道外文专题数据库，查找自己感兴趣的外文文献。

7. 以“history”为检索词，利用快速检索方法查找外文文献，检索结果为多少条记录？简述检索过程。

8. 查找经济类专业信息，可使用哪个数据库？使用该数据库，查找与本专业相关的信息，简述检索过程。

9. 以“贵州旅游”为检索词，选择关键字段检索，查找国研网上收录了多少篇文章。

10. 通过超星移动图书馆的“学术资源”可检索哪些类型的文献？

11.CASHL 数据库资源类型有哪些？

12. 利用读秀学术搜索的知识、图书、期刊、学位论文频道，查找自己感兴趣的文献信息，检索结果分别是多少？简述读秀学术搜索一站式检索的特点。

13. 某学生在外地实习期间，想利用图书馆的数字资源浏览、下载与毕业论文选题相关的文献，在无外援的情况下可通过什么途径远程使用图书馆资源？简述检索过程。

第 6 章　专利文献信息检索

■ 6.1 专利文献信息概述

专利文献信息是重要的技术信息源，也是重要的经济情报源和技术的法律状态信息源。专利文献信息为推动科技进步和生产力发展产生了巨大作用，因此人们在科研项目申报、企业新产品开发、开拓市场、谋求产品竞争优势等过程中，都离不开专利文献信息的合理利用。

6.1.1 知识产权

知识产权是智力劳动产生的成果所有权，它是依照各国法律赋予符合条件的著作者以及发明者或成果拥有者在一定期限内享有的独占权利。是指在工业、科技、文学及艺术等广阔领域内所涉及的有关智力行为的法律权利，是对所创造的精神财富所享有的权利。知识产权一般分工业产权、著作权两部分。

工业产权：是发明专利、实用新型、外观设计、商标、服务标记、厂商名称、原产地名称、制止不正当竞争等权利的总称。它指人们在生产活动中对其取得的创造性的脑力劳动成果依法取得的权利。工业产权主要包括专利权和商标权，专利权是工业产权中最重要的内容。

著作权：又称版权，是文学、艺术、科学技术作品的原创作者，依法对其作品所享有的一种民事权利。

1. 知识产权所包含的权利

1967 年 7 月 14 日，世界知识产权组织 (WIPO) 在斯德哥尔摩成立。究其根源可回溯到 1883 年，其标志是当年签订的《保护工业产权巴黎公约》。1884 年《巴黎公约》生效。该组织成立的目的，是为了保护人类智力成果，促进智力成果的使用。《成立世界知识产权组织公约》于 1970 年 4 月 26 日生效。1980 年 6 月 3 日，中国加入了该组织。世界知识产权组织目前的成员国有 179 个国家，管理涉及知识产权保护各方面的 23 项国际条约。

1979 年 10 月修正的世界知识产权组织（WIPO）《建立世界知识产权组织公约》规定，知识产权包括下列权利[①]。

（1）文艺、艺术和科学作品（与文学、艺术和科学作品有关的权利）。

（2）表演艺术家的表演以及唱片和广播节目（与表演艺术家的表演活动与录音制品以及唱片和广播节目有关的权利）。

（3）人类一切活动领域的发明（与人类创造性活动的一切领域内的发明有关的权利）。

（4）科学发现（与科学发现有关的权利）。

（5）工业品外观设计（与工业品外面设计有关的权利）。

（6）商标、服务标记以及商业名称和标志（与商品商标、服务商标、商号及其他标记以及商业名称和标志标记有关的权利）。

（7）制止不当竞争（制止与防止不正当竞争有关的权利）。

（8）在工业、科学、文学和艺术领域内由于智力活动而产生的一切其他权利（源于工业、科学及文学，或艺术领域的智力创作活动所产生的权利）。

该公约“通过国家之间的合作并在适当情况下与其他国际组织配合，促进世界范围内的知识产权保护；保证各联盟之间的行政合作”[②]。即在世界范围内促进知识产权的保护，同时确保知识产权联盟间的行政合作。

2017 年 1 月修正的《与贸易有关的知识产权协定》，简称 TRIPS 协议，

① 世界知识产权组织．建立世界知识产权组织公约 [Z]. 1967—07—14.

② 世界知识产权组织．建立世界知识产权组织公约 [Z]. 1967—07—14.

又称《知识产权协定》，是世界贸易组织 WTO 协议中的重要组成部分，是知识产权保护的国际标准。该协定规定，知识产权包含下列八个方面权利。[①]

（1）版权与相关权利（邻接权）

（2）商标权

（3）地理标识权

（4）工业设计权

（5）专利权

（6）集成电路布图设计（拓扑图）权

（7）对未披露信息的保护权

（8）对协议许可中反竞争行为的控制权

TRIPS 协定涉及面广，将知识产权保护与国际贸易制裁挂钩，强化知识产权的执法程序和保护措施，具有一定的强制力。该协定对知识产权客体权利的规定，其保护范围，已经为世界各国知识产权世贸组织成员所认同和遵守。它对知识产权的可获得性、范围、行使标准、施行、获得与维持程序、纠纷的预防及解决等，在协定中作出了详细规定，超出了任何现有的知识产权国际公约。它将知识产权问题与贸易问题紧密结合，二者密不可分。

专利权属于知识产权的一个重要组成部分。是无形财产。

各国制定知识产权法律保护的目的：一是为了保护发明人的智力成果所享有的行为权和经济权。二是为了鼓励发明创造，使发明成果得以普及和应用，旨在促进社会进步和经济发展。

2. 知识产权的特点

（1）无形性

知识产权是人类的智力成果，是一种无形的精神财富。知识产权表现为对某项权利的占有，它的标的就是某种权利。相对于有形财产权而言，知识产权的无形性体现在几个方面：知识产权的利用和转移，一般不会引起相关

① 世界贸易组织 . 与贸易有关的知识产权协定 [Z]. 2017—01—23.

的有形物的消耗和转移，或是所有权的转移。知识产权具有可分别利用性的特性，即在同一时间不同地点，可由多人分别按各自的方式加以利用。

（2）独占性

也称垄断性或专有性。指权利人对其发明创造享有独占性的制造、使用、销售和进口的专有权，不容他人侵犯。除权利人同意或法律规定外，权利人独占或垄断的专有权利受法律保护。

（3）地域性

除签有国际公约或双边互惠协定的国家外，一个国家法律所保护的某项权利，仅在该国法律管辖的范围内有效，对其他国家没有约束力。所以知识产权既具有地域性特点，在一定条件下又具有国际性特点。

（4）时间性

指法律对各项权利的保护，只在法律规定的时间内有效。各国法律对保护期限的长短有一致的地方，但也不完全相同。只有参加国际协定，或通过国际申请，才对某项权利有统一的保护期限。

6.1.2 专利基础知识

1. 专利及相关的基本概念

发明人的发明创造要想得到法律保护，应及时申请专利。发明一经受理专利，任何单位和个人，未经专利权人的许可，不得以生产经营为目的制造或销售专利产品。

专利（patent），字面上指专有的权利和利益。“专利”一词来源于拉丁语 Litterae patentes，意为公开的信件或公共文献，是中世纪的君主用来颁布某种特权的证明，后来指英国国王亲自签署的独占权利证书。在现代，专利一般是由政府机关或者代表若干国家的区域性组织根据申请而颁发的一种文件，这种文件记载了发明创造的内容，并且在一定时期内产生这样一种法律状态，即获得专利的发明创造在一般情况下他人只有经专利权人许可才能予以实施。

在我国，专利分为发明、实用新型和外观设计三种类。[①]

专利，也称专利权，专利权是针对专利而言的，若是专利发明人未申请专利，就不能获得专利权。专利指某项技术发明的所有者按照专利法的规定，向本国或国外政府专利局提出专利申请，经审查合格后所获得的在法律规定有效期内对该发明的专有权。是发明创造的合法所有人依法对其发明所享有的独占权，是国家主管机关依法授予发明人（或申请人）的，在保护期限内禁止他人未经允许以生产经营为目的实施其专利的权利。

由上可知，专利是对发明授予的一种专利权利，是由国家主管机关根据申请而颁发的记载发明创造内容的文件。以法律形式授予创造发明人，在法定期限内，对其发明创造的独占实施权，包括专利产品的生产、使用和销售。包含了专利权、专利技术、专利文献三个方面。要求发明创造必须具有新颖性、创造性、实用性。我国提倡对过期专利进行开发利用。

2. 专利的类型

我国将专利分为三类：发明专利，实用新型专利，外观设计专利。

（1）发明专利

是指对产品、方法或其改进所提出的技术方案。获得授权要经过形式审查和实质审查，审查时间超过 3 年，保护年限 20 年。法律稳定性比较好。

（2）实用新型专利

指对产品的形状、构造或其结合所提出的适于实用的新的技术方案。实用新型专利只进行形式审查，审查时间为 6—8 个月，法律稳定性不是很好，保护年限为 10 年。

（3）外观设计专利

指适于工业上应用的新设计，是对产品的形状、图案、色彩或其结合性做出的富有美感的设计。外观设计专利只进行形式审查，法律稳定性一般，保护年限为 10 年。

① 百度百科 [EB/OL].[2018-11-05]. https://baike.baidu.com/item/.

3. 不受专利法保护的范围

在所有实行专利制度的国家，并非一切发明都授予专利，而是从本国的社会制度、国家利益、科学技术发展水平以及道德风尚等方面，将某些发明项目排除于专利法保护范围之外。

在我国，《专利法》第五条规定的不授予专利的项目有以下几个。

（1）科学发现，如哈雷彗星的发现，居里夫人发现镭等（只有当镭用于发电等方面才能授予专利）。

（2）智力活动的规则和方法，如游戏方法，竞赛方法，计算方法，教学方法，经营方法等。

（3）疾病的诊断和治疗方法，主要因其涉及人们的健康，出于人道主义、社会伦理等因素，不能授予某人的独占权。但用于治疗疾病的药品、医疗器械可申请专利。

（4）动物和植物品种，但其生产方法，可以依法授予专利权。

（5）用原子核变换方法获得的物质，如用核裂变或核聚变方法获得的元素或化合物。

（6）违反法律规定、社会公德或者妨害公共利益方面的发明创造，如损害人民身体健康的赌博、吸毒等犯罪工具以及制假工具等。

（7）对平面印刷品的图案、色彩或者二者的结合而作出的主要起标识作用的设计。该条款是为尽量避免外观设计专利权与商标权的权利冲突所作的规定。因为起标识作用的设计可视为商标设计，受商标法约束，不再属于专利的保护客体。

（8）对违反法律、行政法规的规定获取或者利用遗传资源，并依赖该遗传资源完成的发明创造。

4. 中国专利制度简介

世界上最早的专利制度始于欧洲，而中国专利制度的建立最早可追溯到1859年，洪仁玕在《资政新篇》一书中将专利思想引入中国，这是我国专利引入的第一人。1882年，清光绪皇帝批准赐予专利。1944年，中华民国政府颁布了中国第一部《专利法》。新中国成立后，于 1950 年 8 月 7 日颁布实施《保障发明权与专利权暂行条例》。1963 年,《发明奖励条例》开始试行。1949 年——1985 年，中国实行单一的发明和技术改进奖励制度。中国在 1984 年专利法正式颁布实施后，进行了三次修改。

中国专利制度的正式制定与实施：1984 年 3 月 12 日，第六届全国人大常委会第四次会议通过了《中华人民共和国专利法》，这是新中国成立后的第一部专利法，1985 年 4 月 1 日起施行。《中华人民共和国专利法》采用司法和行政并行的保护途径，实行先申请制。发明专利，实行早期公布、延迟审查制，规定发明专利的保护期限为 15 年。实用新型专利、外观设计专利，实施初步审查制。实用新型专利和外观设计专利权保护期限为 5 年，可续展为期 3 年。

（1）第一次修改：1992 年 9 月 4 日，为落实深化改革和扩大开放的方针，并履行我国政府在中美保护知识产权谅解备忘录中所作的承诺，在第七届全国人大常委会第二十次会议上对专利法进行第一次修改，1993 年 1 月 1 日起施行。此次修改，扩大了专利保护的技术范围：如对药品、食品、调味品和化学物质提供专利保护；增加了进口权，并将对制造方法的保护延伸到包括由该方法所直接获得的产品；延长了专利权的保护期，发明专利的保护期限改为二十年，实用新型和外观设计专利的保护期限改为十年；取消了三种专利的异议程序，将授权前的异议程序改为授权之后的撤销程序；完善了给予实施专利的强制许可的条件。

1994 年 1 月 1 日，中国正式成为《专利合作条约》（简称 PCT）的成员国。

（2）第二次修改：2000 年 8 月 25 日，第九届全国人大常委会第十七次会议对专利法进行第二次修改，于 2001 年 7 月 1 日起施行。此次修改，是为了与 TRIPS 协议相适应，建立和完善社会主义市场经济体制，并满足我国加入世贸组织的要求。本次修改的主要内容有：取消了撤销程序；取消了专利复审委员会对实用新型和外观设计专利申请的专利权复审，以及无效决定的终局决定权；增加了实用新型检索报告制度；增加发明、实用新型专利的许诺销售权；增加临时禁令和财产保全；明确规定侵权赔偿额的计算方式。2001年，中国加入《与贸易有关的知识产权协议》。

（3）第三次修改：2008年12月，在我国召开的第十一届全国人大常委会第六次会议上对专利法进行了第三次修改，2009年10月1日起施行。第三次修改的专利法有以下方面变化：明确共有专利权的行使；采用绝对新颖性标准，提高专利授权条件，以及向外申请的保密审查；增加遗传资源来源披露要求；排除标识性平面设计，提高外观设计授权标准；允许相似设计合案申请，调整外观设计保护范围的判断标准；增加外观设计许诺销售权、增加外观设计评价报告制度；允许平行进口，增加Bolar例外，允许现有技术抗辩；增加诉前证据保全、明确侵权赔偿计算方法、增加行政执法调查取证的手段；取消了对涉外专利代理机构的指定；完善强制许可的制度。[①] 遗传资源来源披露制度

5. 中国专利制度及其特点

专利制度最重要的特点，是在法律保护下公开发明创造的主要内容。

（1）中国专利的审查制度：中国的发明专利申请，采用形式审查制，实质审查制，实行早期公开、延迟请求审查制。实用新型专利和外观设计专利申请，采用登记制和初步审查制。发明专利从初审到公布，是18个月。实用新型是9—12个月。专利权的起算日即专利申请日。

（2）中国专利制度遵循的原则是：先申请原则、禁止重复授予原则。

先申请原则：即两个及以上的专利申请人分别就相同的发明创造申请专利的，该专利权将授予最早申请的人。

禁止重复授予原则：即同样的发明创造只能被授予一项专利。如果相同专利同一天申请的，由申请人自己协商解决，否则都不授予。

（3）中国专利保护的特点：中国实行司法、行政途径并行的保护途径。即中国对专利实行行政保护与司法保护双轨制。司法保护：专利权人或者利

① 参考文献来源于中华人民共和国国家知识产权局学习交流课件，郭笑天老师提供。

害关系人可向人民法院提起民事诉讼。行政保护：专利权人或者利害关系人请求管理专利工作的部门处理，要求责令停止请求行为，也可以就赔偿数额请求调解。

6. 专利保护的目的和作用

案例 1：

1993 年 9 月，安徽万燕公司将 MPEG 技术应用到音像视听产品上，成功研制出世界上第一台 VCD 机。该公司当时仅仅出于占领市场的考虑而没有申请专利，导致万燕在推出第一批 1000 台 VCD 机后，该机全部被国内外家电生产厂家买去作为样机仿造。万燕公司没有专利保护，自己的研究成果无法独占国内外市场，失去了商机，将自己的科研成果拱手让给了别人。这是非常惨痛的教训。

专利的目的和作用：一是为发明创造提供法律保护。在产品研发的过程中应注重申请专利，才能在产品推向市场的过程中得到相应的法律保护，万燕公司 VCD 机案例就是最好的例证。二是鼓励公民发明创造的积极性。三是有利于发明创造的推广应用，尽早地将其成果转化为生产力，进而促进国民经济的发展。四是促进专利技术的公开与传播，一方面避免重复研究，另一方面还有利于促进科学技术的不断发展。

6.1.3 专利文献信息

1. 专利文献

1611 年，英国专利申请人斯特蒂文特在专利申请书中，自愿附了一份描述其发明的文件，有人将该文件视为专利文献的起源。1617 年，英国专利局从第 1 号专利开始，对专利说明书正式编印出版。自此，各国开始出版专利文献。

什么是专利文献？世界知识产权组织 1988 年编写的《知识产权教程》一书指出：专利文献是包含已经申请或被确认为发现、发明、实用新型和工业品外观设计的研究、设计、开发和试验成果的有关资料，以及保护发明人、专利所有人及工业品外观设计和实用新型注册证书持有人权利的有关资料的已出版或未出版的文件（或其摘要）的总称。还进一步指出："专利文献按一般的理解主要是指各国专利局的正式出版物"。[①]

由此定义可以看出，专利文献包含了以下内容。

（1）专利文献涉及的对象和所承载的内容，是申请或已批准的专利的发明创造。

（2）专利文献是关于申请或批准的专利的发明创造的资料，是在专利审批过程中产生的文件。

（3）专利文献包含的资料，有些是公开出版，有些仅为存档或仅供复制使用的资料。

（4）专利文献是一种官方文件或官方出版物，由专利局、知识产权局及相关国际或地区组织出版。是在专利的受理、审批、注册过程中所产生的记述发明创造技术及权利等内容的官方文件。是官方（专利局或知识产权局）文件以及官方出版物。

"专利文献是指各工业产权局（包括专利局、知识产权局及相关国际或地区组织）在受理、审批、注册专利过程中产生的官方文件及其出版物的总称"[②]。专利文献一般指国家专利出版局出版的专利说明书，包含专利说明书的各种专利单行本、专利公报、文摘和索引，以及上述文献的电子出版物。

2. 专利信息

专利信息指人类从事专利活动而产生的相关信息的总和。专利信息是专利活动的一种反映，是专利现象的表述。专利信息是在专利的发生、发展中同时同步发生的。专利信息是人们认识专利的媒介。

专利文献信息"包括文献型专利信息和非文献型专利信息，绝大部分专利信息是以文献型信息的形式存在。例如他们存在于各种类型的单行本、实用新型单行本、外观设计单行本，以及各种类型的专利公报、文摘、索引等

① 杜伟．信息检索 [M]. 2 版．北京：科学出版社．2016：92.

② 中华人民共和国国家知识产权局对专利文献的定义。

之中”[①]。因此又称之为专利文献信息。

3. 专利文献的内容

专利文献的内容由专利单行本、专利公报组成。

专利登记制、初步审查制、完全审查制、早期公开延迟审查制，产生了不同性质的专利文献。不同的专利保护客体，即发明专利、实用新型、外观设计等，产生了不同种类的专利文献。这也是专利单行本产生的原因。

（1）专利单行本

2010 年 1 月 9 日，《国务院关于修改〈中华人民共和国专利法实施细则〉的决定》，将专利说明书统称为专利单行本。

专利单行本，即专利说明书，是指含有扉页、权利要求书、说明书及附图、检索报告所组成的用以描述发明创造内容和限定专利保护范围的一种官方文件或其出版物。专利说明书不仅是记述发明创造详细内容的技术文件，也是体现专利权申请的专利权种类法律状况的法律文件。说明书包含以下内容：该发明的技术领域，即要求保护的技术方案所属的领域。背景技术部分，客观地指出现有的技术中，存在什么问题。发明内容部分，清楚、完整地描述所要解决的技术问题的内容和所采用的技术方案，对现有技术的益处。专利申请及专利单行本每周出版一次，与相应的专利公报同一天出版。单行本的种类包括：发明专利申请单行本、发明专利单行本、实用新型专利单行本及外观设计专利单行本。

①发明专利申请单行本

发明专利申请单行本的组成内容包含：扉页、权利要求书、说明书。说明书无附图的，则没有摘要附图。其内容与同一天出版的专利公报中专利申请的内容一致。权利要求书、说明书及其附图，以审查员所作的发明专利申请初步审查合格通知书中指明的文本为准。文献种类代码为“A”。

扉页：类似图书的标题页，相当于专利说明书一览表，由基本著录事项、

① 国家知识产权局 . 专利文献与信息检索 [M]. 北京：知识产权出版社 . 2013：2.

摘要、摘要附图、主图组成。

权利要求书：是重要的法律文件，是申请人以专利说明书为依据，请求专利保护的范围

说明书：即专利说明书的正文，详细说明和描述发明创造的技术领域（技术方案所属的技术领域）、背景技术（对检索和审查有用的背景技术）、发明内容（解决问题的技术方案和有益效果）、附图说明（对每一幅附图的简要说明）、具体实施方式（实现发明或实用新型的优选方式）。

检索报告：专利审查员通过对现有技术进行检索，反映检索结果的文件，类似于与所申请的发明创造相关的参考文献清单。有两种形式：一种是独立检索报告；另一种以专利文献著录项目刊登在专利说明书的扉页上，与专利申请说明书一起出版。

②发明专利单行本

内容包括了扉页、权利要求书、说明书(如果说明书有附图，则包含说明书附图)。发明专利单行本与发明专利申请不同之处在于，它的内容与同一天出版的专利公报中相应发明专利的内容相比较，增加了审查员项和对比文件项。文献种类代码为“B”。

权利要求书、说明书及其附图以审查员所作的授予专利权通知书中指明的文本为准。

发明专利权授予之后，在无效宣告程序中权利要求书需要修改后才能维持专利权的，再次出版该修改后的权利要求书，其文献种类代码依次为“C1－C7”，并标明修改后的权利要求书的公告日。

③实用新型专利单行本

实用新型专利单行本包括：扉页、权利要求书、说明书和说明书附图。扉页由著录事项、摘要和摘要附图组成，其内容应当与同一天出版的实用新型专利公报中相应实用新型专利的内容一致。权利要求书、说明书及其附图，应当以审查员所作的授予专利权通知书中指明的文本为准。实用新型的文献种类代码为“U”。

实用新型专利权授予之后，在无效宣告程序中权利要求书需要修改后才能维持专利权的，应当再次出版该修改后的权利要求书，其文献种类代码依次为“Y1 — Y7”，并标明修改后的权利要求书的公告日。

④外观设计专利单行本

外观设计专利单行本包括：扉页、彩色外观设计图片或者照片以及简要说明。扉页由著录事项、一幅外观设计图片或者照片组成，其内容应当与同一天出版的外观设计专利公报中相应的外观设计专利内容一致。彩色图片或者照片以及简要说明应当以审查员所作的授予专利权通知书中指明的图片或者照片以及简要说明为准。文献种类代码为“S”。

外观设计专利权授予之后，在无效宣告程序中图片或者照片需要修改后才能维持专利权的，应当再次出版该修改后的图片或者照片，其文献种类代码依次为“S1 — S7”，并标明修改后的图片或者照片的公告日。

⑤更正

专利局对发明专利申请单行本、发明专利单行本、实用新型专利单行本及外观设计专利单行本存在的错误，一经发现，将及时更正，重新出版更正的专利申请或专利单行本，并在其扉页上进行标记。

2. 专利公报

专利公报系二次专利文献主要出版物，由专利局定期出版。专利公报是各工业产权局报道的最新发明创造专利申请的公开、公告和专利授权情况，以及其业务活动和专利著录事项变更等信息的定期连续出版物。包含了最新专利申请公开和授权公告，著录事项变更公告和专利索引。根据专利公报，可了解最新的专利申请和授权情况，还可进行专利文献回溯检索，掌握各项法律事务变更情况。

专利公报的主要内容

(1) 专利申请请求书中记载的著录事项；(2) 发明或者实用新型说明书的摘要；(3) 对发明专利申请的实质审查请求和专利局对该项申请自行进行实质审查的决定；(4) 发明专利申请的审定和实用新型、外观设计专利申请的公告；(5)

专利申请的驳回；(5) 异议的审查决定和对专利申请的修改；(7) 专利权的授予；(8) 专利权的终止；(9) 专利权的无效宣告；(10) 专利权的转让；(11) 专利实施的强制许可的给予；(12) 专利权期限的续展；(13) 专利申请的撤回、视为撤回和放弃；(14) 专利权人的姓名或者名称、地址的变更；(15) 对地址不明的申请人的通知；(16) 其他有关事项。①

3. 专利文献编号

专利编号种类：专利编号由专利申请号、专利公开号等构成。

（1）专利申请号：指提交专利申请时，专利局按照申请文件的先后顺序分配的号码。包含了申请号、临时申请号、优先申请号、分案申请号、继续或部分继续申请号、增补或再公告专利申请号。编号规则：CN 年号 + 专利类别号 + 序列号 + 校验码。

（2）专利公开号：是发明专利才有的号码，指专利申请过程中，经形式审查合格后，国家专利局公开其说明书时提供的编号。编号规则：CN+ 专利类别号 + 文献流水号 + 专利文献各类标识代码。如 CNXXXXXXXA，A 表示发明申请的状态为未授权。

（3）专利公告号：指实用新型专利、外观设计专利或发明专利经实质审查合格后，公布其说明书时提供的编号。如实用新型专利的编号规则为：CN+ 专利类别号 + 文献流水号 +U。

（4）专利号：指专利经审查合格后，专利局授权的号码。编号规则为：ZL+ 申请号。

（5）专利文献号：包含了公开号、申请公开号、申请公布号、申请公告号、展出号、审定公告号、授权公告号、专利号、注册号、登记号。专利文献代码：专利文献各类代码是依不同审查制度在不同审批过程中对不同专利申请进行公布时表示不同种类专利文献的一种标识。

---

① https://baike.baidu.com/item/%E4%B8%93%E5%88%A9%E5%85%AC%E6%8A%A5/10355820?fr=aladdin 百度百科 . [EB/OL].[2019-03-05]. https://baike.so.com/doc/6651280-6865099.html.

4. 专利著录项目

（1）专利文献著录项目及代码：专利文献的著录项目是表示各种专利信息的特征的项目。

（2）专利技术信息著录项目：发明创造名称，专利分类，摘要等。这就是专利技术信息 。

（3）专利法律信息著录项目：包括申请人、发明人、专利权人。专利申请、申请日、优先申请日、优先申请国家、文献号、专利或专利申请的公布日期、国内相关申请数据等。法律信息著录项目的所有内容，构成了专利法律信息。

（4）文献外在形式信息著录项目：文献种类的名称、公布专利文献的国家机构、文献号、专利或专利申请的公布日期。构成了专利文献的外在信息。

5. 专利文献中的特殊信息

专利文献中的特殊信息，主要指专利引文、专利族与同族专利。

（1）专利引文

指专利文件中列举出的与本专利申请相关的其他文献，如专利文献，以及科技期刊、论文、著作、会议文件等非专利文献。其类型有审查对比文件，即专利单行本扉页上的审查对比文件，检索报告中的审查对比文件，以及说明书中的参考文献。有的国家以引文目录方式，在专利单行本扉页上的著录事项下刊出。

专利引文的作用：一是可利用专利引文扩大专利文献信息检索的范围。二是研究专利引文与其所有者之间的关系，可发现专利申请人的技术实力。三是研究专利引文的被引程度从而可确定核心技术。四是研究专利技术相互引用可提示技术发展阶段。

（2）专利族与同族专利

专利保护被认为是各国间进行大规模技术交流活动的重要前提。随着科学技术的发展，专利技术的国际交流日益频繁，但鉴于专利权具有严格的地域性特征，人们欲使其一项新发明技术获得多国专利保护，就必须将其发明创造向多个国家申请专利，因此产生了专利族。同一项发明创造在多个国家申请专利而产生的一组内容相同或基本相同的文件出版物，称一个专利族。在同一专利族中，每件文件出版物互为同族专利。在每一专利中，向第一国申请专利的文件出版物为基本专利。全世界每年公布的一百万件专利说明书中，约有35万~40万件是基本专利。但英国德温特出版公司对基本专利另有其自己的规定，它将该公司先收到的主要国家的专利作为基本专利，后收到的同一发明的专利即作为同族专利。[①] 专利族由至少一个共同优先权联系的一组专利文献组成。同族专利即在同一专利族中，每一件专利文献被称作专利族成员，同一专利族中每件专利互为专利族。

WIPO《工业产权信息与文献手册》中对专利族给出的定义如下：与相同发明，或与公有一个共同方案的多个发明相关的已公开专利文献的集合，其在相同国家或不同国家或地区内公开多次。这种集合中的各专利文献通常基于其要求的“优先权”的申请数据。

①同族专利的作用

同族专利可帮助读者克服语言障碍，解决专利文献的资源不足问题，为国家行政部门审批专利提供参考。提供有关该相同发明技术主题的最新技术进展、法律状态和经济情报。

②专利族的种类[②]

简单专利族：指一组专利族中的所有专利族成员以共同的一个或共同的几个专利申请为优先权。

复杂专利族：指一组专利族中的专利至少共同具有一个专利申请为优先权。

扩展专利族：指一组专利族中，每个专利与该组专利中的至少某个其他专利共同具有一个专利申请为优先权。

---

① 什么是专利族、同族专利和基本专利？[EB/OL].[2019-03-04]. https://zhidao.baidu.com/question/518712775032203245.html.

② 百度百科 . [EB/OL].[2019-03-06]. https://baike.baidu.com/item/%E4%B8%93%E5%88%A9%E6%97%8F/627959?fr=aladdin.

本国专利族：指由于增补、后续、部分后续、分案申请等原因产生的由同一个国家出版的一组专利文献，但不包括同一专利申请在不同审批阶段出版的专利文献。

内部专利族：仅由一个专利机构在不同审批程序中对同一原始申请出版的一组专利文献所构成的专利族。例如，对同一专利文献的初次公开 A，以及授权公开 B，同属于内部专利族。

人工专利族：又称智能专利族或非常规专利族。即专利的发明主题相同，申请人相同，但不满足优先权匹配的条件，不能享受优先权。最为典型的例子就是在 2011 年前，中国台湾地区和大陆相互之间不承认优先权，因而台湾地区的申请人先向台湾方面递交专利申请，在该申请未公开前，再向大陆递交专利申请，虽然发明的内容相同，但它不满足优先权匹配条件，因而属于非常规专利族。此类专利族由不同国家或地区出版的专利文献所构成，其专利文献技术内容是人为地进行归类的。这种同族文献由于没有优先权相关联，增加了专利检索的难度。

5. 专利文献的特征

（1）专利文献的数量大、内容广

据统计，世界上平均每 10 秒钟就会新增一项专利申请，每 20 秒就会出版一份专利文献。目前世界上有 100 多个国家、地区及组织以 30 多种官方文字出版专利文献。专利文献定期连续公布，数量非常巨大，集专利技术、法律、经济等情报信息于一体，内容广。

（2）专利文献涉及所有技术领域，传播最新科技信息

专利文献除了法律规定不受理的情况外，几乎涉及了人类生活的所有技术领域，特别是应用科学技术领域。由于大多数国家均采用专利先申请制，因此申请人在发明完成后为防他人捷足先登，会尽早提交申请，新技术的报道早于其他科技文献。专利申请的首要条件就是新颖性，因此，发明创造多以专利文献的形式，而非其他科技文献形式公布，反映最新的科技信息，可加速科技信息向社会的传播速度，真正体现了专利文献的新颖性。

案例2：1969年，德国克虏伯公司和英国工业家威廉分别发明了人造茜素。1969年6月25日，德国克虏伯公司比英国威廉早一天向英国专利局提出专利申请，英国专利局将该发明专利授予德国克虏伯公司，使得该公司得以垄断人造茜素产品市场达14年，获得巨大的经济利益。

（3）专利文献完整而详细，提示发明创造内容

专利文献详细记载了专利技术解决方案以及专利权保护范围，对技术细节描述具体、详尽，揭示了专利权人、注册证书所有人权利变更等法律信息，数据性强，精确性高。同时，依据专利申请、授权的地域分布，可分析专利技术销售规模、潜在市场、经济效益及国际竞争范围。是一种独一无二的综合科技信息源。

（4）专利文献格式统一规范，高度标准化

专利文献一般采用国际通用的分类法、著录规则和行文规范。有统一的分类体系，便于检索。各国出版的专利说明书结构基本一致，对扉页、权利要求、说明书、附图等几部分内容的著录规范要求。如扉页采用国际通用的INID代码标识著录项目，便于读者检索专利发明人、申请人、请求保护的国家、专利权的授予情况等相关信息。尤为重要的是，专利文献采用或标注国际专利分类体系来划分发明所属技术领域，使各国的发明创造融为一体，便于检索。

6. 专利文献信息的作用

（1）节省科研经费

专利文献主要用于企业开发新技术新产品的需要。统计显示，有90%到95%的发明创造可以在专利文献中查到。因此有效利用专利文献，对新产品在开发前的研究技术尤为重要。据统计，我国的科研重复率高达35%。进行科学研究，善用专利文献，能为企业节省40%的科研经费，缩短60%的研究周期。

（2）提供科技查新途径

任何人在申请专利前，为减少申请专利的风险，提高获得专利授权的可能性，都要查询专利文献，进行科技查新。查找对比文件，确定自己申请的专利是否具有独创性，进行专利性对比，提高申请质量。

案例 3：北大方正王选教授的团队在发明汉字激光照排技术前，用了一年时间查找世界相关研究的专利文献，避免了重复研究，于 1978 年申请了一项欧洲专利。1985 年后，又先后申请了 9 项专利。

（3）为企业引进新技术提供参考

企业之间的竞争，要做到要知己知彼，需要利用专利文献。尽可能搜集竞争对手的信息，如产品情况、技术状况、知识产权以及获得专利的拥有量等情况。企业引进新技术的途径很多，如科研合作、仪器设备购买、人才引进、资金引进等，一般来说引进的新技术会涉及专利问题，需要利用专利文献。要通过查找相同技术主题的专利，了解拟引进技术的现状，确定该技术的先进性，是否确实是专利、是否被授权、专利保护范围及有效期等，决定企业是否引进，应引进哪种技术，或引进谁的技术，为企业发展提供技术参考。

（4）保护知识产权、防止侵权纠纷

专利侵权，是指违反专利法规定，以盈利为目的而实施他人专利的行为。企业在出口产品时，需要进行专利调查，通过专利文献查询和判断是否侵权，在专利文献中是否存在与产品相同的专利，是否是产品出口目的地国的专利，专利是否有效。如果企业想占领国际市场，就要遵守知识产权规定，避免侵权。做出准确的判断，决定产品是否出口或出口到哪些国家。

如果出现侵权纠纷，需要查询和研究专利文献，注意收集证据，查找被诉侵权的专利申请日之前公布的专利文献。利用专利文献，以专利申请日之前公布的内容相同的专利文献为无效证据，为自己的辩护寻找有力的证据。

（5）企业制定发展战略需要利用专利文献信息

企业制定战略目标，首先要进行战略研究，通过准确定位来提出战略目标。通过专利信息分析定位，对专利信息进行分析：对国家分布进行分析，便于制定进攻与防御措施。对申请时间进行分析，以期了解技术生命周期。对专利权人进行分析，寻找竞争与合作的契合点。对核心技术进行分析，利用专利文献做出准确的定位，确定企业战略目标。

6.1.4 专利信息检索

专利信息检索是用户根据某一专利信息的特征，从专利信息检索系统中，通过一定的检索入口，找到符合用户需求的专利信息查找行为。专利信息检索主要依赖网络检索或计算机检索。检索方法有两种，第一种是常规检索（或基本检索），另一种是高级检索。

专利信息检索的过程如下：专利信息→专利信息资源→符合检索要求的专利文献信息。

6.1.5 专利文献信息检索种类

由于许多国家实行先申请原则，采用早期公开延迟审查制，产生了分别出版的不同的说明书，无形中形成了大量专利文献重复的现象。根据专利文献信息的途径，能大大提高专利文献信息的检索效果。

1. 专利技术主题检索

检索对象：针对某一技术主题进行专利文献信息检索，找出一批参考文献。

检索目的：检索所属技术领域的可供参考的专利文献。进行追溯检索，定题检索。

检索要求：查全

检索线索：主题词、IPC 号

适用范围：提供准确完整的专利基础数据，制定企业战略，找出解决方案，解决技术问题，进行技术创新。

2. 专利技术方案检索

检索对象：针对某一发明创造的技术方案进行专利文献信息检索，包括世界范围内的各种公开出版物。

检索目的：检索特定技术方案的专利对比文件

检索要求：查准

检索线索：主题词、IPC 号

适用范围：确定专利保护范围，判断专利权的稳定性，进行无效诉讼，进行专利申请。

3. 专利法律状态检索

检索对象：针对某一专利的有效性检索，专利地域性检索。检索专利申请在当前是否有效，或当前所处的状态进行检索。

检索目的：专利审查文件，特定专利或专利申请在当前所处的状态。防止侵权检索，被动侵权检索。

检索要求：查准

检索线索：专利申请号，优先申请号，文献号

适用范围：专利法律状态及变化信息

4. 同族专利检索

检索对象：针对某一专利或专利申请，检索其同属于一个专利族的其他成员。

检索目的：专利族成员的专利编号

检索要求：查全

检索线索：专利申请号，优先申请号，文献号

适用范围：专利保护范围的变化信息，专利审批信息，专利地域信息

5. 专利引文检索

检索对象：专利引用或被引用信息。

检索目的：申请人在发明创造过程中引用过的参考文献，或专利审查过程中引用过的在专利文献中的对比文件，其他专利作为对比文件或参考文献引用的相关信息。

检索要求：查全

检索线索：文献号

适用范围：分析专利技术的发展轨迹，扩展技术主题范围，计算特定专利技术的生命周期，检索相关专利关系信息。

6. 专利相关人检索

检索对象：检索某个专利权人，受让人，申请人，发明人的专利。

检索目的：专利相关人拥有的专利申请或专利。

检索要求：查全。

检索线索：申请人、专利权人、发明人的名称或名字。

适用范围：了解专利权人的最新研究动态和专利信息，挖掘技术人才，选择合作伙伴，监视竞争对手。

专利有效性检索，专利地域性检索。

■ 6.2 中国专利文献信息检索系统选介

中国专利文献信息检索系统很多，包括传统手工专利文献检索工具、电子型专利检索数据库两大类。手工专利检索工具，以纸质的专利文献为主。电子型数据库有单机版光盘数据库，网络版数据库。本研究主要介绍网络专利数据库检索。

网上专利文献信息，一般通过行业机构网站或是政府专门网站访问查询。主要有专利检索与分析系统，中国专利数据库（知网版），中国专利文摘数据库（CNPAT）等。网上专利文献信息资源有收费商业数据库，但大多数专利文献信息检索系统可免费检索文摘的内容，有的可直接浏览全文和专利说明书，同步检索最新的专利信息，免费向公众提供检索下载和打印服务。

6.2.1 专利检索与分析系统

网址：http://www.pss-system.gov.cn

该系统是中华人民共和国国家知识产权局专利创办的信息检索系统，由国家知识产权局开发，是集专利检索和专利分析功能于一体的专利检索分析平台，收录了 1985 年以来的全部中国专利文献。用户可通过国家知识产权局官方网站提供的链接进入。

检索路径：国家知识产权局官网首页→专利检索→专利检索及分析系统。

“系统平台”→专利信息利用→专利检索及分析系统。用户需注册，输入用户名、密码方可使用（如图 6-1）。

图 6-1 国家知识产权局主页

专利检索及分析系统提供中国专利文献信息查询。

【例 1】利用该系统，查询 AS 学院共申请了多少项专利（时间不限）。

检索步骤：登录中国国家知识产权局网站→中国专利查询系统→常规检索（如图 6-2、图 6-3）。

图 6-2 专利检索及分析系统界面

图 6-3　专利检索及分析系统常规检索界面

如图所示，无论进行常规检索，还是高级检索，需先注册登录后方可使用。

检索途径：进入专利检索及分析系统界面，在检索项目选择“申请（专利权人）”字段，输入“AS 学院”，点击检索，共搜索到申请专利 184 条数据，以列表方式显示。

图 6-4　命中信息列表

【例 2】检索 AS 学院发明专利“一种中草药乌鸡饲料”。

检索步骤：在文献的题名字段输入检索词“乌鸡饲料”，点击“查询”键，如图 6-5、图 6-6 所示。点击“详览”，可查看专利的详细信息。专利的基本信息包括了著录项目，全文文本，全文图像（如果有图像）。发明公告信息，授权公告信息，事务公告信息等。还可查阅法律状态。

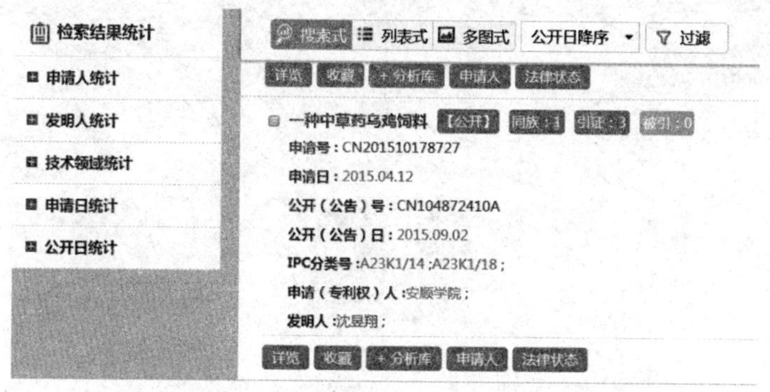

图 6-5 搜索式检索列表

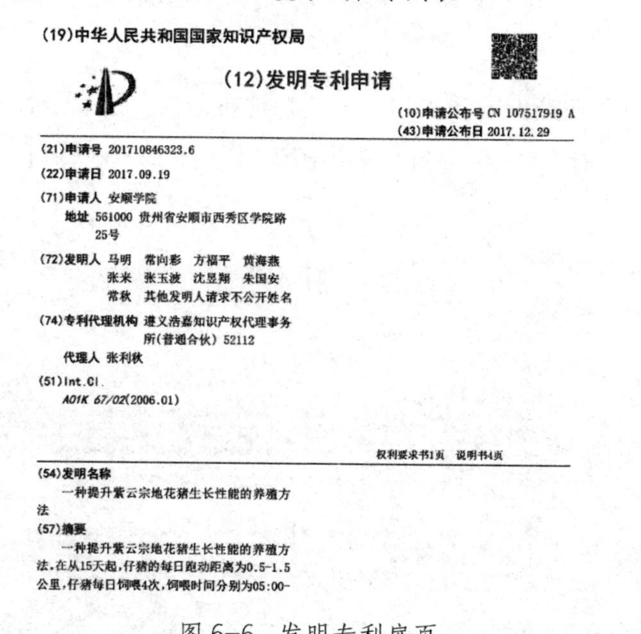

(19)中华人民共和国国家知识产权局

(12)发明专利申请

(10)申请公布号 CN 107517919 A
(43)申请公布日 2017.12.29

(21)申请号 201710846323.6

(22)申请日 2017.09.19

(71)申请人 安顺学院
地址 561000 贵州省安顺市西秀区学院路25号

(72)发明人 马明 常向彩 方福平 黄海燕 张来 张玉波 沈昱翔 朱国安 常秋 其他发明人请求不公开姓名

(74)专利代理机构 遵义浩嘉知识产权代理事务所(普通合伙) 52112
代理人 张利秋

(51)Int.Cl.
A01K 67/02(2006.01)

权利要求书1页 说明书4页

(54)发明名称
一种提升紫云宗地花猪生长性能的养殖方法

(57)摘要
一种提升紫云宗地花猪生长性能的养殖方法.在从15天起,仔猪的每日跑动距离为0.5-1.5公里,仔猪每日饲喂4次,饲喂时间分别为05:00-

图 6-6 发明专利扉页

6.2.2 中国专利快速检索查询系统

网址：http://p.ad.bjcfzx.com/pc/green/

该系统是一站式知识产权服务平台，提供专利查询。

图 6-7 中国专利快速检索查询系统界面图

【例 3】利用中国专利快速检索查询系统，查找有关“扫地机器人”的相关专利。

检索步骤：在搜索框输入检索词“扫地机器人”，点击查询按钮。显示查询搜索结果共计 4043 件专利（其中中国 3803 件，外国 240 件），如图 6-8、图 6-9。

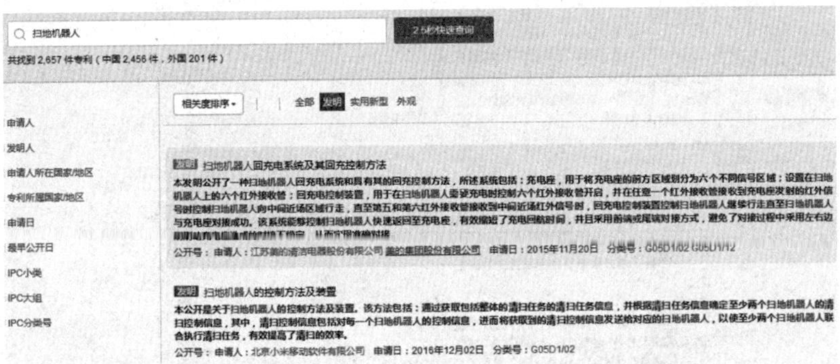

图 6-8 发明专利检索结果

图 6-9　发明专利详情页

6.2.3 中国专利信息中心

网址：http://www.cnpat.com.cn

中国专利信息中心的界面上，提供专利检索入口。点击专利检索，出现“专利之星检索系统”界面。需注册方可使用。

专利之星检索系统可检索中国专利和世界专利。检索方式有智能检索，表格检索，专家检索和法律状态检索（图 6-10）。

图 6-10　中国专利信息中心专利之星检索系统界面

【例 4】利用专利之星，查找“扫地机器人”方面的专利信息。

检索步骤：登录中国专利信息中心→进入专利之星（免费注册）→智能检索→输入扫地机器人→点击中国专利搜索。（检索式为：扫地机器人 /AB+扫地机器人 /CL+ 扫地机器人 /TI+ 扫地机器人 /IN+ 扫地机器人 /PA+ 扫地机器人 /AT+ 扫地机器人 /DZ）共检索到 1461 条记录，如图 6–11 所示，显示的是“一种智能扫地机器人用充电对接装置”的文图信息。

图 6–11　专利之星命中的文图信息

在搜索结果中，还可进行过滤检索、二次检索等。

点击以上命中信息的标题，显示“一种智能扫地机器人用充电对接装置”的著录项目信息（即摘要信息），可分别点击浏览全文 PDF，权利要求，说明书，法律状态，查看相应的专利信息。如图 6–12 所示。

图 6–12　著录项目信息

6.2.4 中国发明专利技术信息网

网址：http://www.1st.com.cn/

该中心的前身是中国专利局专利检索咨询中心，成立于 1993 年，2001 年 5 月更名为“国家知识产权局专利检索咨询中心”，是目前国内科技及知识产权领域的权威机构。该系统提供专利文献信息检索分析，专利及科技文献翻译等服务。可进行查新检索，现有技术或现有设计检索，专题检索，授权专利检索，香港短期专利检索，法律状态检索，同族专利检索，跟踪检索，国际联机检索，侵权分析。

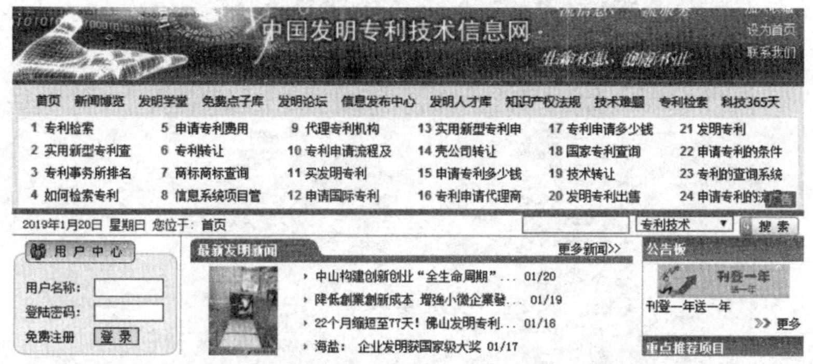

图 6-13 中国发明专利技术信息网站主页

图 6-14 专利数据检索界面

6.2.5 中国知识产权网

网址：http://www.cnipr.com/

中国知识产权网主页上的专利信息服务平台，提供专利的法律状态检索，失效专利检索和运营信息检索。

图 6-15　中国知识产权网站主页及专利信息服务平台的高级检索界面

【例 5】利用专利信息服务平台，检索 AS 学院申请的专利。

检索步骤：登录中国知识产权网，点击专利信息服务平台，注册。

检索式：申请（专利权人）为“AS 学院”，点击检索按钮，检索结果（如图 6-16、图 6-17）。

图 6-16　AS 学院专利申请检索结果

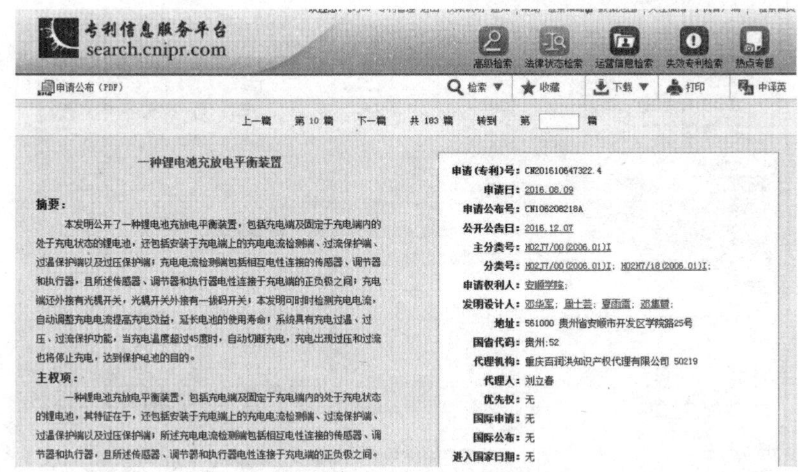

图 6-17 AS 学院发明专利“一种锂电池充放电平衡装置”摘要及内容项

可查询的主要内容包括摘要附图、说明书附图、法律状态、同族专利、权利要求书等详细内容。

6.2.6 中国知网专利数据库

网址：http://kns.cnki.net/

中国知网专利数据库收录了 1985 年以来中国公开的专利信息，数据来源于国家知识产权局，包括发明专利、外观设计、实用新型三个子库，以及三个子库的题录、文献、全文专利信息。检索方式为：初级检索、高级检索、专业检索。检索项有：申请号、申请日、公开号、公开日、专利名称、关键词等。可在检索结果页面下载专利说明书全文。

【例 6】利用中国知网专利数据库，检索 AS 学院申请的专利相关信息。

检索步骤：通过校园网，登录中国知网主页，选择专利检索按钮，在检索条件下，选择申请人字段，输入检索词“AS 学院”，点击检索，显示命中信息。

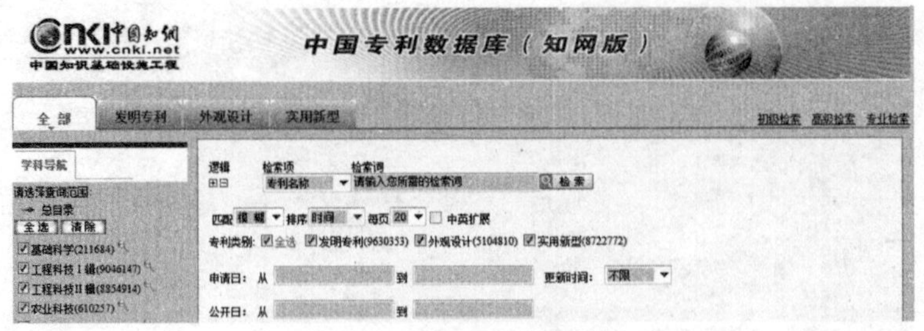

图 6-18　中国知网专利数据库主页

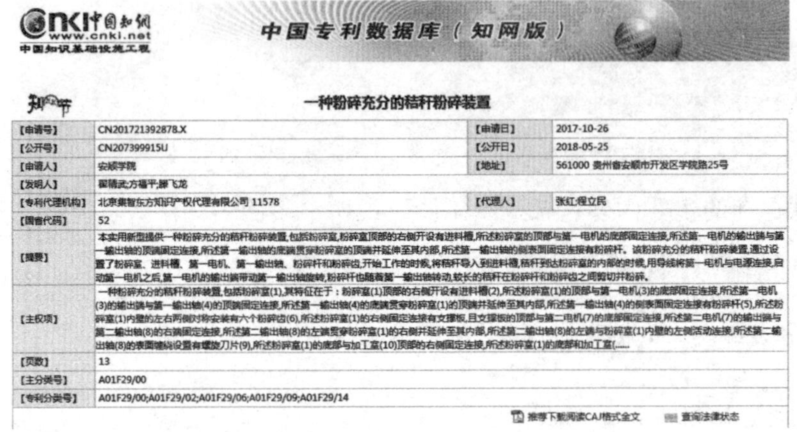

一种粉碎充分的秸秆粉碎装置

【申请号】	CN201721392878.X	【申请日】	2017-10-26
【公开号】	CN207399915U	【公开日】	2018-05-25
【申请人】	安顺学院	【地址】	561000 贵州省安顺市开发区学院路25号
【发明人】	翟精武;方福平;滕飞龙		
【专利代理机构】	北京集智东方知识产权代理有限公司 11578	【代理人】	张红;程立民
【国省代码】	52		
【摘要】	本实用新型提供一种粉碎充分的秸秆粉碎装置,包括粉碎室,粉碎室顶部的右侧开设有进料槽,所述粉碎室的顶部与第一电机的底部固定连接,所述第一电机的输出端与第一输出轴的顶端固定连接,所述第一输出轴的底端贯穿粉碎室的顶端并延伸至其内部,所述第一输出轴的侧表面固定连接有粉碎杆。该粉碎充分的秸秆粉碎装置,通过设置了粉碎室、进料槽、第一电机、第一输出轴、粉碎杆和粉碎齿,开始工作的时候,将秸秆导入到进料槽,秸秆到达粉碎室的内部的时候,用导线将第一电机与电源连接,启动第一电机之后,第一电机的输出端带动第一输出轴旋转,粉碎杆也随着第一输出轴转动,较长的秸秆在粉碎杆和粉碎齿之间剪切并粉碎。		
【主权项】	一种粉碎充分的秸秆粉碎装置,包括粉碎室(1),其特征在于：粉碎室(1)顶部的右侧开设有进料槽(2),所述粉碎室(1)的顶部与第一电机(3)的底部固定连接,所述第一电机(3)的输出端与第一输出轴(4)的顶端固定连接,所述第一输出轴(4)的底端贯穿粉碎室(1)的顶端并延伸至其内部,所述第一输出轴(4)的侧表面固定连接有粉碎杆(5),所述粉碎室(1)内壁的左右两侧对称安装有六个粉碎齿(6),所述粉碎室(1)的右侧固定连接有支撑板,且支撑板的顶部与第二电机(7)的底部固定连接,所述第二电机(7)的输出端与第二输出轴(8)的右端固定连接,所述第二输出轴(8)的左端贯穿粉碎室(1)的右侧并延伸至其内部,所述第二输出轴(8)的左端与粉碎室(1)内壁的左侧活动连接,所述第二输出轴(8)的表面缠绕设置有螺旋刀片(9),所述粉碎室(1)的底部与加工室(10)顶部的右侧固定连接,所述粉碎室(1)的底部和加工室(......		
【页数】	13		
【主分类号】	A01F29/00		
【专利分类号】	A01F29/00;A01F29/02;A01F29/06;A01F29/09;A01F29/14		

推荐下载阅读CAJ格式全文　查阅法律状态

图 6-19　选择浏览标题，显示专利的摘要信息、主权项内容

6.2.7 万方数据资源系统

网址：http://www.wanfangdata.com.cn/

数据库收录的时间范围与知网专利数据库相同。该数据库每两周更新一次数据，每年新增专利数据约 25 万条。万方专利信息检索途径：系统提供题名、摘要、申请 / 专利号、公开号 / 公告号、申请人 / 专利权人、发明人 / 设计人、主分类号、分类号检索。

通过校园网，进入万方知识服务平台，选择专利检索，界面如图 6–20。

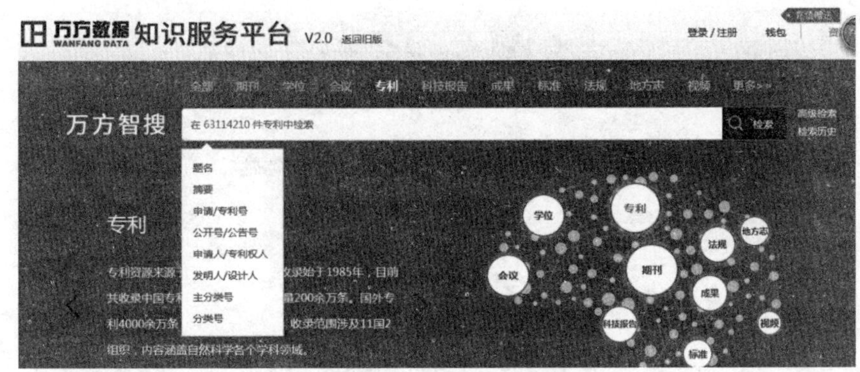

图 6-20 万方专利信息检索界面

【例 7】利用万方专利数据库，检索 AS 学院申请的专利。

检索步骤：校园网→万方知识服务平台→专利检索→申请人 / 专利权人→ AS 学院→搜索，命中结果 151 条，可下载，也可在线阅读全文。如图 6–21。

图 6–21 命中的专利文献信息

6.2.8 读秀搜索专利信息检索

网址：http://www.duxiu.com/

读秀专利检索提供全部字段、专利名称、申请号、发明人、申请人、IPC 号几种检索途径。

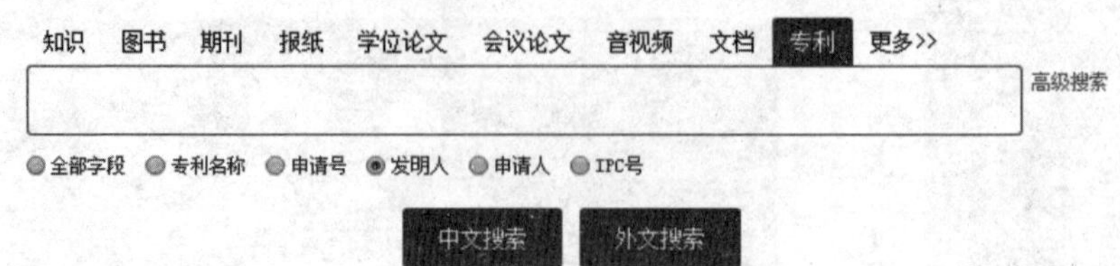

图 6-22 读秀专利检索界面

【例 8】利用读秀专利检索，查找发明人“沈昱翔”的发明专利。

检索步骤：校园网或搜索引擎→读秀搜索→专利检索→发明人“沈昱翔”→点击中文搜索。查到相关专利 3 篇。

图 6-23 命中的专利信息

点击标题，显示摘要的部分内容。提供法律状态查询。

CNIPA 国家知识产权局 中国专利公布公告

首页 高级查询 IPC分类查询 LOC分类查询 事务数据查询 数据说明

类型选择

» 发明专利

排序方式

» 按申请号升序排序

» 按申请号降序排序

事务数据查询结果列表

申请号	事务数据公告日	事务数据
2015101787273	2019.01.08	授权
2015101787273	2015.11.11	实质审查的生效
2015101787273	2015.09.02	公布

图 6-24 法律状态查询结果列表

6.3 国外专利文献信息检索系统选介

外国专利检索系统为世界各国的用户提供免费获取专利信息的途径。其特点是数据量大、数据更新及时、使用便捷，包括了一些国际商业数据库在因特网上发布的专利信息。很多专利文献信息数据库免费向公众提供浏览、下载和打印服务。

在中国国家知识产权局综合服务平台，提供了其他国家专利检索链接，如图 6–25 所示。

图 6–25 国家知识产权局综合服务平台的“其他国家专利检索入口”界面

3.1.1 美国专利商标局网上专利检索系统

网址：http://patft.uspto.gov/

美国专利商标局的专利检索系统，提供美国专利数据检索服务。美国专利商标局是由美国政府参与的非商业性机构，为人们提供办理专利和商标服务。数据库分为授权专利数据库、申请专利数据库等。

1. 授权专利数据检索：提供 31 种检索入口，可检索 1975 年以来授权的各种美国专利文献。检索方式为专利号、授权日、发明人等多个检索字段，可全文浏览。还可检索 1970 年以来的图像说明书，1976 年以来的文本说明书全文，并附图像连接。

2. 专利申请公布数据检索：收录了 2001 年 3 月 15 日以来美国专利申请

的公布文献，提供 23 种检索入口，可采用快速检索、高级检索、精确检索和专利号检索 4 种检索方式检索专利信息。

3. 基因序列专利数据检索：可供检索每件超过 300 页的基因序列专利。

4. 专利权转让数据检索：可供检索最近 10 年的美国专利公报中的通知内容，美国专利权转让情况。

5. 专利分类数据检索：可检索最新版本的美国专利分类表。

6. 美国专利法律状态数据检索：可检索专利资费情况，查找专利是否提前失效等。

检索主页分为左、中、右三个板块。左侧板块可检索 1970 年至今授权的美国专利信息。中间板块可检索美国专利分类号、法律状态、专利权转移和专利代理机构。右侧板块提供快速检索、高级检索、专利号检索 3 种检索方法。主页界面如图 6–26。

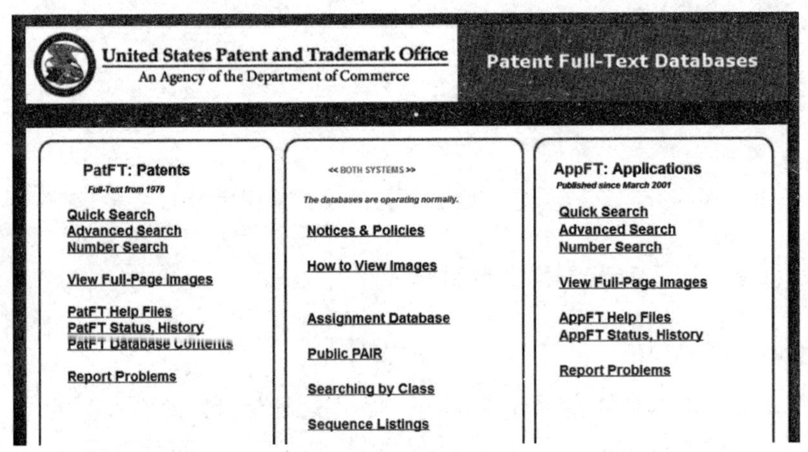

图 6–26　美国专利商标局网上专利检索系统界面

【例 9】使用快速检索方式，查询 chip 方面的专利信息。

检索步骤：登录美国专利商标局网上专利检索系统→快速检索→输入检索词 chip →点击搜索。检索结果 760279 条。

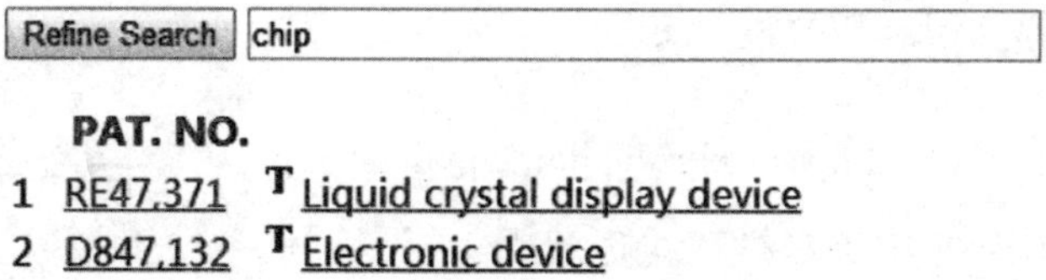

Refine Search | chip

PAT. NO.

1 RE47,371 T Liquid crystal display device

2 D847,132 T Electronic device

图 6-27 chip 搜索结果列表

点击打开第一篇 Liquid crystal display device（液晶显示装置），显示该发明的摘要。

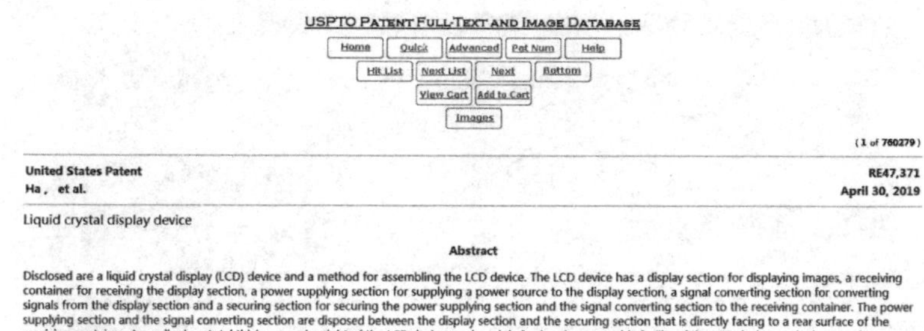

图 6-28 Liquid crystal display device 发明专利摘要

6.3.2 日本特许厅网上专利检索（英文版）

网址：https://www.j-platpat.inpit.go.jp/web/all/top/BTmTopEnglishPage

免费提供 1885 年以来公布的所有日本专利，包括实用新型专利和外观设计专利文献检索。有英文版和日文版两个系统。可通过日本专利分类号、主题词等检索日本专利申请公布信息。

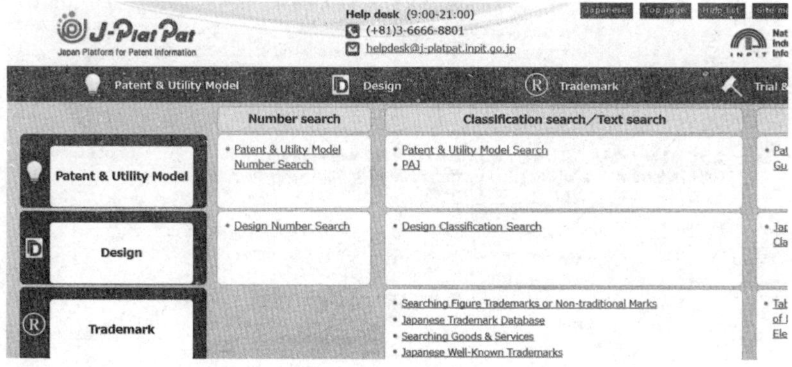

图 6-29 日本特许厅网上专利检索英文版主页界面

6.3.3 韩国知识产权局网上专利检索

网址：http://www.kipris.or.kr/enghome/main.jsp

该系统于 1998 年始提供在线免费因特网专利信息检索服务。1999 年提供韩国专利等对外检索服务。数据库内容有 1983 年以来韩国公开的发明、实用新型专利申请的著录项目、摘要、附图、说明书全文、法律状态，1948 年以来韩国审定的授权公告等。可进行一般检索、主题词检索、号码检索、高级检索。

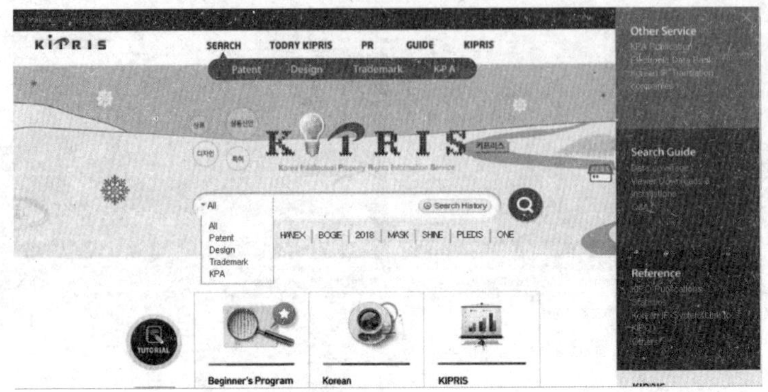

图 6-30　韩国知识产权局网上专利检索界面

【例 10】利用该系统，查询 Telephone 方面的专利

在搜索框输入检索词 Telephone，搜索到 31231 条结果。

[Patent & Utility model] 31,231 Articles

Ended System and Method to Limit Transmission and Receptionof Mobil Telephone(이동단말기의 송수신 제한 방법{Method to Limit Transmission and Reception of Mobil Telephone}) Trial PUB

IPC : H04M 1/725 H04B 1/034　Applicant : LG Electronics Inc.
Application No. : 1020000048556　Application Date : 2000.08.22
Registration No. : 1004108690000　Registration Date : 2003.12.01
Unex. Pub. No. : 1020020015450　Unex. Pub. Date : 2002.02.28
Agent : KIM, Young Chol | KIM, …　Inventor : JEONG,JongWoon
More

Rejected Method for Sending ENUM(tElephone NUmber Mapping) or NAPTR(Naming Authority Pointer) Information(텔레폰 넘버 매핑 정보 또는 네이밍 권한 포인터 정보 전송 방법) PUB

IPC : H04W 4/16 G06Q 50/30 ....　Applicant : BIZMODELINE CO., L…
Application No. : 1020090036336　Application Date : 2009.04.27
Registration No. :　Registration Date :
Unex. Pub. No. : 1020090060228　Unex. Pub. Date : 2009.06.11
Agent :　Inventor : KIM JAE HYUNG | HO…
More

图 6-31　Telephone 搜索结果列表

6.3.4 欧洲专利局网上专利检索

网址：https://worldwide.espacenet.com/

欧洲专利局网上专利检索数据库，是欧洲专利局、欧洲专利组织成员国等共同开发的网上免费专利检索系统。该系统可供检索包括欧洲专利信息，世界多个国家的专利信息和同族专利信息，部分国家专利法律状态信息。数据范围包括了 1920 年至今 90 多个国家公开的专利题录数据，这些数据收录在不同的数据库中，有 20 多个国家的专利说明书。在 34 个成员国设有该国语言的镜像站点，提供智能检索、高级检索、分类检索 3 种检索方式。

（1）worldwide 数据库：收录了 90 个国家和地区公布的专利申请信息，各成员国近 24 个月公开的专利。

（2）EP 数据库：提供欧洲专利局公布的所有专利申请。

（3）WIPO 数据库：提供世界知识产权组织公布的所有专利申请。

（4）数据类型：包括题录数据，文摘，文本格式说明书及权利要求，专利说明书首页、附图、权利要求及全文（为扫描格式图像）。

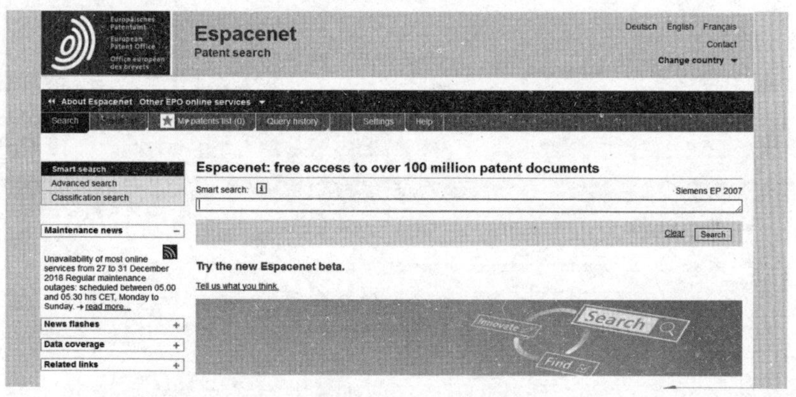

图 6-32 欧洲专利局网上专利检索界面

【例 11】查询欧洲专利局网上专利检索系统中有关 engine 方面的专利。

在搜索框中输入检索词 engine，点击 Search，检索到超过一万条结果。

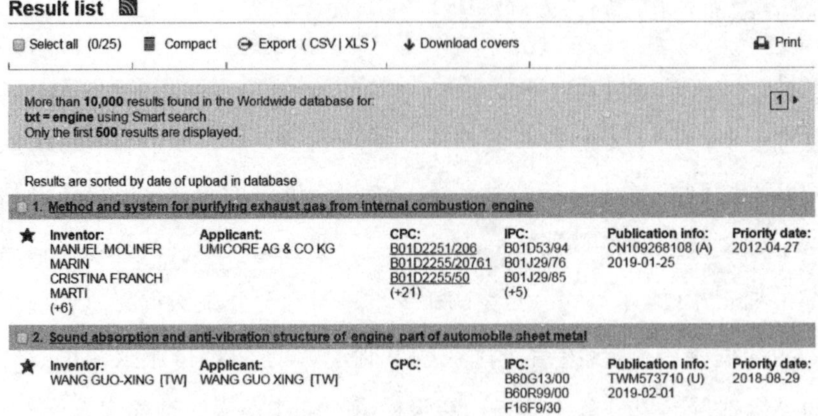

图 6-33 engine 搜索结果列表

6.3.5 世界知识产权组织网上专利检索

网址：https://patentscope2.wipo.int/search/en/search.jsf

该系统收录了250万件已经公开的国际专利申请共计3700万篇专利文献。可选择简单检索、高级检索、字段组合检索和跨语言扩展检索四种方法查询专利文献。

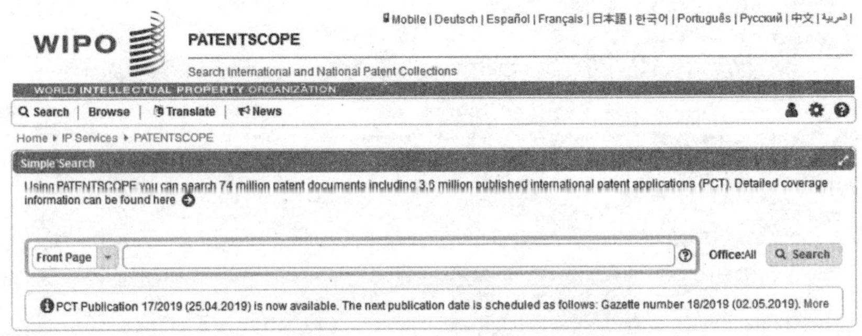

图 6-34 世界知识产权组织网上专利检索界面

【例 12】利用世界知识产权组织网上专利检索，查询 television 方面的专利。在搜索框中输入检索词 television，点击 Search，搜索结果 155966 条。

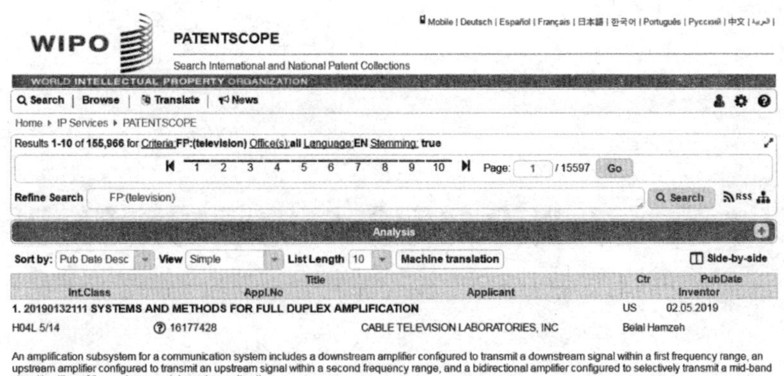

图 6-35 television 搜索结果列表

思考题

1.《建立世界知识产权组织公约》规定的知识产权包括哪些权利?

2.《与贸易有关的知识产权协定》规定的知识产权包括哪些权利?

3. 知识产权的特点是什么?

4. 专利的类型有哪些?

5. 专利文献信息的特点和作用是什么?

6. 简述中国专利的网络查询方法及途径。

7. 利用“专利检索与分析系统”，查找 AS 学院关于“包装盒”方面的专利信息。

8. 利用“中国专利快速检索查询系统”，查找有关机器人的相关专利信息。

9. 利用“专利之星”，查找 AS 学院李曾尧申请的专利信息。

10. 利用“中国知识产权网”，查找 AS 学院申请的专利信息，并查询某一专利的权利要求书的详细内容。

11. 某课题组设计了一款书签欲申请外观设计专利，想查询国内关于相同主题的外观设计专利文献。利用学校校园网，登录图书主页，可通过哪些数据库查询专利信息？简述利用不同数据库进行专利信息检索的过程。

12. 检索国外的专利信息，可以使用哪些专利数据库进行检索?

13. 简述国外专利的网络查询方法及途径。

第 7 章 毕业论文写作与信息检索的应用

信息检索的应用范围非常广泛，对于本科院校学生而言，信息检索的目的主要是为了完成作业、等级考试、科研查新、就业信息、课内外知识补充、毕业论文写作以及为未来的工作做准备等，主要用于个人学习、生活和未来工作等方面。本章围绕毕业论文写作的基本知识和写作规范等方面，将信息检索的应用贯穿到毕业论文写作各环节中讲解。

7.1 毕业论文写作概述

毕业论文，指高校毕业生所撰写的学术论文。大学生毕业论文撰写，是普通高等学校教学计划的重要组成部分之一，也是培养学生综合能力的实践环节，时间一般安排在大四第一学期开始选题和开题答辩，第二学期完成论文写作和答辩。通过毕业论文写作，巩固和提高学习效果，培养学生综合运用所学基础理论、基础知识和基本技能，分析问题和解决实际问题的能力①，培养学生的科研能力和创新能力，为当下的学习研究和将来的工作打下坚实的基础。为保证毕业论文（设计）工作的顺利完成，各高校根据本校的实际情况，制订《本科毕业论文（设计）撰写与指导工作方案》，作为对本科毕业论文（设计）撰写与指导工作的规范要求。本研究以文科类毕业论文为主展开分析。

① AS 学院 2018 届本科毕业论文（设计）撰写与指导工作方案。

7.1.1 毕业论文的定义和类型

1. 毕业论文的定义

毕业论文是本科学生为获取学士学位而撰写的学术论文，也称学位论文。2004 年颁布的《中华人民共和国学位条例暂行实施办法》第三条指出：高等学校本科学生完成教学计划的各项要求，经审核准予毕业，其课程学习和毕业论文（毕业设计或其他毕业实践环节）的成绩，表明确已较好地掌握本门学科的基础理论、专门知识和基本技能，并且有从事科学研究工作或担负专门技术工作的初步能力的，授予学士学位。[①] 强调了对毕业论文（设计）成绩的要求。为了规范学术论文格式，国家标准《科学技术报告、学位论文和学术论文的编写格式》指出：学位论文是表明作者从事科学研究取得创造性的结果或有了新的见解，并以此为内容撰写而成、作为提出申请授予相应的学位时评审用的学术论文。学士论文应能表明作者确已较好地掌握了本门学科的基础理论、专门知识和基本技能，并具有从事科学研究工作或担负专门技术工作的初步能力。[②] 学位论文分为学士论文、硕士论文和博士论文，本科学生撰写的是学士论文。学位论文是高等院校学生为获得学位资格而提交并通过答辩委员会认可的学术性研究论文，是随着学位制度的实施而产生的。

什么是毕业论文？毕业论文是指高等学校（或某些专业）为对本科学生集中进行科学研究训练而要求学生在毕业前撰写的论文。学生须在教师指导下，选定课题进行研究，撰写并提交论文。目的在于培养学生的科学研究能力，加强综合运用所学知识、理论和技能解决实际问题的训练，从总体上考查学生本科阶段学习所达到的学业水平。论文题目由教师指定或由学生提出，经教师同意确定。均应是本专业学科发展或实践中提出的理论问题和实际问题。通过这一环节，使学生受到有关科学研究选题，查阅、评述文献，制订研究方案，

---

① 中华人民共和国国务院．中华人民共和国学位条例暂行实施办法 [Z].1981—05—20.

② GB7713-87，中华人民共和国国家标准《科学技术报告、学位论文和学术论文的编写格式》[S].

设计进行科学实验或社会调查，处理数据或整理调查结果，对结果进行分析、论证并得出结论，撰写论文等项初步训练。①

综上所述，毕业论文是各高等学校根据各专业人才培养目标，要求毕业生于毕业前在老师的指导下独立撰写的学术论文。毕业论文是用语言文字表达思想和观点的一种载体，是对学生课程学习的综合检验。是检验学生思维能力和判断能力的有效方式，是考查本科生学业水平的标志，也是学生申请授予学士学位的依据。

2. 毕业论文的类型

学生所学专业不同，研究领域、研究对象、方法和论文表现形式不同，所写论文的内容性质亦不同，因此，有必要对论文进行分类。

（1）按照毕业论文学科专业分类

可将毕业论文分为文科类论文、理（工）科类论文两大类。地方本科院校毕业论文基本按上述两类进行分类。

（2）按照授予学位等级分类

可分为学士论文、硕士论文、博士论文。

学位论文，指本科学生为申请学士学位而提交的论文。要求学生具有从事科学技术研究的初步能力。论文所涉及的选题不太复杂，论述范围较窄，研究的深度较浅。

硕士论文系指硕士研究生为申请硕士学位而提交的论文。强调学生具有独立从事科研工作的能力，学术水平的要求比学士论文的要求高，篇幅要求比学士论文长，反映作者所掌握的知识具有一定的广度和深度，具有较新的见解和独创性。

博士论文系指博士研究生为申请博士学位所提交的论文。要求作者具有广博的基础理论知识和相当水平的独立从事科学研究的能力。博士论文必须具有创新性和更高的学术价值，论文篇幅比硕士论文长。

---

① 顾明远．教育大辞典 [M]. 上海：上海教育出版社，1998.

（3）按照论文的研究内容和方法分类

按照研究内容和方法，可分为理论性研究论文，应用型论文，描述性论文等。

①理论性论文：在结构上与综述论文类似。可分为两种：一种以通过调查研究和考察所获得的观测资料或有关文献资料数据为研究对象。一种是以抽象理论为研究对象。应用型本科院校文科学生论文大多采用此类写法。

②应用型论文：可分为实验研究型论文、技术开发型论文、工程设计论文和生产应用型论文。理工类学生通常撰写的是应用型论文。

③描述性论文：通过概念、判断和推理等形式，阐述自己的新见解。描述型论文以议论为主，要求具有较强的理论性和严密的逻辑性。

（4）按照综合分类法分类

按照综合分类法，可将毕业论文分为论辩型论文、综述型论文。

①论辩型论文：按照议论性质的不同，又分为两类，即立论型论文和驳论型论文。立论型论文是通过摆事实讲道理等方式，阐述作者的观点和见解。驳论型论文，是在摆事实、讲道理的过程中，驳斥和辨析他人的观点，表明自己的观点和见解。

②综述型论文：是以某个领域中的某一问题为研究对象，通过对已发表的材料进行归纳、组织和评价，总结前人取得的研究成果，辨明材料中矛盾和不一致之处，提出作者自己的见解。综述型论文的写作以叙述为主，有时议论多于叙述。

7.1.2 毕业论文写作的意义和作用

学生在校期间，应按照学校的教学计划完成每门课程的学习并参加考试。毕业论文是整个教学计划中的一个重要内容，是对学校教学质量的综合检验，也是对学生综合运用所学知识以解决问题能力的总测验，是考核学生学历水平的重要依据之一。自《中华人民共和国学位条例暂行实施办法》颁布始，各高校将毕业论文作为学生提出申请授予学位的重要依据。

1. 毕业论文写作的意义

（1）学生在校期间学习成果的检验

学生在校期间按照教学计划规定，完成了规定课程的学习并通过考核。学校平时的课程教学和考核，偏重于学生对书本知识的一般理解和对单门课程知识的掌握。毕业论文写作，则着重考查学生综合运用所学知识探讨和研究问题的能力，是巩固所学专业基础知识的重要环节。在论文写作中，学生首先必须系统掌握和运用专业知识和专业理论，对所学知识进行梳理、消化和吸收，融会贯通，提出自己的见解。学生还要进行大量的社会调查实践，弥补书本上和课堂上学不到的知识。通过毕业论文撰写，可检验学生获得知识的广度和深度，检验学生专业学习的成果，检验学生信息检索的能力和学术诚信的情况，是对学生在校期间最后一次知识的全面检验，也是高校提高教学质量的重要环节。

（2）间接反馈教学工作环节存在的问题

学生在毕业论文写作中会或多或少暴露出学习中存在的一些问题，这些问题间接反映出学校的教学工作现状。如果多数学生的论文写得好，内容和格式符合规范，能表达自己的见解，说明前期的教学工作取得了实际成效。如果通过论文表现出学生对专业知识的掌握不牢固，文字表达能力较差，论文条理不清，学术不端，论文中出现的问题比较多，说明教学和日常管理中存在的问题比较多，需要有针对性地加以改进和调整。通过毕业论文写作中暴露出的问题，反馈出教学工作环节存在的问题，使学校能够全面考察了解教学质量，针对存在的问题，对相关的教学工作改革提供参考。

（3）巩固所学专业知识，促进学生专业知识向能力的转化

知识是获得能力的基础，但不等同于能力。研究能力不会自发产生，必须在运用知识的实践中，自觉地加以培养和锻炼才能获得和提高。毕业论文写作，除了巩固所学专业知识，还可促进学生专业知识向能力的转化。首先，要写好一篇论文，学生需透彻理解专业知识，通过自主探究，而不是死记硬

背的方式获得知识，将论文撰写变成一次课程学习经历，并综合利用所学知识，解决论文写作中遇到的问题。这种探究学习的历程，有助于养成良好的学习习惯，从而激发学生的创新精神和创新能力。其次，论文写作中需查询和阅读大量文献资料、开展社会调查等实践活动。陆游在《冬夜读书示子聿》诗中写道："纸上得来终觉浅，绝知此事要躬行"，强调了做学问要亲自实践探索。通过论文写作，反复运用所学知识，进行实践和练习，内化为熟练解决问题的技能，促进获得知识能力的提升，促进知识向实践能力的转化。

2. 毕业论文写作的作用

（1）提高查阅文献和利用文献的能力

写好毕业论文，需阅读大量的文献资料。这就要求学生提升信息检索与文献利用的能力，学会利用专业数据库查找与自己选题相关的文献信息。通过信息检索，搜集现有的与自己的研究领域相关的资料，获取对论文写作有用的信息，并进行文献研究。结合查阅到的与自己的论文题目相关的资料，认真进行对比，找出他人研究成果的优缺点，准确判断出哪些文献信息是否有参考价值，提高学生的文献分析能力和利用文献能力。

（2）提高学生提出问题、分析问题、解决问题的能力

毕业论文写作的关键是能够发现问题。发现问题是一种能力，也是一种创新，主要指从众多信息中发现有价值的问题的能力。只有发现问题，才能提出问题，进行综合分析和总结归纳，因此发现和提出问题比解决问题更重要。但在日常教学中，老师注重的是教会学生解决既定问题的能力，却忽略了学生发现问题、分析问题能力的培养。毕业论文写作需要各种能力的综合运用，以解决问题。如理工科学生在论文写作中，需具备设计、计算和绘图等能力，特别是毕业设计，需具备实验研究和数据处理的能力。还要提高外语水平和计算机应用能力。

（3）提高写作水平和语言表达能力

对于即将毕业的学生来说，无论未来从事什么职业，书面表达能力及较高的写作水平是最基本的要求。大学生走上工作岗位后，不仅应具备专业知

识，还要有一定的管理能力和科研能力。在将来的工作中，写通知、调查报告、总结等应用文，以及写解说词之类的说明文，向领导口头汇报工作等是常有的事情。具备基础写作修养和技能，才能更好地应对所从事的工作。毕业论文是学生以完整的书面材料形式独立取得的研究成果，要求语言精练，符合汉语写作规范。毕业论文还要通过答辩这一环节，论文答辩是对毕业论文真实性和论文水平的检验。学生要在答辩中为自己进行辩说，这是学生增长知识，交流信息的过程，是学生跨出校门、走向社会前全面展示自己的才华、口才和素质的良好时机。因此，毕业论文写作，不论是书面写作水平还是口头语言表达，学生在这一教学环节中都会得到很大的锻炼。

（4）为今后的工作、研究打下基础

毕业论文是一篇总结性质的文章，对学生在校期间的学习而言是总结，标志着学生时代的结束。对未来的工作而言，启示着一个新的阶段的来临，是在为今后的研究做准备。通过毕业论文的写作，有利于学生发现自己的长处和短处，有针对性地克服缺点，为今后的工作、研究打下基础。

7.1.3 毕业论文的特点

毕业论文写作，从论文选题、构思、文字表达到最后形成，就是一个科学研究的全过程。毕业论文需具有以下特点。

1. 专业性

其一是选题必须符合专业培养目标的要求，有利于对学生的综合能力进行比较全面的训练，体现学生运用本专业基本理论、基本知识和基本技能的能力。其二是论文系研究某一专业领域的内容，不同专业领域的论文，有不同的形式和要求。其三是论文研究的选题与学生所学专业契合，选取的素材必须在选题范围内，在语言表达上有别于一般的议论文，须用专业术语阐述和论证自己的观点，即具有专业性的特点。

2. 思想性

思想性是毕业论文的灵魂，指论文观点要鲜明、正确。论文必须坚持社会主义政治方向，具有较高的思想政治水平和道德修养。学生能够运用正确的立场、观点和方法去分析问题，解决问题。

3. 理论性

学术研究离不开理论思维，必须有理论依据，这是毕业论文有别于普通文章之处。要求运用一定的理论知识，对研究对象分析和探讨，归纳得出新的理论，将自己的所得提升到理论高度，并具有一定的理论价值。

4. 实践性

应用型地方本科院校的人才培养目标，是要培养综合性、应用型、创新型人才。因此毕业设计（论文）在满足教学要求的前提下，要尽量与生产实际、科学研究、社会现实的热点和难点及实验室建设等相结合，以专业实践为导向，将所学理论知识应用于教学实践，体现全过程育人的特点和实践价值。毕业论文的观点是否正确，同样需要经过实践来检验，并在实践中丰富和发展。

5. 创新性

毕业论文是科研成果的载体，必须有所创造，推陈出新。如果论文没有创新性或独创性，只是简单重复他人的研究，也就丧失了学术价值。论文的创新性，主要体现在几个方面：一是别人未研究过的选题，作者填补了该领域的空白。二是别人研究过的选题，但需要丰富和发展的，作者提出新观点、新见解或实验成果，得出新的结论。三是别人研究过，但作者通过研究，证明别人的结论是错误的。四是通过大量的文献研究，对别人的研究成果进行归纳和总结，综合别人的观点，阐述自己的见解和未来发展趋势，进行研究综述。

6. 科学性

论文必须以事实为依据，客观地反映研究对象的内在规律。要求内容真实，观点正确，素材真实可靠，数据精准，语言表达准确，论证逻辑严密。要以实事求是的态度，科学的思维方法对论点进行论述，得出科学的结论，符合科学规律。具体表现为论文中采用的数据、资料必须准确可靠，各种概念的描述及专业术语的应用也应做到准确无误，行文上结构严谨清晰，逻辑思维严密，语言简明确切。

7. 学术性

学术性是毕业论文区别于普通议论文或文学作品创作的本质特征。论文写作过程中，以学术问题为论题，将专门性的知识积累起来，使之系统化，再加以探讨、研究。把学术成果作为描述对象，以学术见解为内容核心，着重对事物进行抽象的、概括的叙述或论证，基本内容不是客观事物的外部直观形态和过程，而是事物发展的内在本质和发展变化的规律，是系统化了的认识，因此学术性是学术论文最起码的条件。

8. 规范性

毕业论文必须遵守学术规范和撰写格式的要求，如论文的整体结构、题目、摘要、关键词、正文、参考文献格式要求等。为此，各高校根据本校的具体情况制定《毕业论文(设计)撰写规范》，真正体现论文撰写的规范性。要求论文结构严谨，脉络清晰，演算正确，语言表达准确，文字通顺，推断合理，层次分明。在论证过程中，引用他人的观点、研究方法，要遵守相关的学术规范。毕业论文写作还有严格的时间限制，论文定稿后必须在规定时间内通过论文答辩方能毕业。

■ 7.2 毕业论文的选题

毕业论文选题是撰写论文的最初步骤，主要指选择论文的论题，即确定论文研究的领域和方向，所要论证的问题和内容是什么，或主要指学术研究的某一课题，并就某个问题进行阐述，提出有价值的结论。选题通常包含了许多论题，论文的题目就是在选题的基础上拟定的标题，是对论题的高度概括。论文选题主要指论文题目的范围，因此比标题大。选题有主动选题和被动选题。主动选题即自选论文，是学生根据自己的兴趣爱好，专业培养目标进行选题。被动选题又称命题论文，是在现有的题目中，由指导教师或所属院系提供若干参考选题供学生从中选取，学生被动接受，通常不在状态，写作状态不佳。

优质的论文要有好的选题。选题得当与否，是论文写作的最基础环节和论文成败的关键，是衡量一个人学识水平的标志。俗话说，“题好文一半”，选好题，具有事半功倍的效果。

7.2.1 选题的程序

1. 论文选题可由指导教师提出，或论文指导小组根据跨专业跨学科内容的组合，给出选题范围，也可由学生根据自己的兴趣和实际情况，向所在学院申报选题意向并经指导教师审核同意。

2. 题目确定后，需填写《毕业论文 (设计) 题目申请表》，报经所在学院毕业论文 (设计) 指导小组组织专家审定批准、通过方可列入毕业论文 (设计) 题目计划。

3. 论文原则上一人一题，要求独立完成。

4. 已经批准的本科毕业论文题目原则上不得随意更改，确实需要更换题目必须按相应程序审批。①

7.2.2 论文选题应考虑的因素

1. 选题是否符合专业培养目标

《× × 学院科毕业论文 (设计) 撰写与指导工作方案》的选题要求规定，论文“选题应符合专业培养目标的要求，体现专业特点，达到综合训练的目的，研究内容或设计力求有利于学生巩固、深化、扩大和消化所学知识，使学生在本科毕业论文 (设计) 中得到创新意识、科学研究能力的培养和设计能力的基本训练。选题应体现理论联系实际的原则，密切联系科研、生产、实验室建设或社会实际，促进产学研的结合，增加选题的应用价值。论文类题目应具有一定的理论和现实意义，有一定学术价值，设计类题目应具有实用价值，切忌脱离实际”②。与所学专业培养目标不吻合的选题，在论文题目申请时一

① AS 学院 2018 届本科毕业论文 (设计) 撰写与指导工作方案。

② AS 学院 2018 届本科毕业论文 (设计) 撰写与指导工作方案。

般是不会被批准的。

2. 自己的兴趣爱好

如果需要靠自己选题，作者应对所选择的论题具有浓厚的兴趣，把个人兴趣转化为可研究的问题。应结合自己的兴趣，自身的学术背景和条件，选择适当的题目。研究兴趣大多源于对日常生活中的矛盾、焦点问题和争端的好奇。如某学生在酒店实习实践中，经常遇到顾客投诉酒店的情况，于是产生了疑问，“为什么会产生投诉？”“投诉的原因是什么？”“容易产生投诉的问题是什么？”“哪一类顾客容易对酒店投诉？”“如何有效解决顾客投诉？”因而激发了研究兴趣。有了专业实践的积累，有内容可写，论文的选题也就确定了，还能保证研究的深入和全面。如果没有兴趣，勉强而为之，必定事倍功半。只有自己对选题感兴趣，才能使读者感兴趣。

3. 论文写作的目的是什么

要明确论文写作的目的，是要说明研究进展，还是对某一事件、形势进行分析研究。

4. 能否找到足够的参考文献。

资料是构成论文主体的基石，选题前就要先进行文献调研，其中真实可靠的材料和数据十分重要。以数据收集为例，选题前可通过搜索引擎，利用政府网站或机构网站、专题数据库、年鉴数据库等进行信息检索，看看是否能收集到论文用作论据的重要数据。有的数据需要自己通过调研获取。有的核心数据属于行业内的机密，或只对本单位管理层公开，要考虑自己调研的问卷是否有条件做到。

7.2.3 选题的来源

1. 来源于实习实践

瓦特见到水烧开后壶盖不停跳动，于是开始研究蒸汽动力，发明了蒸汽机，这是在生活中受到启发后入手进行研究获得的成果。对于本科生来说，可在实习实践中找选题。很多高校将学生毕业论文写作安排在实习和社会实践后进行，实习期间，有利于学生收集数据、案例等第一手材料，因此论文选题可结合实习经历，研究解决社会实践中存在的问题。如某学生在 XXX 迎宾馆前厅部实习期间，经常处理客人的投诉，收集了大量材料和案例，论文题目就选定为“浅析 ××× 迎宾馆顾客投诉及处理”，这是一种直接性的来源。

2. 来源于大量的文献阅读

学术研究强调要有问题意识，做学问的起点，始于能够发现问题，将问题转化为选题，因此平时要养成阅读和记笔记的好习惯。如果想要选某方面的选题，可将学界的成果下载下来，再找相关的文献一篇一篇地阅读，批判性地阅读，随手记录阅读的重点与自己的发现，即别人注意不到或忽略的问题，一一记录罗列，这样的选题来自平时自己对问题的总结，在前人理论总结的基础上提高升华，提炼出有价值的选题，作为研究的题目。这类选题是一种间接性的来源。平时阅读，包括阅读其他专业文献，会有意外收获。不同学科，不同文化，不同领域的交互的碰撞，会产生奇特的构想，有所创新[①]。例如笔者在撰写图书馆专业论文《文明是需要提醒的》时，曾阅读了大量弗洛伊德的著作，并根据弗洛伊德的“人格结构说”理论，对高校图书馆存在的不文明行为进行分析。因选题新颖，论文被核心期刊《图书馆建设》刊用。

3. 来源于自身对知识学习的领悟

学生在学习专业知识的过程中，会有自己感兴趣的某些课程、生活领域或生产领域的相关知识，深入学习后，会有对某个知识点的领悟，可作为选题的来源。

4. 来源于自己的研究领域和主攻方向

有的学生在大四之前，就已成功申报科研项目，有的参加挑战杯、互联网 + 大赛并获得各种奖项，有了一定的科研能力。有的学生参与导师的课题研究，论文选题即来源于导师课题的延伸。有的学生在准备考研过程中，已形成初步的研究方向。可根据自己的研究领域、主攻方向、知识水平、结合

① 张高评．论文之选题与规划 [J]. 书目季刊，2007（9）第 41 卷第 2 期．

自己的专业特长、研究能力选题。

5. 来源于对前沿动态的分析理解

选题要充分关注学术界的研究热点，找到学科领域最核心的东西。要想有好的选题，要了解研究领域最新成果，通过大量阅读学科前沿动态的文献，分析理解后选定研究选题。

6. 来源于网络

网络上有很多多元的观点，可在互联网上搜索与自己所学专业相关的论文选题或题目，下载自己感兴趣的论文参考题目并列成清单，看看别人的侧重点是什么，哪些选题适合自己，避免与检索出的论文题目相似。也可利用期刊数据库作为检索工具，限定时间范围，输入关键词查找自己感兴趣的论文篇名，受到检索结果的启发而选定论文选题。

7.2.4 选题的基本要求

1. 选题要新颖独特，富于创见

学术研究的目的，是学以致用，所以选题必须新颖实际。题目贵在有新意，新颖的题目才能在第一时间得到读者关注。一篇好文章应见别人之所未见，言别人之所未言。一方面要选择本学科亟待解决的课题，另一方面要选择本学科前沿的课题。选题前先进行信息检索，看看目前有没有人研究过类似的题目。该领域研究成果越少，说明该选题的研究价值越高。

何谓选题的创新性?

（1）别人未做过的。

（2）别人做过但未做出来的，即未解决的。

（3）别人做过但你认为结论不正确的。

（4）综合别人的观点进行文献综述，提出自己独到的见解的：综述性论文是在查阅某一专题大量文献的基础上，掌握别人对该问题研究的情况，就前人对该专题做过哪些研究进行归纳整理、分析和评价，指出继续研究的方向，反映作者的观点和见解。

2. 选题大小要适中

选题要在过于宽泛和过于狭窄之间找到平衡点。论文选题大小要适中，如果过于狭窄，其中蕴含的研究能量有限，只图抄短线，走近程方便，缺乏远景，不利于充分挖掘自身潜能。选题难度不宜过大，涉及面不宜太宽。选题越大，难度越大，所需时间越多，应尽量避免学科的综合选题。很多专家建议初学者选题“宜小不宜大”，“大处着眼，小处着手”。题目范围小，材料容易搜集整理，观点易于集中，往往可以从详细的研究而达到超越前人知识领域的创境。夏其模先生早年发表了论文《喜读“春夜喜雨”》，该文从诗的布局、修辞、语言入手，分析杜甫诗的特点。选题虽小，却将杜甫诗“博大精深”和“语不惊人死不休”的整体特点表现出来了，可谓”小题大做”。如果选题是“杜甫诗的语言特点”，涉及面和难度就大得多。题目太大，反而不易着手。

题目大小的决定，主要是依靠资料，资料之有无，又常随时间与空间而定。没有好材料一定做不出好文章。论文写作固然需要作者独到的见解，但最重要的是必须有充分的资料作为佐证，才能知道什么题目有足够资料可以写。选题过大，会导致开题报告看上去不切实际。由于学力不足，研究问题无法深入，自已毫无基础，毫无准备，论文写作容易面面俱到，没有分量。例如“中外旅游资源开发的比较研究”就比“某地旅游资源的开发现状分析”要难得多。

3. 选题宜近不宜远

选题的远近在这里主要指地域范围。如某学生论文选题为“中国赴越南旅游现状调查分析”，一方面是选题范围太大，加之该生虽在旅行社实习并担任导游工作，但从未有过带团到越南的经历，中国人赴越南旅游的调查数据无法统计。比如贵州籍的学生，选择与贵州相关的选题，胜过选择写北京上海相关的选题。写近，收集事实数据，进行论文问卷调研等要便捷和容易得多，易于把握。

4. 选题宜今不宜古

若非进行古代文献研究，选题宜今不宜古。例如写现代酒店管理方面的论文与写古代客栈经营管理方面的论文相比容易得多。如某学生论文选题为

“徐霞客黔游沿线旅游资源开发探析”，作者需查询徐霞客到贵州旅游的所有地点的古籍文献，还要具备良好的古文知识，难度会大得多。在此并非说不能写此类选题，而是指该类论文需要学生具有良好的古文功底，还要进行大量的文献调研。

7.2.5 选题的原则

1. 可行性原则

可行性，指选题一定要切合实际，要考虑自身专长。有的学生长于思辨，有的善于归纳总结。选题应难度适中，深度与广度兼顾。主观条件上要符合本科生知识、能力、水平等实际，满足本科毕业论文（设计）工作量的要求，保证学生经过努力能够在规定的时间内完成任务。客观条件即进行研究所需的条件，包括设备、资料、实验室条件、社会环境等能确保研究顺利进行的外部条件。

2. 创新性原则

选题应尽可能反映本学科领域的知识创新、方法创新、技术创新和理论思想创新，敢于突破传统理论定势。

3. 科学性原则

对于理论性课题，应有充足的事实和实验观测结果作为依据，选题应有严谨的科学理论和鲜明的客观事实作依据。对于应用技术研究课题的确定，必须有科学理论为根据。论文选题应符合科学规律。如永动机研究之所以失败，就是因为其违反了科学原理和科学规律。

4. 价值性原则

具有实用价值和现实作用。从选题的实用价值出发，解决在现实生活中遇到的实际问题。

5. 针对性原则

论文要就某一问题、某一现象进行研究，要突出思想性和应用性，研究问题针对性要强。

7.2.6 选题应注意的问题

1. 论文选题不允许与往届毕业论文题目雷同

有些学校的二级院系在学生选题前，会将往届学生的毕业论文题目电子版发给学生参考，目的是避免出现重复选题。如 AS 学院 2018 年某学生的论文题目选定为“湄潭茶文化旅游开发策略探析”，因与往届毕业生论文选题雷同，论文题目申请未获通过。

2. 经过开题答辩的选题原则上不允许变动

若确需改变选题和题目的，需经所在学院批准并报教务处重新备案方可变动。

3. 选题不能与标题混为一谈

选题是就某个研究范围而言，比标题宽泛，是论文命题的依据。标题是指论文的命题，是论文的眼目和“招牌”，从属于选题。如某届毕业班几名学生选择“民宿”方面的选题，拟定的论文题目有：“乌江源百里画廊民宿旅游发展分析”，“西江千户苗寨民宿客栈管理探析”，“屯堡民宿策划方案——以旧州古镇为例”等。

4. 应从自己的全面条件出发

应考虑自己的知识结构适合写什么东西，还要从个人的时间、研究能力出发进行选题。

5. 应避免选择具有争论性的选题

要尽量避免发展方向不明朗或是具有争议性的选题。这类选题参考文献较少，现有文献中可能会存在一些主观性的内容，无法保证学术研究的严谨和客观。不符合伦理规范的选题是不会被批准的。如某学生的选题与“导游的灰色收入”有关，因而未获通过。

6. 避免高度技术性的题目

虽然学术研究的重要目的，是要探索新知识，开辟学术研究新领域。但是本科生的专业水平相对来说较低，对于高难度技术性的题目，所具备的知识难以胜任这类研究，应量力而为。作为普通学生，勉力而为之，充其量只能拾人牙慧，对课题研究深度不够，只有一些肤浅的心得。此外，选题太新、太专，是无法找到参考资料的。参考资料少，将难以开展研究。

检索练习 1

1. 使用搜索引擎和期刊数据库，检索自己感兴趣的论文选题，比较两种检索方法、检索结果的不同之处。

2. 试用国研网统计数据库和政府官网，查询自己感兴趣选题的统计数据。

■ 7.3 毕业论文的开题报告

7.3.1 什么是开题报告

开题报告是指以书面形式，将毕业论文所涉及的内容呈现出来的一种文字说明材料，是学生完成文献调研后写成的关于论文选题与如何实施论文写作的论述性报告。是毕业论文研究问题的总体计划和论文初稿的一部分，也是用来判断学生综合学术能力的重要依据。简言之，开题报告就是要解决毕业论文怎样写的问题。

开题报告由选题的目的和意义、研究方法、论文提纲等，组成一个逻辑性很强的完整的论证链条，为开展下一步的研究提供理论依据。学生需就上述问题向开题答辩委员会进行陈述，证明自己提出的选题具有研究价值。答辩委员会根据陈述、提问及综合评议情况，评判学生的写作、逻辑和分析问题能力，确定是否批准这一选题。因此论文开题报告要围绕研究的主要内容，拟解决的主要问题，研究步骤、方法及措施进行撰写。毕业论文开题报告的格式各高校要求不一，大多为表格形式。

7.3.2 开题报告的作用

1. 体现研究价值

论文的研究价值会在开题报告中体现出来。在开题报告中要求明确指出与毕业论文选题相关的理论有哪些，核心概念是什么。指导老师就会通过研究现状评述中列举的理论依据、研究方法、资料使用等情况来判断选题的研究价值。如果有研究价值，就可以着手论文初稿写作了。

2. 开题报告是一个完整的详尽的研究计划

开题报告实质上是一个报请学校批准的研究计划，是对选题的论证和设计。包括了研究的范围，从选题的可行性分析、研究目标、研究方法到论文提纲、时间进度计划整个过程，阐述将要进行研究的原因和将如何开展工作，预期的结果。进一步明晰研究思路，完善研究方法。通过开题报告，可判断研究的重要性、可行性及效率。指导教师则通过学生的开题报告，了解和判断学生对下一步论文写作的准备情况。

3. 开题报告是展示学生学术能力的证明

通过撰写开题报告，可反映学生对研究课题的了解程度，显示学生收集典型个案、采集数据和信息检索的能力，阅读文献的广度和深度，对文献的理解和利用情况，对研究方法和写作技巧的把握程度，证明从事研究工作的能力。

4. 开题报告可视为学生与所属学院的一份契约

开题答辩，就是请指导教师及专家们为选题是否有研究价值把脉。答辩委员会就题目大小是否合适，研究方法是否奏效，论证逻辑有没有明显缺陷等问题提出意见和建议。

开题报告一旦通过答辩委员会的批准，可视为学生与所属院系的契约成立。在接下来的写作中，学生基本上应按照已通过的开题报告，论文题目，研究时间进度计划等开展调研，进行论文撰写。一方面便于指导教师为学生论文写作提供帮助和指导，以期提高学生的论文质量。另一方面便于所属学院监控学生是否按时间计划完成写作任务。[①]

7.3.3 开题报告的基本内容

开题报告的基本内容由“毕业论文（设计）题目申请表”和“毕业论文(设计)开题报告”组成。

1. 题目申请

在提交开题报告前，学生要先填写“毕业论文（设计）题目申请表”。该申请表是学生向所属学院提交的论文具体标题的申请，在该表格中，需明确题目的类型是毕业论文，还是毕业设计。

论文题目是论文研究内容的高度概括，题目要新颖、简洁。通过题目，人们基本能了解论文要解决什么问题。提交题目申请时，要对选题的可行性进行分析。

●选题可行性分析

表明作者是否具备搜集文献并分析数据等能力，是否获得了足够的资源。应陈述本选题的相关背景，选题提出的理由和过程，对自己实际上可以使用哪些层次的资源做出初步估计。时间、精力是否有保障。要说明清楚，为什么很多学者写过类似选题的论文，自己为什么还要写这篇文章，自己要研究的问题有何研究价值。自己的观点有哪些可行性，如经济可行，或政策可行等，目的是使人相信作者有能力完成论文写作任务。下面将以某校本科毕业论文（设计）题目申请为例进行分析。

① 大卫·克拉斯沃尔，等．怎样做开题报告——给教育、社会与行为科学专业学生的建议[M]．焦建利，等，译．上海：上海教育出版社，2015：18-19.

表 7–1 AS 学院本科毕业论文（设计）题目申请表

<table>
<tr><td rowspan="4">题目情况</td><td>题目名称</td><td colspan="3">GZ 省自由行市场发展的思考与对策</td></tr>
<tr><td>学生姓名</td><td>YQ</td><td>学号</td><td></td></tr>
<tr><td>题目来源</td><td>A. 实 验　B. 实习实践　C. 社会调查
D. 作品展示 / 毕业会演　　E 其他</td><td colspan="2">A. 学生自拟
B. 教师推荐</td></tr>
<tr><td>题目类别</td><td colspan="3">√A. 论文　　B. 设计</td></tr>
<tr><td>选题可行性分析</td><td colspan="4">一、随着 GZ 省旅游市场快速发展，来 GZ 的旅游者出游方式呈多样化。GZ 旅游发展起步较晚，自由行市场对 GZ 省来说是一种新的旅游经济增长点。加快自由行市场的开发与发展，对于丰富发展 GZ 省的旅游市场具有一定意义。当前，GZ 省接待外来旅游者的方式以传统的旅行社团队接待方式为主。积极完善 GZ 省各方面的旅游服务设施，拓宽自由行方式的客源市场，能有效促进旅游朝着旅游享受品位化、旅游线路精品化、旅游服务个性化方向发展，为 GZ 社会经济发展带来更大的经济效益和社会效益。
二、笔者结合自身在 GZ 旅游服务公司进行为期 7 个月的实习实践经历，切实了解 GZ 省旅游市场快速发展的状况。该选题针对 GZ 省自由行市场的发展进行分析和思考。
三、笔者大学所学专业为旅游管理，学习了本专业相关的理论知识，结合实习实践，为选题研究奠定了基础。
四、AS 学院图书馆的相关书籍、数据库资源和电子阅览室给笔者的研究提供了良好的条件，有利于开展本选题的研究。</td></tr>
</table>

1. 例文分析

YQ 的论文题目是“GZ 省自由行市场发展的思考与对策”。题目类别为“A. 论文”。从选题可行性分析中可见，选题来源于实习实践的亲身体验。该生曾在 GZ 旅游服务公司实习长达七个月之久，通过实习调研了解的情况，结合所学专业理论知识，学校可提供文献资源和硬件条件保障几个方面，陈述了选题的可行性。

指导教师利用 CNKI《中国学术期刊（网络版）》为检索工具，以“自由行市场”为检索词进行精确检索，篇名字段的检索结果为零。以“自由行”为检索词扩大检索范围，检索结果 133 条。查阅文献，已发表的研究成果与 YQ 同学选题研究的角度不同，该选题具有一定的理论价值和现实意义。鉴于该生虽在GZ旅游服务公司实习，但其实习带旅游团的线路以AS市所辖景区为主，收集的素材、案例及数据也与AS市相关。如果选题以“GZ省”为研究对象，需扩大材料收集和调研范围，收集全省各地州市旅游景区与自由行市场相关的数据和案例，选题范围过大，时间及精力无法保障。指导教师建议，最终将题目改为“AS市自由行市场发展的思考与对策”，选题的可行性分析也结合AS市自由行市场进行了修改。

2. 开题报告

毕业论文开题报告都有基本格式，但不同高校对开题报告的格式要求略有不同，应以学校提供的模板为准。本研究以AS学院开题报告模板为例，该报告框架主体部分包含的内容主要有：选题的目的和意义、研究现状评述、拟研究的目标和主要内容、研究的主要方法、手段和途径及研究进度计划、论文提纲、开题报告主要参考文献几个部分组成。

（1）选题的目的和意义

●选题的目的

选题的目的，就是要说清楚论文研究的内容是什么，为什么选这个题，做这项研究的原因，问题提出的缘由，有什么依据，想解决什么问题，有什么价值。简言之，即对为什么研究进行说明，解释选题或者研究的理由。重在阐述论文拟解决学界的哪些问题，在理论上将得出什么结论，提出了什么新观点。对为什么选这样一个题目，自己在论文写作中想要达到什么目的，研究可能产生的结果进行论述。

●选题的意义

顾名思义，即选题研究有什么意义。可细分为理论意义、现实意义或实践意义等，应分开来写。理论意义指通过课题研究，解决了哪些理论问题，重在表明论文选题对理论研究有哪些贡献，是继续本领域的研究，发现了别人有什么不足或研究空白，还是对理论有所发展或创新，指出课题研究的学术价值。实践意义，即指出现实中存在的问题，该课题研究对实践具有哪些帮助和指导，该研究可能产生的有益结果，是否具有可借鉴和推广应用的作用，如“为解决 XX 问题提供参考”等。下面以 HX 的范文为例进行分析。

表 7–2　选题目的和意义范文

选题目的和意义	一、选题目的：本选题通过对黄果树景区与当地居民关系现状的了解，分析影响旅游景区发展的一些因素，特别是当地居民对景区发展的影响，以及景区发展对当地居民的生活、经济方面产生的影响。针对景区与当地居民之间出现的问题提出解决办法，旨在使景区与当地居民之间的关系得到些许改善，为景区的发展提供可资借鉴的参考，使景区步上更好的发展平台。 二、理论意义：通过对国内外研究理论成果的学习，发现目前对旅游影响方面的研究数不胜数，但国内外的研究侧重点确有所不同。国外注重理论方面的研究，而对于实地调查、个案的研究处于薄弱环节；国内则着重个案研究，对于理论的分析较少；目前，在景区的发展与当地居民关系方面的研究较少。所以本文就这一问题进行研究，综合国内外的研究观点，将国外的理论运用于黄果树景区的研究中，借鉴国内的个案研究方法，使文章得到理论上的支撑，为景区与当地居民之间的关系问题进行分析。 三、实践意义：旅游景区是旅游业发展的核心要素，是旅游业发展的关键，同时也是旅游者“游”和“娱”需求实现的物质载体。所以，旅游景区的发展成为当前旅游业的重点，旅游发展所带来的影响，特别是对当地居民的影响，及其当地居民对旅游景区发展的影响成为当前关注的焦点。本文通过对黄果树景区与当地居民之间的相互关系了解，就其中存在的问题进行分析，提出相关对策，使旅游景区与当地居民的关系更加融洽，以此来促进景区的发展。

例文分析 2：

HX 的论文题目是“景区与当地居民关系浅析——以黄果树景区为例”，该选题以其实习实践地黄果树景区为研究对象。选题的目的，介绍了选题的背景，为什么研究，指出拟研究和解决的具体问题，分析当地居民对景区发展的影响，以及景区发展对当地居民的生活、经济方面产生的影响，并提出解决的对策建议。

论文的意义在于创新。HX 将选题的意义分为理论意义和实践意义来写。理论意义方面：该生通过阅读大量文献资料，发现国内外学者在研究景区与当地居民关系方面，“国外注重理论方面的研究，而对于实地调查、个案的研究处于薄弱环节；国内则着重个案研究，对于理论的分析较少；目前，在景区的发展与当地居民关系方面的研究较少”，指出国内外类似选题方面侧重点的不同及存在的薄弱环节，拟“将国外的理论运用于黄果树景区的研究中，借鉴国内的个案研究方法，使文章得到理论上的支撑”，陈述了研究的理论价值和学术价值。充分展示了对文献的理解和利用，表明论文选题对理论研究的贡献。

实践意义方面：说明了论文研究在实际中的现实意义，通过研究可能给黄果树景区当地居民带来的实际价值，“本文通过对黄果树景区与当地居民之间的相互关系了解，就其中存在的问题进行分析，提出相关对策，使旅游景区与当地居民的关系更加融洽，以此来促进景区的发展”，说明了这个题目对现实有什么意义等。

（2）研究现状评述

研究现状评述即“国内外研究现状”，也称文献综述。文献综述是一种文献信息调研报告，又是学术论文的一种形式。它是通过全面系统地搜集某一特定研究领域的大部分相关文献资料，并在阅读、理解、分析、比较、归纳的基础上，对该课题的发展过程、发展趋势及存在的问题等，进行全面介绍、综合分析和评论，重点论述当前与本课题相关的国内外研究现状，目前存在的争论焦点是什么等。

首先在大量阅读文献并进行文献调研的基础上，对与选题相关的已有知识进行梳理和综合分析，对所写论文选题有关资料中的主要观点进行归类整理，回顾已发表的成果或前人经验，并对前人的主要观点进行概要阐述。综述别人在本研究领域的成果，表明研究背景的产生。某一特定问题对自己有何启示，哪些问题已解决，哪些问题尚待解决，该选题的研究现状对自己的研究有何潜在意义。自己的见解是什么，在哪些方面对现有成果有所超越，如何拓展别人的思想，将如何为这一领域贡献新知识，并对所提出的研究问题进行论证。研究现状评的内容包括论题的发现，作者的观点，对研究问题的回答等。文献综述，应有综、有述、有评论，评述结合。

①研究现状评述撰写的目的

一是考查学生利用网络搜索引擎和图书馆数据库资源进行信息检索的能力。二是使学生了解别人在与自己选题相关领域的研究成果，以利于下一步的研究。三是通过撰写国内外研究现状，可以考查学生是不是阅读了大量的相关文献，或间接考查学生阅读参考文献的情况，是否有能力将文献中的思想转化为自己思想的一部分。四是考查学生在自己选题范围内，对别人研究成果的理解和把握程度，展示学生对前人研究和研究方法的充分了解，考查学生分析文献、利用文献的综合能力。

②如何撰写研究现状评述

研究现状评述撰写的主要程序：

选题主题→文献信息检索→展开论证→文献研究→文献批评→综述撰写

●根据自己确定的选题，进行信息检索

首先要解决查什么和怎么查的问题。利用搜索引擎，如百度、搜狗等，输入关键词查阅相关最新信息、资讯，或国内外相关网站。有的网站提供免费数据库，方便学生在外实习期间的资料收集。有的搜索引擎还有翻译功能，对查阅外文文献有很大帮助。还可利用电子数据库，如知网、维普、万方、超星期刊等数据库检索资料。专业数据库检索到的每篇论文有内容提要，文后有相似文献链接，对学生快速浏览文献，扩大检索范围有帮助。

●大量阅读文献，进行文献调研

撰写开题报告时，不是每个人都会认真阅读大量资料或书籍，如果不了解别人的观点，自己又如何提得出独到的见解呢？如果阅读后发现别人的成果数量已很多了，成果可观，勉强而为，重复研究，又如何能有所创新而不拾人牙慧？大量抄袭他人成果，没有自己的研究和见解，没有研究价值，因此应有所侧重。

确定研究方向后，要认真精读从网络上和图书馆收集到的文献，特别是经典综述，数据库资源中的高被引文献等。自己阅读过的与课题有关的国内外文献资料有哪些，是谁最先研究本课题，作者是谁，文献标题是什么，刊载文献的出处。在大量阅读其他文献的基础上，特别是要在他人研究的基础上，发现尚有值得研究的空间，有哪些理论拓展空间或研究价值。要找到可信的证据来建立自己的论据，准确传递自己的研究内容。通过文献综述，可证明自己掌握了大量文献资料，并能有技巧地写作。

●对相关类似的观点进行分类、归纳整理

说明这些观点与自己的研究的关系，选取具有代表性作者的观点，用学者的观点支撑自己的研究。简要介绍课题研究的发展，现在研究的主要方向，对现行研究的主要观点进行概要阐述。

●分析国内外研究的现状和不足之处

技术方面有哪些不足，研究方面有哪些不足或缺点，有哪些理论或技术问题没有解决。指出哪些方面未涉及，是否有研究空白。现有的研究中尚有不深入之处是什么，或在研究方法上存在什么缺陷等等，并就指出的问题进行论证。与自己选题相关，别人做过的，可借鉴参考，取长补短。已有的成果有哪些，自己的见解或创新点是什么，拟解决哪些问题。既借鉴前人的研究，在类似研究中学到的经验，同时又要高于前人的研究，阐述自己如何丰富前人的成就，如何弥补过去研究的不足。

●简要介绍该选题的发展趋势

即本课题领域多数学者意见和比较统一的看法，一些新的观点的评价，课题未来的发展趋势等。

③研究现状评述写作应注意的问题

学术研究的价值是创新，因此研究现状评述中的文献应如实反映当前某一领域的学科前沿，最新进展和学术见解。展现最新成果，应避免过期文献的引用。开题答辩时，发现很多学生不懂如何查找近期文献，检索文献时不知道如何限制文献的起始年限，导致检索到的文献年代久远，所引用文献过于陈旧。

收集文献应尽量全面，引用文献要具有代表性。引用的数据应来源于正规的数据平台，如机构、数字化平台或政府官网等，数据要真实可靠。数据采集也是信息检索的一种能力，不能凭自己的主观意愿任意修改数据或素材，为自己的观点服务。有的数据采集会有一定的难度，如撰写导游方面的论文会涉及导游的薪酬、内部管理等情况，一般来说旅行社不愿公开内部财务信息。有些描述性研究论文的焦点会在数据收集的过程中逐步呈现，如实习期间案例、数据的收集。有的实习单位提供给论文作者的数据不一定是真实数据，有的机构不同意未经许可进入其数据库采集数据，如星级酒店的内部管理系统等。所以回归到论文选题上来，要充分考虑研究对象是否愿意配合自己的调查。

要充分了解国内的现状，对国外整体现状也要有基本的了解。充分了解国内外现状相互之间的关系，它们之间的优势和劣势有哪些。

撰写研究现状评述时，很多学生花费大量笔墨叙述别人的成果，简单地罗列作者的观点。别人写得多的，因有现成的参考文献引用，则详写，而别人研究成果少的，则略写。没有创见，无独立思考。有的综述声明“弥补了这一块的空白”或“目前尚无人研究过”。学术研究大多建立在前人研究的基础上，极少有研究是从零开始的，以上表述，以本科生的知识水平和研究能力基本上是做不到的。

如果进行信息检索时，没有与选题直接相关的文献，可扩大检索范围，选择与选题相近的参考文献。例如某学生论文题目为“浅淅 XXX 国际会议中心人力资源管理”，该生利用 CNKI、维普、万方数据等检索，与“会议中心”相关的研究成果几乎是建筑设计或景观设计方面的，只检索到一篇基本符合论文选题的文献。该国际会议中心虽是一个相对独立的部门，但属于某酒店所管辖的一个重要部门，因此可采用模糊检索方式，将检索范围扩大到酒店的人力资源管理，或查询会展中心的相关文献。此外各高校图书馆设有参考咨询部，能为读者提供专业的文献咨询服务，当出现检索困难时，可请求参考咨询部老师的帮助。

本人对他人的文献分析完了，要对现有知识进行总体评价，并明确表明自己的观点是什么，提出一些自己的看法。不能将研究现状写成选题本身的现状。

研究现状评述所引用的参考文献与开题报告列出的参考文献不对应。往往在文献综述中引用了某篇文献的观点，但在列出的参考文献中却看不到这些文献，出现两张皮现象。第一种情况是人为省略参考文献，第二种情况是在网上抄袭某个观点，而不知该观点出自哪一篇参考文献。参考文献应确实是作者阅读过的，而不应随心所欲地随便罗列，应忠实于原文文献内容。引用他人观点，可间接考查学生是否阅读了一定的参考文献。

不知道如何进行文献综述。综述不宜写得太少或写得太多。如果写的少，说明查阅的材料少，不具有说服力。如果太多则说明没有归纳，只是简单机械的罗列他人观点。有的学生将研究现状写成课题本身的现状。研究现状评述的字数一般在 2000 字左右。

（3）拟研究的目标和主要内容

① 研究目标

研究目标指课题探究的内容和要达到的目的是什么，即为什么研究，拟解决哪些具体问题，就研究意图进行说明。研究目标是对研究内容的高度概括，包括理论目标和实践目标，即论文将达到的预期效果。研究目标相对于研究内容来说较为宏观，具体指出论文的重点是什么，存在的问题及对策，包括阶段目标和最终目标。要求目标明确，内容具体，清楚地规定出研究任务。切忌目标定得过高，扣题不紧，用词不准确。

② 主要内容

即研究范围、研究对象和研究内容，指实现研究目标所要进行的具体研究内容，是细化了的研究目标。具体要研究什么东西，内容要详细，每一步将怎么开展，可行性与创新性，要一条一条列举出来，具有可操作性。内容要一针见血，让人明白自己要写的是什么。

（4）研究的主要方法、手段和途径及研究进度计划

① 研究的主要方法

进行研究所采用的主要方法，是将研究问题转化为项目的行动，从操作

层面将课题研究落到实处，比如文献分析法、问卷法（传统问卷、网上问卷）、调查法、个案法、统计法、实验法、比较研究法等，可以视具体情况而定。根据课题的实际情况，指出该课题研究将如何进行，并用简短语言概述拟采用什么研究方法，说明使用该方法的优点，不一定面面俱到。

② 研究手段和途径

说明收集什么数据、材料、典型个案或文献搜集的步骤、方法和途径。一般来说研究是从基础问题开始的，分阶段进行。

③ 研究计划进度

制订工作计划，提供论文写作所涉及的详细时间安排，如开题报告撰写、开题答辩、论文初稿、中期检索直至论文定稿等整个研究过程。精心制订研究计划，将研究过程分解成很多步，在特定时间段按计划完成特定的研究任务，为工作目标设定最后期限，看起来可行，又可使研究过程中少犯错误。

（5）论文提纲

论文提纲是带有主标题和次标题的书面主题框架，是对主题的前期思考。要求符合格式和规范，符合逻辑，层次分明。

开题报告中拟定的大纲。它关系着以后论文能否顺利写下去。因此要多与指导老师沟通，最好能拟定详细提纲。①写出主题句。②撰写内容纲要：写出上位论点、下位论点、段中材料。③注意过渡照应。

（6）开题报告主要参考文献

开题报告中引用的参考文献清单。参考文献理科论文一般不低于 15 篇，文科论文一般不低于 20 篇。有的学校无论理科论文还是文科论文，均要求参考文献不低于 20 篇。

7.3.4 开题报告中最常见的问题

1. 缺乏积累和知识与经验的储备，发现不了问题，或者不能准确地提出自己的研究问题，不会对拟研究的问题进行分解。

2. 在描述研究方法与过程时，仅仅简单罗列一些研究方法的名称。方法的使用说明不完整，无法与研究内容对应，缺乏对研究的细致设计和周详考虑。

3. 对研究计划中可能涉及的情境、研究工具、研究过程、具体收集数据的方法以及如何处理和加工收集到的数据等细节问题缺乏了解。①

4. 论文提纲中存在的问题：①论文提纲太简单，看不出作者要写什么。②题目与提纲的关系不大，提纲的整体框架缺乏逻辑联系，提纲中的小标题与论文题目完全重合。③问题与对策应一一对应。对策是针对问题展开的，往往提纲中没有提出问题，却给出了解决问题的对策。有的小标题中列出存在的问题有四个，解决问题的方法和对策建议却只有三条或两条，对策建议不具有可操作性。④提纲没有紧扣论文题目，论文提纲不规范，小标题以几句话或一段话来表述。

5. 参考文献中，出现大量引用过期文献的情况。参考文献不规范。有的学生罗列了大量英文文献，自己却没有看过。参考文献过少。上述问题会使答辩老师质疑其研究能力和研究结果的可信度。

6. 开题报告的重要部分应让读者一目了然。对于开题报告中的重点部分，可用下划线、分段，空格或黑体字标示等方式突出重点。

7. 开题报告写完后，要带着审视的眼光重新阅读一遍，确保前后衔接。

7.3.5 开题答辩

开题答辩是学校进行论文全面审核的一种形式。一般由 3 名或 5 名相关学科的专家组成一个答辩评委小组。

1. 答辩委员会通常关心的问题

（1）能否在学校规定的时间内完成研究，时间安排是否合理。

（2）选题是否过大，是否有完成研究的能力。

（3）如果涉及收集数据，是否能得到真实可靠的数据。

---

① 大卫·克拉斯沃尔，等. 怎样做开题报告——给教育、社会与行为科学专业学生的建议[M]. 焦建利，等，译. 上海：上海教育出版社，2015.

（4）是否能获得研究所需的资源，如实验室设备、资料等。

2. 开题答辩一般会问什么问题

（1）选题的来源是什么？

（2）选题的原因是什么？

（3）论文的创新点在哪里？

（4）通过研究发现了什么问题？

（5）论文的主要理论基础是什么？

（6）论文的主要内容是什么？

（7）选题的目的和意义是什么？

（8）论文将采用哪些研究方法？

（9）论文框架结构的安排？

3. 开题答辩流程

（1）通过抽签决定答辩顺序。

（2）答辩学生对开题报告进行5分钟以内的陈述（如果答辩要求进行PPT汇报，要提前准备）。陈述内容包括论文题目，研究的目的，论文的创新点，拟解决的问题和拟采用的方法，时间进度安排，文献综述等。

（3）学生陈述结束后，主答辩评委提问，其他评委补充提问，进行点评。

（4）学生需认真听取答辩评委的意见。应提前准备纸笔，记录答辩评委老师提出的问题，或答辩老师要求修改开题报告的内容。答辩通过的同学应认真按开题报告的计划安排完成各阶段工作。有部分同学需根据答辩老师的要求，对开题报告的题目、文献综述、论文提纲等进行修改方能通过答辩。答辩未通过的同学，应根据答辩老师提出的问题，与各自的指导老师协商，修改开题报告，准备第二次答辩。答辩通过的同学，方能进入毕业论文（设计）撰写阶段。

（5）答辩结束，答辩评委老师评定成绩，答辩秘书做好开题答辩记录。

检索练习2

1. 如何避免检索到过期文献？举例说明，并简述检索过程。

2. 利用检索实例，说明选题的技巧。

3. 根据检索结果，可分析出哪些选题研究的人比较多，哪些选题研究的人比较少？举例说明。

7.4 毕业论文撰写规范

7.4.1 毕业论文的基本结构

毕业论文的结构，是论文的骨架。以 AS 学院为例，毕业论文基本结构由题目、摘要、关键词、目录、正文、参考文献、附录、致谢等组成。基本要求如下表 7–3。

表 7–3 AS 学院本科毕业论文撰写要求简表[①]

题目	应简洁、明确、有概括性，字数原则上不宜超过 20 个字。
摘要	要有高度的概括力，语言精练、明确。同时有中、英文对照，中文摘要要求 200 ~ 300 个字。
关键词	从论文标题或正文中挑选 3 ~ 5 个最能表达主要内容的词作为关键词，同时有中、英文对照，分别附于中、英文摘要后。
目录	生成目录，标明页码。
正文（毕业论文）	前言（引言）是论文的开头部分，主要说明论文写作的目的、现实意义、对所研究问题的认识，并提出论文的中心论点等。 本论是论文的主体，包括研究内容与方法、实验材料、实验结果与分析（讨论）等。在本部分要运用各方面的研究方法和实验结果，分析问题，论证观点，尽量反映出学生的科研能力和学术水平。 结论是论文的收尾部分，是围绕本论所作的结束语。其基本要点就是总结全文，加深题意。

① 根据“AS 学院 2018 届本科毕业论文（设计）撰写规范”整理。

（续表）

正文 （毕业设计）	前言（引言）：说明本设计的目的、意义、范围及应达到的技术要求；简述本课题在国内外的发展概况及存在的问题；本设计的指导思想；阐述本设计应解决的主要问题。 本论：①设计方案论证；②计算部分；③结构设计部分；④样机或试件的各种实验及测试情况；⑤方案的校验。 结论：概括说明设计的情况和价值，分析其优点和特色、有何创新、性能达到何水平，并指出其中存在的问题和今后改进的方向。
参考文献	在毕业论文（设计）末尾要列出在论文（设计）中参考过的专著、论文及其他资料，所列参考文献应按文中参考或引证的先后顺序排列。
注释	在毕业论文（设计）写作过程中，有些问题需要在正文之外加以阐述和说明。
附录	对于一些不宜放在正文中，但有参考价值的内容，可编入附录中。例如，公式的推演、编写的算法、语言程序等。
致谢	简述自己通过写毕业论文（设计）的体会，并对指导教师和协助完成论文（设计）的有关人员表示谢意。

1. 题目、摘要、关键词、目录

（1）题目

又称标题。好的标题要简单明了，有独特的魅力，能提挈全文，引人注目。准确概括全文的中心内容，交待清楚论文要研究的问题和对象，使人在阅读标题时基本了解文章的大致内容。据美国广告专家调查，阅读标题的读者是阅读文章读者的 5 倍。在我国，多数人不会从头到尾按文章的顺序阅读，阅读习惯是先看标题，阅读顺序一般为：标题→关键词→摘要→结论→论文。论文题目要与研究内容一致，不宜太大或太小。标题应与内容相符，文字简洁，不能太长。若标题无法概括全文主要内容的，可加附标题补充。如“特殊教育学校家长参与家校合作现状调查——以 GD 特殊教育学校为例”。不含副标题字数，题目总字数原则上不得超过 20 字。题目结构一般为：研究区域 + 研究对象 +（研究方法）+ 研究内容，或研究对象 + 研究问题。

学生选定的题目上交后，所属院系还要组织论文评审小组讨论，从题目是否符合专业培养目标，题目大小是否适宜，往届学生是否写过等方面审定。

有的要求重新选定题目，有的要求修改调整。以下列举论文评审小组对某届论文题目的评审建议。

示例1：

原论文题目“贵州苗族银饰旅游商品销售策略探析”。该题目范围过大，包含的内容过多。如果要写好这篇论文，需对贵州省苗族银饰旅游商品销售情况进行调研，六千字左右的论文无法阐述清楚。应缩小研究对象，将范围缩小到某个市或地区来修改。修改后的题目为“××地银饰旅游工艺品销售技巧探析”。

示例2：

原论文题目“大小七孔景区捆绑式营销策略探讨”，该题目未说清大小七孔景区在什么地方，捆绑式营销的表述不准确。经讨论题目修改为“贵州大小七孔景区组合式营销策略探析”。

示例3：

原论文题目“中国赴X国旅游现状调查分析”，论文评审小组认为，题目太大，看不出论文要写的内容是什么。如果论文是对中国旅客赴X国旅游现状的调查，作者无法获得调查数据。该题目未获通过，要求重新换题目。

（2）摘要

摘要主要包括研究目的、研究对象、研究方法和研究结果、所得结论、结论的适应范围等6项内容，重点是研究对象和研究结果。摘要是论文主题内容的高度浓缩和概括，是论文主要内容的摘录，它用有限的文字对论文涉及的问题作简要描述，通过阅读文摘，基本能获取全文的主要信息。如EI收录的文章，其摘要部分可取代全文阅读。摘要应考虑有没有包含论文中所提供的某些材料，是否与论文中各部分的比例一致。毕业论文摘要有中、英文对照。中文摘要字数一般在200~300字之间。要求文字清楚简练，内容完整，有高度的概括力，与论文具有同等的信息量。

根据1987年6月1日实施的《文摘编写规则》对编写文摘的注意事项作出规定，原文引用如下。

●要客观、如实地反映一次文献，切不可加进文摘编写者的主观见解、解释或评论。如一次文献有明显原则性错误，可加“摘者注”。

●要着重反映新内容和作者特别强调的观点。

●要排除在本学科领域已成常识的内容。

●不得简单地重复题名中已有的信息。

●书写要合乎语法、保持上下文的逻辑关系，尽量同作者的文体保持一致。

●结构要严谨，表达要简明，语义要确切。一般不分段落。

●要用第三人称的写法。应采用“对……进行了研究”“报告了……现状”“进行了……调查”等记述方法标明一次文献的性质和文献主题，不必使用“本文”“作者”等作为主语。

●除非该文献证实或否定了他人已出版的著作，否则不用引文。

●要采用规范化的名词术语（包括地名、机构名和人名）；尚未规范化的词，以使用一次文献所采用者为原则。新术语或尚无合适汉文术语的，可用原文或译出后加括号注明原文。

●商品名需要时应加注学名。

●缩略语、略称、代号，除了相邻专业的读者也能清楚理解的以外，在首次出现处必须加以说明。

●应采用国家颁布的法定计量单位。

●要注意正确使用简化字和标点符号。①

示例 4：

《XS 县土城古镇文化开发现状分析》一文摘要原文：

古镇文化是介于城乡之间的特殊社区，在历史上具有重要的地位和特殊功能，好的古镇已经成为历史的“活化石”和珍贵资源，而古镇文化又是古镇的灵魂，在我国经济飞速发展的今天，古镇文化也在不断发展，在带来经济利益的同时，对古镇原有的古风古韵也有一定的破坏性，所以我们在开发

① 中华人民共和国国家标准《文摘编写规则》【UDC 014.1/.5(083.73) GB 6447 — 86】[S].

的同时更要保护，不能只重视理论方面，要理论与实践相结合，积极应对城乡一体化进程中开发建设对优秀古镇文化的破坏性问题。古镇文化的开发和保护有利于文化的传承和发展，有利于延续祖辈们留下来的珍贵历史文化遗产，有利于保护古镇历史文化环境，更有利于古镇展示给世人，让人们看到古镇的美和存在的价值。所以，我们应该对每一个古镇历史文化进行深入的挖掘和研究，真正揭示古镇文化的特色、价值、精华和魅力所在。

摘要是对论文的简短陈述，必须结合论文内容来写。但该摘要看不出与XS县有什么关联，不知道论文要研究什么，通过研究要达到什么目的。抄袭现象严重。

修改后的摘要：

在我国经济飞速发展的今天，古镇文化也在不断发展，在带来经济利益的同时，对古镇原有的古风古韵也有一定的破坏性，所以在开发的同时更要保护。本研究通过文献研究法、实地考察法和访谈调查法对XS县古镇文化开发现状分析。土城古镇文化开发存在一些困难，主要面临三大困难：商业化导致旅游旺季承载量过大；文化旅游景点较单一，设施不够完善；当地人民对古镇文化的了解不深入。因此，提出政府部门应该建立健全相关政策，开发出相应的景点；加强XS县土城古镇文化的宣传力度；对古镇历史文化进行深入的挖掘和研究，真正揭示古镇文化的特色、价值、精华和魅力所在，坚持走出去，引进来。

虽然摘要中仍有一些没用的话，如“在我国经济飞速发展的今天”“坚持走出去，引进来”之类的话，但通过摘要基本可以看出文章的主要内容，研究方法和写作目的。

示例5:

《文化保护与经济发展冲突背景下图书馆目标价值的取向——阿尔伯特·卡恩“地球史料馆”给予我们的启示》一文，原摘要为：

本文对文化保护与经济发展冲突背景下图书馆目标价值的取向进行探讨，

指出经济发展更多的只是追求短期效应，从某种角度说是导致传统文化消亡的主要原因。图书馆的主要职能是保存人类文化遗产，利用文献资源为当今及未来的社会发展服务。文章提出建立影像资料库对动态及静态的传统文化资源进行永久保存的建议。

修改后的摘要为：

文化保护与经济发展冲突背景下的图书馆目标价值取向是以保存人类文化遗产为重要使命，利用文献为当今及未来的社会发展服务。阿尔伯特·卡恩的“地球史料馆”的设立为建立影像资料库，保存传统文化打开了思路[①]。

修改后的摘要根据《文摘编写规则》规定删除了“本文” 作为主语的表述，以简洁的文字点明“目标价值取向”的内容，更加简明扼要。

（3）关键词

指出现在论文的标题、副标题、文摘、正文中，具有实质意义的、最能表达和描述论文主题内容的词语。关键词是全文的重要词组，也是计算机编制关键词索引的重要组成部分。关键词直接采用自然语言作检索标识，一般对自然语言中大量存在的等同、同义等关系未经规范化处理，在检索时往往不可能把表达某一概念的全部等同关系词都考虑到，因此，漏检的可能性比较大。关键词一般为 3~5，中、英文对照，附于摘要后。

示例 6：

以 CNKI 为检索工具，以“导游服务”为检索词，时间不限。

检索条件为篇名 / 精确检索，检索结果 8960 条。

检索条件为关键词 / 精确检索，检索结果 2297 条。

按常理关键词的信息量应该比标题的大，以上检索结果却恰恰相反，说明有 6663 篇论文未将标题中含有“导游服务”或“导游 + 服务”列为关键词。关键词是进行文献标引的重要信息，如果因关键词未将重要词语列出，读者以关键词作为检索条件，会造成大量文献漏检的情况。

①龚文静，孙兆霞．文化保护与经济发展冲突背景下图书馆的目标价值取向——阿尔伯特·卡恩的“地球史料馆”给予我们启示 [J]. 图书馆建设，2010（4）.

（4）目录

目录，实际上就是论文提纲，是论文主要段落简表，多数高校要求将各级标题自动生成目录。论文目录的作用在于便于了解论文各级标题间是否符合逻辑，排列顺序是否恰当，论文结构的条理是否清楚。篇幅较长的，要另附一页目录，在各节的分段标题后标明页码。

示例 7：

自动生成目录：Word 文档版本不同，自动生成目录的方法不一。

打开论文正文，点击视图→任务窗格，调出样式和格式，设置标题。选中“研究背景”，设置为标题 1，选中“黄果树景区基本状况概述”，设置为标题 2，选中“黄果树景区的发展历程”，设置为标题 3。如图 7–1。

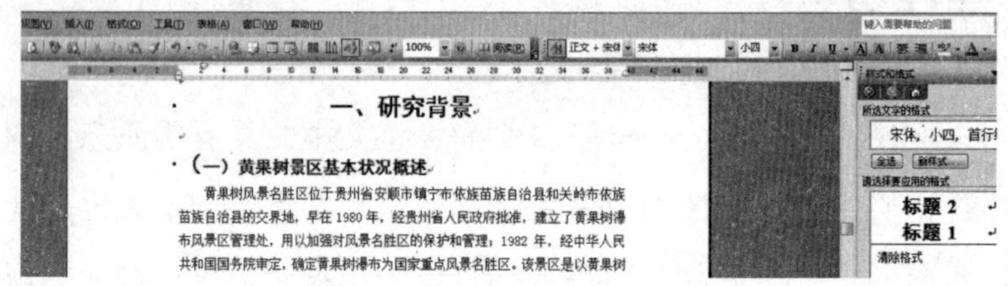

图 7–1　自动生成目录设置

所有标题全部设置结束，文档式样发生了变化，在各级标题文字前多了一个点。再点击插入→引用→索引和目录，自动生成目录如图 7–2。

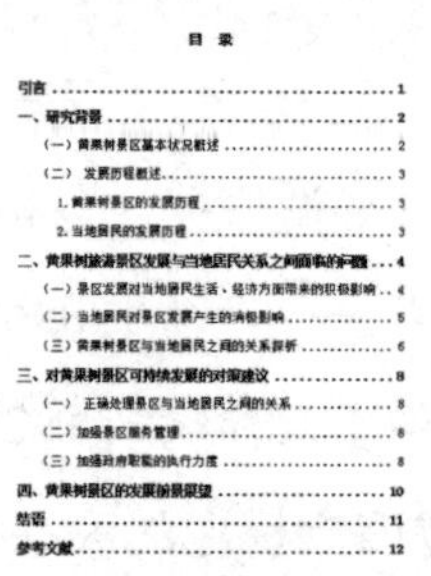

目　录

引言……1
一、研究背景……2
（一）黄果树景区基本状况概述……2
（二）发展历程概述……3
1. 黄果树景区的发展历程……3
2. 当地居民的发展历程……3
二、黄果树旅游景区发展与当地居民关系之间面临的问题……4
（一）景区发展对当地居民生活、经济方面带来的积极影响……4
（二）当地居民对景区发展产生的消极影响……5
（三）黄果树景区与当地居民之间的关系探析……6
三、对黄果树景区可持续发展的对策建议……8
（一）正确处理景区与当地居民之间的关系……8
（二）加强景区服务管理……8
（三）加强政府职能的执行力度……8
四、黄果树景区的发展前景展望……10
结语……11
参考文献……12

图 7–2　自动生成目录示图

较高版本的 word 文档，如 Word2016，自动生成目录设置方法如下：

设置章节样式→设置分节符→设置页码→生成目录

2. 正文

正文由前言，本论，结论三部分组成。有的高校的二级学院也可根据实际情况自行统一。

（1）前言

又称引言、序言，是论文的开头部分，说明选题的来源和论文写作的动机，研究的理由、目的意义，背景、论文写作的范围、前人的工作和现在的状况、但不可与摘要雷同。内容包括阐明问题、文献回顾、简述研究方法。引言起承前启后的作用，利于正文的展开。要求短小精悍，紧扣主题，与结论相呼应。

（2）本论

本论是全文的主体和核心，也称正文，所占篇幅最多，分为几个段落来写，由论点、论据和论证过程三个环节构成。正文写作要充分利用综合、归纳、演绎等方法，分析论证所提出的中心论点，阐述自己的研究成果，反映论文具有的创新性，达到预期目标的全过程。要求论点明确，论据充分，条理清晰，论证逻辑严密，结构合理，图表运用适当、正确。

（3）结论

结论是对论文的简要总结，阐述研究结果说明的问题。要求能全面总结、归纳研究的最终结果，结论正确、语言简明准确、内容完整精练。除了总结本研究，还要指出研究中的不足，对前人的看法作出修正、补充，展望日后的改进工作。结论既要与前言相呼应，又要与本论部分相联系，是从前文内容得到的结论。结论写作要求表达精确、简明扼要、实事求是、前后呼应。

3. 参考文献

参考文献主要指在论文写作过程中，对论文的整体参考或借鉴，旨在交代论文写作的材料依据，反映论文的科学依据。向读者提供阅读线索，发现引文差错时便于查询，也是对他人付出劳动应有的尊重。列出的文献及资料应是论文中参考过的。参考他人的文献要注明出处，按其在论文中呈现的先后次序编号。要求另起一页，放在正文后。参考文献应根据《文后参考文献著录规则》（GB/T7714-2005）的著录要求进行标注。

4. 注释

在毕业论文（设计）写作过程中，需要在正文之外就某些特定内容加以阐述和说明的，用注释标注。如论文篇名基金项目的说明，特定内容的解释、重要数据的来源等。不随文列出的注释可采用脚注的方式放在每页末尾，或置于论文篇末“参考文献”前或文献部分末尾。

5. 附录

附录是论文的附件，对论文主体起补充作用，是有参考价值的材料或原始数据，论文引用的示例计算、公式、图表图像或文物考古图片等，又不宜放在正文中的材料，是文献的后续制作部分。例如，研究过程中收集的访谈内容或调查材料，公式的推演、语言程序、编写的算法等。分为规范性附录和资料性附录两类，应注明是规范性附录还是资料性附录，每个附录均应有标题。

6. 致谢

致谢旨在承认他人的工作，表达作者的谢意。是论文作者在毕业论文写作中对论文指导老师对本论文的贡献的致谢，是对辅助完成论文或提供资料查询的相关人员表示的感谢之词。致谢的态度要端正，致谢词要恰如其分。致谢写在毕业论文结尾处。

示例 8：某篇博士论文的部分致谢内容

衷心感谢我的博士生导师 XXX 教授。自我进入胃肠外科，XXX 教授无时无刻不以身作则，向我们展示如何成为一名优秀的外科医生及科研工作者。XXX 教授严谨的临床及科研作风，细致的手术风格，医者仁心的人生态度深深影响着我。感谢 XXX 教授对学生在课题设计、实施、结果分析以及论文书写各方面的悉心指导。作为外科医生，在手术台上 XXX 教授耀眼的风采，膜解剖的微出血、“零出血”令我这个初入外科的菜鸟咋舌。在深入学习后，更是对 XXX 教授的手术方式拜服。在科研上，XXX 教授的奇思妙想总令我叹服，尤其在进行研究及书写论文期间，更是对其中的精妙有了更深的理解，我庆幸师从于 XXX 教授这样医术与医德堪称楷模的良师。如今，已临近毕业，学生衷心祝愿 XXX 教授身体健康，阖家欢乐。在今后的从医之路上，学生必当谨记教诲，努力成为一名优秀的外科医生！

衷心感谢 X 主治医师对我的无私指导。X 老师工作认真细致，甚至记得每个病人查血的结果。在 X 老师的指导下，我的临床能力、各项基本操作的能力均得到很大提升，在手术台上也获得诸多锻炼的机会。在熟悉之后，X 老师更像位大哥，在指导我临床工作的同时，还在我遇到困难时陪我聊天开导我。X 老师不仅临床功底扎实，还具有敏锐的科研思维，在我撰写论文期间，给我许多重要的指导与帮助。祝 X 老师事业节节高升，家庭幸福美满！

…………

最后，感谢两年来接受我们追踪随访调查的一百多位患者给予我们的支持与配合，并祝他们早日康复！

在这份致谢中，有对导师的致谢，对论文撰写提供帮助的老师的致谢，最后还表达了作者对接受随访患者的谢意。

7.4.2 毕业论文的格式要求

各高校对毕业论文的格式有具体要求，上交的纸质论文一律采用 A4 纸张打印，有的要求单面打印。本书以 AS 学院的论文格式要求为例进行说明。

1. 毕业论文字号字体格式要求

表 7–4　AS 学院本科毕业论文格式要求①

内容	字号、字体要求
字体及字号	A4 纸张，页边距：上 2.7cm、下 2.5cm，左 2.5cm、右 2.5cm，行间距取多倍行距，行距 1.5 倍；字符间距为默认值（缩放 100%，间距：标准），封面采用教务处统一要求的封面。 第一、二层次题序和标题用四号宋体加粗；第三层次及以下题序和标题与正文用小四号宋体。
页眉及页码	各页均加页眉，采用宋体五号字体居中。页码从正文开始在页脚按阿拉伯数字（宋体小五号）连续编排，居中书写。
摘要及关键词	中文摘要及关键词："摘要"二字采用三号字黑体加粗、居中书写，"摘"与"要"之间空两格，内容采用小四号宋体。"关键词"三字采用小四号字黑体，顶格书写。英文摘要应与中文摘要相对应，字体为小四号。
目录	"目录"二字采用三号字黑体、居中书写，"目"与"录"之间空两格，第一级层次采用小三号宋体字加粗，其他级层次题目采用四号宋体字。

① 根据"AS 学院 2018 届本科毕业论文（设计）撰写规范"整理。

正文	自然科学毕业论文内容的顺序编号参照国家标准（GB）章、条、款、项的划分编号和排列格式的有关规定，采用阿拉伯数字分级编号，标题全部顶格，正文行距取1.5倍。

2. 毕业论文标题数字序号

（1）毕业论文正文标题层次序号

中华人民共和国国家标准（GB/T 1.1—2009）《标准化工作导则 第1部分：标准的结构和编写》的层次分为：部分，章、条、段，附录，用阿拉伯数字标示，编号示例如（表7-5）。

表7-5 层次及其编号示例

层次	编号示例
部分	××××.1
章 条 条 段 列项	5 5.1 5.1.1 [无编号] 列项符号，字母编辑a、b和下一层次的数字编号1、2
附录	附录A

该表来源于中华人民共和国国家标准（GB/T 1.1—2009）

本科毕业论文则采用层次标题，可有N个，一般不超过4级，不采用章、节的层次标题，而用序号来排列。序号，是顺序号码。毕业论文的顺序号码，用于论文的小标题，主要是标识行文顺序及各部分内容种属关系，是论文的一个重要组成部分。正确使用顺序号码，能使论文逻辑分明、层次清楚，便于读者阅读。序号用阿拉伯数字和中文数字标示。自然科学类论文和人文社科类论文的序号标识要求不一。

以AS学院为例，自然科学毕业论文各层次标题的顺序号采用阿拉伯数字编号，不同层次的标题之间，如一级标题应标为1，2，用于章标题。二级标题应标为1.1…，用于节标题。三级标题应标为1.1.1…，用于分层内容。编号一律左顶格，数字间用（.）分隔。人文社会科学类论文标题的顺序号用传统中文数字格式和阿拉伯数字编号，如一级标题应标为一（顿号）、二级标题应标为（一），三级标题应标为 1（点号），见表 7–6。

表 7–6　AS 学院本科毕业论文标题层次序号一览表 ①

标题	人文社科	自然科学
一级标题	一、	1
二级标题	（一）	1.1
三级标题	1.	1.1.1
四级标题	（1）	1.1.1.1

（2）图、表、公式序号

图、表、公式等序号，一律用阿拉伯数字排序，可全文统一排序，也可逐个章节独立排序，序号必须连续。如图 1、图 2，表 1、表 2，公式（1）、公式（2）等。图序、表序、公式的序名在前，序号在后。

3. 参考文献著录规范

毕业论文的参考文献，应根据国家标准《信息与文献 参考文献著录规则》进行规范著录。参考文献另起一页，放在正文后，采用顺序编码制。按照参考文献在论文中出现的先后顺序，用阿拉伯数字连续编码，数字序号置于[]内。毕业论文可将所有参考文献放在正文后，不用在文中标注。如在文中要有引用标注的，标注方法为 ×××[1]。见图 7–3、图 7–4。

用语表述不文明，会引起逆反心理，起到适得其反的效果。语言表达方式决定了读者的接受程度，表达方式不同，所达到的效果亦不同。如“除了你的目光，什么也别留下。除了你的知识，什么也别带走”的提示，就比“严禁在书上乱涂乱画，书刊不许私自带出，偷一罚十”要文明、温馨得多。在台湾博物馆里，提示牌上写着“本馆设有摄像监视，请您保持微笑”[2]。这一提示并未明说谁有不文明行为，既未侮辱君子，又提醒了“小人”，强化了人们的“自我”意识，体现出既警示他人，又人性化的一面，容易使读者接受，真正达到文明提示的目的。

图 7–3　文中参考文献标引

① AS 学院 2018 届本科毕业论文（设计）撰写规范。

参考文献：↵
[1] 盛兴军. 图书馆之“问题读者”及其服务 [J]. 图书馆研究与工作，2007(1)：27-29↵
[2] 林天宏. 摄像头里的高境界[J]. 读者，2007(21)：47↵
[3] 王世伟. 论树立跨世纪图书馆的七大形象[J]. 图书馆，1999（3）：19-22↵
[4] 程亚男. 读者与员工，一个也不能少——关于谁是“第一”的思考[J]. 图书馆杂志，2001(6)：24-27↵
[5] 罗骥. 对偷书现象的思考[J]. 图书馆建设，2004(5)：105-106↵

图 7-4　文后参考文献

（1）图书、专著、论文集、研究报告

[序号]主要作者.文献题名[文献类型标识].版次(第1版可省略).出版地:出版者.出版年：引文页码.

示例9：

[1]黄如花.信息检索[M].第2版.武汉：武汉大学出版社.2014：37–47.

（2）期刊文章

[序号]主要作者.文献题名[J].刊名，出版年（期）.

示例10：

[1]张国臣.专业知识嵌入信息检索课教学的探索与实践[J].图书情报工作，2012(5):97 — 100.

（3）报纸文章

[序号]主要作者.文献题名[N].报名，出版年–月–日（版序）.

示例11：

[1]欧阳晓红.稳增长的关键在超预期减税[N].经济观察报,2019–02–11（10）.

（4）学位论文

[序号]作者.题名[D].保存地点：保存单位，年.

示例12：

[1]林鹏祥.微博信息检索系统研究与开发[D].武汉：华中师范大学计算机学院，2014.

（5）专利

[序号] 专利申请人或所有者 . 专利名称：专利号 [P]. 公告日期或公开日期 .

示例 13：

[1] 裴向军 . 一种防风固沙保水绿化方法：ZL201610334324.8[P].2016-09-07.

（6）其他文献中析出的文献

即从著作或公开出版的书籍或发表的文章中分析出来所获得的文献资料。[序号] 析出文献的主要作者 . 析出文献名 [文献类型标识]// 原文献主要作者 . 原文献名 . 出版地：出版者，出版年 .

示例 14：

[1] 杜应国 ."破题"与"接题"任重而道远——关于"地方文化知识谱系"的构建 [G]// 安顺日报社 . 黔中走笔 . 贵阳：贵州人民出版社 ,2006.

（7）网上电子公告

[序号]，主要作者 . 文献题名 [EB/OL].[查询时间] 网址。

示例 15：

[1] 屯堡妇女服饰文化与传统哲学思想 [EB/OL].[2019-04-06]

https://wenku.baidu.com/view/9b7eeff303768e9951e79b89680203d8ce2f6aa2.html

（8）标准

[序号] 标准编号，标准名称 [S].

示例 16：

[1] GB/T3792.1—1983，《文献著录总则》[S].

（9）条例

[序号] 颁布单位 . 条例名称 [Z]. 发布日期 .

示例 17：

[1] 中华人民共和国国务院 . 中华人民共和国政府信息公开条例 (第二条)[Z].2007—04—05.

4. 参考文献的类型标识代码

参考文献的类型标识用英文字母表示（如表 7–7）。

表 7–7　参考文献类型标识

参考文献类型	标识代码
普通图书	M
会议录	C
汇编文集	G
报纸文章	N
期刊文章	J
学位论文	D
标准	S
报告	R
专利	P
条例	Z
档案	A
舆图	CM
网上数据库	DB/OL
电子书	M/OL
网上期刊	J/OL
电子专利文献	P/OL
网上电子公告	EB/OL
光盘图书	M/CD
计算机程序	CP\

7.4.3 标点符号的使用

标点符号是毕业论文书面语言的有机组成部分，正确使用标点符号，有助于帮助人们确切地表达思想感情和理解书面语言。

1. 常用标点符号用法简表

表 7-8 常用标点符号用法简表[①]

名称	符号	用法说明	举 例
句号①	。	1. 用于陈述句的末尾。	北京是中华人民共和国的首都。
		2. 用于语气舒缓的祈使句末尾。	请您稍等一下。
问号	？	1. 用于疑问句的末尾。	他叫什么名字？
		2. 用于反问句的末尾。	难道你不了解我吗？
叹号	！	1. 用于感叹句的末尾。	为祖国的繁荣昌盛而奋斗！
		2. 用于语气强烈的祈使句末尾。	停止射击！
		3. 用于语气强烈的反问句末尾。	我哪里比得上他呀！
逗号	，	1. 句子内部主语与谓语之间如需停顿，用逗号。	我们看得见的星星，绝大多数是恒星。
		2. 句子内部动词与宾语之间如需停顿，用逗号。	应该看到，科学需要一个人贡献出毕生的精力。
		3. 句子内部状语后边如需停顿，用逗号。	对于这个城市，他并不陌生。
		4. 复句内各分句之间的停顿，除了有时要用分号外，都要用逗号。	据说苏州园林有一百多处，我到过的不过十多处。
顿号	、	用于句子内部并列词语之间的停顿。	正方形是四边相等、四角均为直角的四边形。

①新版《标点符号用法》你用对了吗？ [EB/OL].[2018-01-16] hppt：//baijiahao.baidu.com/s?id=1598884690821820393&for=pc.

（续表）

分号②	；	1. 用于复句内部并列分句之间的停顿。	语言，人们用来抒情达意；文字，人们用来记言记事。
		2. 用于分行列举的各项之间。	中华人民共和国行政区域划分如下： （一）全国分为省、自治区、直辖市； （二）省、自治区分为自治州、县、自治县、市； （三）县、自治县分为乡、民族乡、镇。
冒号	：	1. 用于称呼语后边，表示提起下文。	同志们，朋友们：现在开会了……
		2. 用于“说、想、是、证明、宣布、指出、透露、例如、如下”等词语后边，提起下文。	他十分惊讶地说：“啊，原来是你！”
		3. 用于总说性话语的后边，表示引起下文的分说。	北京紫禁城有四座城门：武门、神武门、东华门、西华门。
		4. 用于需要解释的词语后边，表示引出解释或说明。	外文图书展销会 日期：10 月 20 日至于 11 月 10 日 时间：上午 8 时至下午 4 时 地点：北京朝阳区工体东路 16 号 主办单位：中国图书进出口总公司
		5. 用于总括性话语的前边，以总结上文。	张华考上了北京大学；李萍进了中等技术学校；我在百货公司当售货员：我们都有光明的前途。
引号③	“ ” ‘ ’	1. 用于行文中直接引用的部分。	“满招损，谦受益”这句格言，流传到今天至少有两千年了。
		2. 用于需要着重论述的对象。	古人对于写文章有个基本要求，叫做“有物有序”。“有物”就是要有内容，“有序”就是要有条理。
		3. 用于具有特殊含义的词语。	这样的“聪明人”还是少一点好。
		4. 引号里面还要用引号时，外面一层用双引号，里面一层用单引号。	他站起来问：“老师，‘有条不紊’是什么意思？”

（续表）

括号④	（ ）	用于行文中注释的部分。注释句子中某些词语的，括注紧贴在被注释词语之后；注释整个句子的，括注放在句末标点之后。	（1）中国猿人（全名为“中国猿人北京种”，或简称“北京人”）在我国的发现，是对古人类学的一个重大贡献。 （2）写研究性文章跟文学创作不同，不能摊开稿纸搞“即兴”。（其实文学创作也要有素养才能有“即兴”。）
破折号	——	1. 用于行文中解释说明的部分。	迈进金黄色的大门，穿过宽敞的风门厅和衣帽厅，就到了大会堂建筑的枢纽部分——中央大厅。
		2. 用于话题突然转变。	“今天好热啊！——你什么时候去上海？”张强对刚刚进门的小王说。
		3. 用于声音延长的拟声词后面。	“呜——”火车开动了。
		4. 用于事项列举分承的各项之前。	根据研究对象的不同，环境物理学分为以下五个分支学科： ——环境声学； ——环境光学； ——环境热学； ——环境电磁学； ——环境空气动力学。
省略号⑤	……	1. 用于引文的省略。	她轻轻地哼起了《摇篮曲》：“月儿明，风儿静，树叶儿遮窗棂啊……”
		2. 用于列举的省略。	在广州的花市上，牡丹、吊钟、水仙、梅花、菊花、山茶、墨兰……春秋冬三季的鲜花都挤在一起啦！
		3. 用于话语中间，表示说明断断续续。	“我……对不起……大家，我……没有……完成……任务。”

（续表）

连接号⑥	—	1. 两个相关的名词构造成一个意义单位，中间用连接号。	我国秦岭—淮河以北地区属于温带季风气候区，夏季高温多雨，冬季寒冷干燥。
		2. 相关的时间、地点或数目之间，用连接号，表示起止。	鲁迅（1881—1936）原名周树人，字豫才，浙江绍兴人。
		3. 相关的字母、阿拉伯数字等之间，用连接号，表示产品型号。	在太平洋地区，除了已经建成投入使用的HAW—4和TPC—3海底光缆之外，又有TPC—4海底光缆投入运营。
		4. 几个相关的项目表示递进式发展，中间用连接号。	人类的发展可以分为古猿—猿人—古人—新人这四个阶段。
间隔号	·	1. 用于外国人和某些少数民族人名内各部分的分界。	烈奥纳多·达·芬奇、爱新觉罗·努尔哈赤。
		2. 用于书名与篇（章、卷）名之间的分隔。	《中国大百科全书·物理学》《三国志·蜀志·诸葛亮传》。
书名号	《 》〈 〉	用于书名、篇名、报纸名、刊物名等。	《红楼梦》的作者是曹雪芹。课文里有一篇鲁迅的《从百草园到三味书屋》。他的文章在《人民日报》上发表了。桌上放着一本《中国语文》。《〈中国工人〉发刊词》发表于1940年2月7日。
专名号⑦		用于人名、地名、朝代名等专名下面。	司马相如者，汉 蜀郡 成都人也，字长卿

附注：①句号的形式为“。”。句号还有一种形式，即一个小圆点“.”，一般在科技文献中使用。

②非并列关系（如转折关系、因果关系等）的多重复句，第一层的前后两部分之间，也用分号。

③直行文稿引号改用双引号“﹃﹄”和单引号“﹁﹂”。

④此外还有方括号“[]”、六角括号“〔 〕”、和方头括号“【 】”。

⑤如果是整段文章或诗行的省略，可以使用十二个小圆点来表示。

⑥连接号还有另外三种形式，即长横“——”（占两个字的位置）、半字线“—”（占半个字的位置）、和浪纹“～”（占一个字的位置）。

⑦专名号只用在古籍或某些文史著作里面。为了跟专名号配合，这类著作里的书名号可以用浪线“﹏﹏”。

2. 标点符号使用中应注意的几个常见问题

（1）多个书名号或引号并列使用时，不使用顿号分隔。正确用法是：《关于改进和发展文献课教学的几点意见》《文献检索课教学基本要求》《关于成立文献检索课教学指导小组的通知》。逻辑“and”“or”“not”。

（2）用分号隔开的几个并列分句，由冒号统领或总结。如选题的创新性：别人未做过的；别人做过但未做出来的，即未解决的；别人做过但你认为结论不正确的。

（3）阿拉伯数字表示次序时，使用圆点而不使用顿号。如“1. 期刊文章。2. 报纸文章”。带括号的数字表示次序语时不加点号，如“（1）选题的目的。（2）选题的意义”。

（4）书名号内标示停顿时用空格。如“中华人民共和国国家标准《信息与文献 术语》”。

（5）标示公文发文字号中的发文年份，使用六角括号。如“教高一司字〔1985〕065 号文件，《关于改进和发展文献课教学的几点意见》……”。

（6）附件名称后不用任何标点符号。如“附件：1. 高等学校预防与处理学术不端行为办法”。

7.4.4 毕业论文的装订存档要求

毕业论文完成后，经检查没有什么问题，可加上封面，装成册。

1. 本科毕业论文（设计）装订归档顺序：

封面→中、英文摘要（含关键词）→目录→正文→参考文献→注释→附录→致谢。

2. 本科毕业论文（设计）记录册装订归档顺序：

封面→指导教师指导记录表→题目申请表→开题报告→中期检查报告→指导教师评分表→评阅教师评分表（2 份）→答辩记录及评分表→毕业论文（设计）成绩评定表。

3. 本科毕业论文（设计）档案袋装订归档顺序：

本科毕业论文（设计）记录册→维普论文系统检测报告→定稿→答辩稿→

修改稿(初稿、第二稿、第三稿等,每一稿分开装订,要有指导教师指导痕迹)[①]。

检索练习 3

1. 分别使用期刊数据库、学位论文数据库、馆藏查询、专利文献数据库,各下载一篇自己感兴趣的文献,并根据参考文献著录规范著录参考文献。

2. 以一篇 word 文档为范本,自动生成目录。

7.5 毕业论文写作的方法步骤

7.5.1 毕业论文资料收集

撰写论文之前,首先是要搜索相关文献,详尽地占有资料。学术研究工作的起点,是从收集资料入手的,收集资料是完成论文的重要保证。诗云:"问渠哪得清如许,为有源头活水来。"资料是论文写作的"源头",缺少资料,论文写作犹如无米之炊。

毕业论文资料收集,要围绕两个问题进行。一是论文研究的对象是什么?二是关于论文研究对象,需要何种类型的参考文献?

1. 收集资料的目的和意义

任何一项科学研究,都是在总结前人经验的基础上,以前人的研究为基点,在新领域进行探索和创新的结晶。通过资料收集和积累,可以找到他人研究取得的成果,自己研究的起点。古今中外的学者很注意积累和应用材料,列宁写《唯物主义和经验主义批判》就查阅了上百种哲学、物理学方面的论著。林语堂写《苏东坡传》(英文版)参考了几百份有关苏东坡的资料。达尔文花了5年时间收集资料,用14年时间对材料进行整理补充,发表了"进化论"。

2. 收集资料的主要方法

(1)直接材料的收集

直接材料即原始材料,包括与论题直接相关的文字材料、各种事实材料、典型案例、公理、定理、统计数据、调查报告、访谈材料等。例如某课题小组调查所在学校大学生信息检索能力，除了调研本校情况，还可选取几所省内同类型院校进行调研，因为同类学校无论是课程体系，学校办学规模、数字资源建设等方面基本相同，调查材料具有一定的代表性。直接材料来源于实践和考察，是通过观察、实地调研获得的资料。地理学家徐霞客走遍全国的名山大川进行实地考察，掌握了大量第一手资料，写出了《徐霞客游记》。学生则可通过实习，从各实习单位调查搜集到一些案例、材料和数据，多数学生的毕业论文就是根据实习经历进行选题的。调查材料的搜集，应选择具有代表性的事物或对象进行调查，找出典型案例，或根据选题范围开展抽样调查，这种以调查样本的结果来推算总体情况的方法，是一种缩小调查范围的方法。但收集材料时难免会有一些零散和不系统的资料，甚至有学生搜集的材料只表明各实习单位的片面情况，或收集的材料出现虚假、短缺等情况。直接材料的收集，要确保资料的正确性和可靠性，经过加工整理，使调查资料条理化。

（2）间接材料的收集

间接材料的收集，主要是通过信息检索的方法获取的。间接材料即文献资料，主要指别人的有关论述，包括教材、论著、期刊、论文、图录、相关史料、年鉴、索引、资料辑录、工具书等，这些材料来源于书本知识。间接资料获取的主要途径有：传统纸质图书、期刊、报纸、专业数据库、搜索引擎、各种机构提供的数据等。收集间接材料，要制订搜寻方案：确定自己希望了解的与论文主题相关的内容，列出主题词或关键词，通过图书馆资源进行检索。根据文献信息检索的基本方法，充分利用检索工具，通过图书馆或互联网获得第二手材料。间接材料按照呈现方式的不同，分为文献资料和网络资料。文献资料是通过传统检索方法获得的，网络资料是通过互联网、数据库检索获得的。

① 熟悉图书馆的目录体系

了解选题范围内有哪些资料。利用目录、索引，查询与主题相关的具体资料。利用移动图书馆或图书馆检索系统，通过书目查询和作者目录，查找对论文写作有用的资料，借阅、复印或下载保存。

② 利用传统检索工具掌握资料来源线索

百科全书、年鉴、手册、辞典等记载着无数科学事实、各类统计数据、学科名词解释、背景知识、重要人物信息。利用工具书查找原始资料的方法又称常用法。以图书或论文后附注的参考文献为依据，探寻别人的资料来源，追踪检索原文的方法，又称追溯法。优点：能查到选题范围内的不少对口文献，查准率、利用率高。

③ 利用搜索引擎和数据库收集资料

网络可提供无限的信息，收集的范围广，资源丰富。以关键词或核心观点为依据，对符合研究关注点、视角和文献内容的数据库进行检索。可先浏览图书简介或文章的标题、关键词和摘要，决定是否有收集和下载的必要。有的数据库如维普中文科技期刊数据库等，在搜索结果的页面，或点击检索到的篇名，就有论文摘要的部分内容呈现。有的数据库仅提供文献传递服务，可利用电子邮件收集。网络虽信息量大，但可信度、准确度和完整性欠缺，没有质量保证。只有百度学术、百度文库之类的学术文献数据较为可信，且提供部分期刊论文免费下载。本书推荐使用XX学校图书馆提供的电子数据库。不同数据库，包含了不同类型的资料，资料完整，可信度和质量高，如果不懂检索技巧，还可向参考咨询部的馆员请教和咨询，请他们提供帮助。网络资源和数据库资源丰富，但根据论文选题搜索资料，会出现检索结果太多或太少的情况，可使用布尔逻辑“and、or、not”来限定或扩大检索范围。网络资源、数据库是时时更新的，应随时关注和查询。

3. 收集资料的原则

（1）循序渐进，注意在平时养成积累和收集文献资料的习惯，不要等到有了具体的论文写作任务时才动手做，要持之以恒。不能急于求成，积累一批资料，消化理解后，再继续查阅整理，形成一定的系统和规模。

（2）宁多勿少，论文题目确定后，要围绕选题收集资料。资料涉及范围要广，凡与论文选题关联度较高的资料，尽量收全。

（3）真实可靠，积累资料不能凭自己的好恶，合乎自己需要的就收，对于重要的数据和第二手材料，要核对原文。

（4）新颖独到，收集的资料要新颖。王力提出“厚今薄古”，就是要随时了解国内外在该领域的新信息和新动向。可根据论文数量的年代分布来判断文献的新颖性。

（5）时效性强，学术研究讲求时效性，搜索文献信息时要仔细查看出版日期，避免收集大量过期文献。如写关于“导游管理” 的学科前沿动态，20 世纪，70 年代的学术论文对研究的参考价值是不大的。要注意资料的时效性，定期检查分析，对过时资料要果断剔除，以提高贮存资料的质量。

4. 积累资料的方法

资料积累可采用多种方法，要先界定问题、拟定问题、获取资料、整合资源。根据信息资料的性质、内容或特征进行分类。

（1）使用现代技术手段

通过因特网、搜索引擎浏览文献收集资料。对收集到的资料，应根据资料性质选择贮存工具，如电脑、U 盘、SD 卡、移动硬盘，或保存到网络云盘等。存储资料要注意信息安全，避免个人信息的泄露。

（2）卡片法

卡片内容包括文章标题、作者、出版发行时间及页码、检索词、摘要大意等。若与图书有关，应将对论文观点有参考价值的章节及标题、主要观点记录在卡片上。一条记录或每一篇论文的点评记录，就是一张卡片，即一个基本内容，记录一张卡片，实行分类管理。

（3）笔记法

科学研究证明，人脑的记忆能力是有限的，笔记法是保留有价值资料最有效的方法。研读完资料后，要做笔记。有人喜欢随手记在纸片上，时间长了就丢弃了。有人虽然用了本子记录，但是记在几本笔记上后，想找到某个内容也很困难。用合适的笔记工具，以恰当的方式来记录和整理笔记，对论文写作会有很大帮助。

①传统笔记法，即纸笔记录。可多准备小笔记本，分类摘录，采用摘录与评注交叉并用的方法，在摘录资料的左或右侧留出一定的空隙，随时记录阅读文献时产生的灵感和心得、有用的观点、自己的看法或者感想，否则想法和灵感会瞬间溜走的。可摘抄重要内容，复述作者的观点，自己的评论，因此记笔记的过程，也是制作新的零次文献的过程。记笔记时，会产生一些疑问，还可按图索骥再去查找相关的信息，拓展资料收集的范围。善于记笔记，既可提高自己的阅读水平，又能训练语言表达能力，有利于撰写文献综述。笔记法不利的地方是不利于检索。

②标注法，一种是将电子期刊论文打印出来，研读文章时，将自己的看法和观点在论文的相应部位标注出来。另一种是在阅读的过程中，直接在原始文献，如图书、期刊论文上标注。这种方法又称纸质标注或阅读标注。

③数字化记录法，这一方法有助于提高存储和检索效果。将笔记内容转化为 word 文档。如果下载的资料就是 word 文档，文中的新概念或可资借鉴之处，自己又有一些想法或疑问，可在相应的地方加注批注，将自己的想法记录在批注里。再阅读原文时产生的灵感，可以直接补充进去，这一方法有助于加深印象，撰写论文时，既可参考原文，又提示自己当时阅读的想法，直接复制使用。对于采用数字化记录的资料，要建立目录加以管理，查询使用时，只需要点击鼠标而已。也有的人使用论文阅读与笔记工具 MarginNote Pro 等软件对资料进行管理。

5. 如何整理资料

资料只是进行研究和写作的参考，不是自己的研究成果。要有效使用资料和提高资料的使用价值，须先进行分类整理，综合分析和消化理解，形成自己的体系和见解。要根据研究目的，运用科学方法，对收集到的资料进行审查、检验、分类整理和汇总，使之系统化和条理化。将所有收集到的资料分类归档，便于论文撰写时很快能找到相应资料。因此要围绕论文的主题确立材料的取舍，不能犯滥用材料的毛病，不忍割爱，将论文写成资料汇编。

资料整理大体可分为以下步骤。

（1）完善资料

从逻辑上对资料材料作认真、细致的检查。检查其内容是否有遗漏，记录是否有笔误，收集到的原始材料是否有逻辑错误，资料是否准确和完整。若发现问题，应及时采取措施补救。若是通过网络搜索的资料，要核实其可信度，可对各个网站上的资料进行对比。如各网站提供的资料是一致的，或是与专业数据库一致的，则可放心使用。

（2）审查资料

随着资料积累数量的增加，思想会渐进深入，各种想法纷至沓来，产生思想火花，对论文撰写十分宝贵。写作前，必须对资料有一个选择、鉴别、归拢、集中的过程。通过快速阅读，检查资料的质量和力度，辨识可能有价值的资料，判断内容是否符合论文选题。先对收集到的资料进行快速浏览，选出部分资料略读。对于论文写作有用的资料、影响力高的学术著作、最新文献要细读甚至是再读。在精读资料的过程中，用自己的语言将阅读心得记录下来，补充到读书笔记中。最后筛选出有价值的资料，找出文章的最佳潜在信息和重要观点，剔除陈旧文献、与主题无关的文献，以及不完整和错误信息，避免被文献所淹没。对于欠缺的资料，应根据需要，有针对性地收集、弥补某方面的资料。这也是信息辨别的一种能力。

（3）文献分类

将收集到的资料，按照内容类型，可将资料分为理论基础、近期研究、现有问题、案例分析、实践和应用等，按类分成若干个组。文献的整理，从阅读的一开始就同步进行，否则随着资料越积累越多，整理的难度越大。把数据资料进行分类编目，电子版的文献信息，可根据下载文献的内容类型，建立相应文件夹，每个文件夹中的资料编辑目录，便于查询。对于复印的资料、笔记、卡片，可用资料袋、档案夹来组织管理。依据论文各级标题的安排，将拟使用的材料按顺序编码，便于写作时使用。

（4）统计汇总

将数据资料分类汇集，列表管理。可列出文献管理的框架列表，如题目、引言、材料、方法、结果和讨论等。可将卡片上、笔记上的内容，使用word文档、Excel进行列表，按主题将相应内容转移到列表中。

（5）文献管理

利用文件管理软件来管理收集到的电子文档。文件管理软件是一种用于记录、调阅和引用文献的计算机程序，将参考文献导入软件中进行管理，论文写作时用到的资料，插入到word文档中，可以重复多次地自动生成参考文献引用目录。

① Endnote：英文界面，是一款收费软件，可管理十余万条参考文献，支持3776种国际期刊的参考文献格式。是写英文论文的最佳辅助工具。可设置参考文献引用格式，与word对接。

② Mendeley：免费文献管理软件，支持PC机和移动端云管理文献，可在线更新题录，对不同主题的文献进行分组管理。

③ Citavi：免费，支持单个库的100个文献和Windows，插入文献方便。

④ Bibus：免费，支持打开Office和Word。

⑤ BiblioWeb：可在互联网上发布文献，方便文献资料共享，实现文献资料、书目的网络化管理。

⑥ Zotero：是收集、组织、引用和共享文献的管理工具。优点是可对在线文献数据库网页中的文献题录直接抓取。

7.5.2 毕业论文写作

1. 确立论点

毕业论文论点即作者对某一事物的立场、看法和态度。确立论文的论点，是论文写作的关键。论文价值的大小，要看论点是否正确，是否有利于表现主题，分论点能否成立。论文的论点是在大量分析文献和资料的过程中逐渐产生的，是通过对素材的分析、概括、比较、提炼之后，形成的观点。因此确立论点，须从资料入手，理论联系实际，不能先有论点，再找适合的材料去证明论点。但也有例外，如毕业论文撰写通常是先确定论文题目，因为此时学生已经过实习实践，有了调查研究，掌握了一定的第一手材料。毕业论文的论点要鲜明、正确、真实，能明确表达作者的观点主张和立场，保持首尾一致。论点有例证，不仅要说服自己，还要能说服别人。

2. 拟写提纲

拟提纲是在勾勒全文的框架或轮廓，建造论文的骨架。拟提纲前，先确立主旨，理清思路。论文写作不似写小说，写散文，论文是理性化的，应在有序的框架中进行，不可随性而作。拟写提纲的过程，也是理顺思路的过程。拟写提纲，意味着论文框架的构成，从无序到有序。经反复推敲思考，思维会更加慎密，层次更加分明和有条理。

提纲可分简纲和细纲。简纲只提示论文的要点，将材料与相应的论点组织起来，即用简单的句子或词组列出主要纲目和要点，概括各部分主要内容，各层次相应的重点和主要观点等。简纲要求简明扼要，一目了然。

提纲写得越详细，论文写作时才会越省力。细纲不仅要求有框架，有纲目，而且有内容，有细目。应详细写出文章的分段标题，用简要的语言概述本段的基本内容和证明中心论点的材料。先以最简洁的语言设置一级标题，概括论文的主要论点或总论点。再设置二级标题，写明论文的分论点。最后设置三级标题，主要写明分论点中的小论点。标明论文各部分标题，用完整的句子概括出论文的中心论点，写出各级标题下的内容提示语，每一层次的内容要点及所用材料，如论据、数据、访谈材料、案例等，并写出每段的要旨。拟写提纲，要看框架是否完整，小标题是否恰当合适，围绕中心论点检查各层次和段落间的联系是否紧密，明确层次与段落的关系，分论点是否成立，逻辑上是否合理。

拟写提纲要注意结构合理，脉络清晰。前后照应，内容连贯，重点突出，比例协调。切忌纲目不清，各层次小标题冗长，应该用一句话表述。

3. 确立论证方法

论文的论证方法很多，要确定用什么论证方法来写。毕业论文写作主要采用归纳法、演绎法和类比法。

（1）归纳法

归纳法是通过对收集到的资料和大量事例进行分析论证，从诸多个别的、特殊的事例中，概括出一般性概念、原则或结论，得出结论的方法。换言之，归纳法是从特殊到一般，从部分到整体，由一系列具体事实概括出一般原理，以体现众多事物的根本规律。归纳法以过去的资料为基础进行推理，是要在众多论据的基础上才能成立的思考。根据已有资料建立理论，事后说明原因。推理的基础是观察和分析，其作用是发现新事实，获得新结论。使用归纳法要掌握好两个句型："因为是这样，所以就这样""因为从来如此，所以如此"。有时归纳推理的结论不一定成立。如鸟和蝗虫都会飞，由此得出鸟是由蝗虫进化而来的，或凡是会飞的都是鸟的结论就错了。

（2）演绎法

演绎法是从已有的普遍性结论或一般事理，推导出个别性结论的方法，是从一般到特殊的推理方法。演绎法以假设为先导，以微小的资料提出假设，"是否属实？先调查一下"，才开始寻找事实论据。换言之，演绎法是寻找事后的论据，再通过实验或逻辑推理来证实。要掌握好两个句型："应该是这样的""大概会这样"。演绎法的基本形式为三段论式，即大前提、小前提、结论。这一方法一般用于理科论文写作。

演绎法实例：

1982 年，美国制定了减少 1/3 耕地面积的国策。事后有专家认为，美国是根据报纸上刊载的一则只有几十字的新闻，利用演绎法推理后制定的国策，最终获得了巨大利益。

据报载，"1982 年 2 月底至 3 月初，墨西哥爱尔·基琼火山爆发，史无前例的大量火山灰喷上了天空"。根据这则新闻，作出如下推理：一、火山灰喷到空中，形成过量水滴所需的"核"，降雨量将是"前所未有的"，同时有的地区将遭受特大干旱，有的地区将遭受寒流。同年日本长崎，英国伦敦等地发生有史以来特大水灾，证实了这一推测。没有水分的干旱空气到达内陆，东欧三国出现有史以来第一次大干旱。"大雨频繁会引起寒流"，澳大利亚，苏联受到寒流袭击。火山爆发的结果诱发了全球的气候变化。二、气候异常，将导致世界各地农业陷入困境。作为当时全球唯一拥有剩余粮食的美国，却在 1982 年制定了减少 1/3 耕地面积的国策。减少耕地，使粮食价格不断上涨，农民获利，平抑了农民的不满情绪，里根竞选总统获得了很多选票。苏联不得不压缩军费开支，用于进口粮食，使美国在军事上占据了一定的优势。这就是美国利用演绎推理法所制定的，不花任何成本，繁荣本国经济，一箭几雕的国策。①

（3）类比法

类比法是通过对两个事物的某些相同性或相似性进行比较论述的方法，也称类比推理。是用另一事物的谬误与正确来推论同类事例，揭示本质属性的一致性。“相同特点”是类比法成立的前提，是论文写作中证明论点的一种方法。例如鲁班根据茅草的原理，且受到蝗虫大板牙上小细齿的启发，发明了锯子。人类根据蛙眼捕食飞虫的原理，设计出电子跟踪技术“电子蛙眼”并运用到雷达上。受变色龙的启发发明了迷彩服装，受蜻蜓的启发研制出飞机，通过海豚发明了声呐，这些都是类比推理给予人类的启示。

4. 撰写初稿

完成了资料收集整理，在认真阅读参考资料的基础上，拟定论文提纲，并确立论文的论点和论证方法后，即可开始着手论文撰写。撰写初稿必须依照提纲来写作，以论点为总纲紧扣中心论题进行论述，因此初稿也可视为是论文提纲的细化和扩展。需注意论文要表达的是什么，应如何入手，怎样结束。尽量用自己的语言将论文分成若干章节来写，注意论述的顺序。

着手撰写初稿时，论文提纲已拟定，各级标题构成了一个逻辑体系，各个部分既相互联系，又相对独立，因此可按顺序写，也可不完全按顺序写。选择哪一种写作方式，应根据自己的写作习惯或论文特点选定。

从引言起笔的方法：一般来说，人们习惯按照引言、本论和结论的顺序

① AS 学院 2018 届本科毕业论文（设计）撰写规范。

来写。从引言起笔较符合人们提出问题、分析问题和解决问题的思维习惯。如果内容是自己非常熟悉的，采用该方法写作比较得心应手，便于阐明意义，首尾呼应，写出的文字也自然流畅，风格一致。论述顺序为：简单→复杂，具体→抽象，已知→未知。

从本论起笔的方法：先写本论、结论，引言放到最后写，即不用从头到尾线性去写，可依自己熟悉的程度，决定先写或后写。这一方法是先关注研究论题，最后再概述论题的意义，即考虑成熟一部分，写作一部分，最后汇总成文。这一方法虽说撰稿时间较分散，优点是作者思维始终停留在研究的问题上。先从研究问题入手，直接切入主题，容易尽快进入写作状态。引言留在最后写，是因为撰写论文的每一章节时，必须详细认真地研读相关研究成果后才下笔。撰写论文的过程中，会讨论到前人的研究成果，提出研究方法等。正文撰写完毕后再来写引言，才能有较中肯的评述，也比较容易动笔。引言写完后，最后写摘要。此时论文初稿已全部完成，写出的摘要不仅内容完整，逻辑也会很清晰。写完摘要，别忘了填上关键词。千万不要忘了人们的阅读顺序。一般人的阅读顺序是：标题→关键词→摘要→结论→论文。

撰写初稿应注意以下问题。

（1）起草初稿前，要理清思路，对文章从头至尾有通盘的思考。对如何提出问题，怎样分析问题，使用哪些材料来论证问题、解决问题，使用什么研究方法等，做到心中有数。

（2）论文写作是根据提纲来进行的。撰写初稿前，按照论文提纲的先后顺序，将收集到的资料、数据、案例、引文等分别放入每一级标题之下，以备参考之需。这样一是节省时间，二是便于论文注释或附注用，减少遗漏。整合各种资源。

（3）开始撰写论文，虽然已有了论文提纲，有了中心论点，真正动笔时，心中也许只有一个大概的方向，甚至还不清楚自己如何表达中心论点，因此尽量把想到的内容写下来，一气呵成。有时在写的过程中才明晰自己想表达的内容。这种方法虽然显得笨拙，但是具有一定的实操性。如果初稿写得太多，在修改论文时要做出取舍，将不太重要的内容加以删减。如果初稿过于简略，容易遗漏某些内容。再研读资料时，有了新想法，可以增补内容。

（4）撰写初稿时，各章、节间的文字数量应尽量保持均衡。各部分的文字不宜太过悬殊，要做到长短适宜，轻重得当，否则会让人感到突兀。要时时考虑各级标题间的承接关系，保证论文逻辑上和形式上的质量。除非因撰稿内容需要，不要随意扩张或压缩文章的某些部分，写作中遇到疑难问题时，及时记录下来，集中查询解决。

（5）引用参考资料，需与主题有关。有较高学术价值的文献，往往是被引频次较高的文献。要边引用边加注，以避免过后用更多的时间来查找出处。文后参考文献应按标准著录格式著录。

（6）写作过程中常常会产生新的观点和新的认识，应根据论文需要适当调整和修改提纲，甚至改变写作方向。

5. 修改定稿

俗话说，文章不厌百回改，优质的论文是改出来的。论文必须进行反复修改，方可能做到一锤定音。论文修改包括观点订正，结构调整，材料增删，文字润色等。托尔斯泰的《为克莱塞你乐意而作》初稿有八百页，修改定稿后全文只有五页。马克思《法兰西内战》前后共修改了三次，将初稿的六万字压缩到三万七千多字，结构和内容都有较大改动。

（1）变换角色

写稿时要像演员一样进入角色，完稿后放一段时间，回头重读，会有新的发现。要以他人的眼光严格审视初稿，与论文保持一定距离，容易以客观的态度发现问题。

（2）修改结构

论文结构关系到全文的布局，要对论文的整体布局进行合理安排，看看整体结构是否合理，尽量保持各级标题下内容的均衡。应根据写作进展的需求，适当调整提纲。涉及结构性的调整时，一定要慎重，要有充足的依据。

（3）修改内容

看看论证过程是否严密，论据是否充分，列举的事例是否有力。论文是否回答了自己提出的问题，对问题的阐述是否清晰，是否表述了自己的观点。要围绕题旨取舍材料，论文中若有不相关的内容则删除。

（4）仔细推敲

可将论文拿给别人看，听取意见，最好将论文存在的问题以书面形式罗列出来，参照修改。请别人提意见，或同学间相互阅读对方论文，通过别人的眼睛看论文。越早拿给别人看，越早获得反馈意见，要珍视别人意见。将不同观点纳入写作中，做好笔记，采纳他人意见重新投入写作中。

（5）语言提炼

语言是表达思想的工具，论文内容靠语言来描述。首先要看看有无语法错误。其次，用语上力求准确、简洁、流畅，富于学术色彩。再次，文字表达清楚简练，注意句子间的逻辑联系。

6. 论文写作中应注意的问题

（1）题目过大

示例 1：

论文题目《北京与上海旅游者行为特征及其产生的原因分析》，题目太大，指向不清。“行为特征”是指消费行为特征还是什么行为特征，要限定。北京与上海游客是到什么地方旅游？不可能做问卷调查，无法进行定性分析。

（2）文不对题

示例 2：

如某论文题目与“……讲解员管理存在的问题”有关，但论文通篇论述的是讲解员存在的问题，而不是讲解员管理存在的问题。

（3）摘要冗长，结语简单

在摘要中出现大量研究背景和意义，造成摘要冗长，不能简明地表达论文的核心内容。结语过于简单。甚至出现摘要、引言、结语的内容完全一样的情况。

（4）对创新点或贡献的说明言过其实

如："对……具有指导作用""为著名景点周边乡村旅游的发展提供一个成功的典范""提高 GZ 省导游购物服务水平，并推动……的发展，最终实现 GZ 省全面小康""填补了 XX 方面的空白"等。

（5）提出的问题与对策建议不能一一对应

提出的对策建议千篇一律，如："加强基础设施建设，加大资金投入，加强宣传力度，政府部门重视"等，同质化现象严重。有的对策停留在想象中，对策建议不具有可行性。有的论文对存在问题原因进行分析，内容文字却与存在的问题基本相同。表述重复，结构松散。提出多少问题，应有与之相对应的对策建议。

（6）缺乏有力论据

论点与论据没有必然联系，缺乏有力论据或没有论据。论证不得力，缺少逻辑性。论证材料与观点不相干，材料不典型。信息残缺，材料不完整。有的论据没有相应的案例支撑。

（7）口语化现象严重

感到有话要说，却不会用恰当的语言表述，口语化现象严重。用词不准确、不规范。

示例 3：

论文题目《酒店酒吧的管理与产品推销——以 XX 酒店为例》的初稿中，作者以案例说明酒店酒吧管理中存在问题的描述文字为："正如酒店咖啡厅，咖啡厅是个上班节奏很快的地方，到开餐的时候，一阵风地忙得不可开交。由于桌椅或者空间有限，要不停地翻台，作为吧员的我总是被叫去擦桌子或者收盘子，回过头却看见吧台一片慌乱，没有果汁了，或者打咖啡的碟子、杯子没有了，很多客人在不耐烦地叫服务员。但是吧员大部分上班时间只有一个人，只能慌乱地去后场取，也许工作中总是被客人用不满的眼光直射你，或者直接开口投诉。"毕业论文应以书面语言写作，否则无异于散文、小说创作。

（8）基本观点错误或有偏颇。

观点主观片面。观点不鲜明，重点不突出。基本观点错误。

示例 4：

某篇论文题目是关于“导游人员收入分析”的，该文将“返利”“灰色收入”作为导游的正常收入加以分析，显然违反了旅游法的相关规定，论点与论据不能成立。

示例 5：

某篇题为《浅析上下级沟通关系对企业效益的影响——以 XX 酒店为例》的论文，论述“正确处理与上级的沟通”时写道，“下级处在 XX 酒店这样复杂的工作环境中，要时刻注意自己的身份，提醒自己不要越级地去处理事情，要学会报告上级，做好自己的本职工作。避免伤害上级的感情。XX 酒店的上级讨厌什么？一是背后被下级议论。其二就是当众遭下级顶撞”。基本观点错误，用词不准确。

（9）参考文献不规范

论文引用图片、数据、表格等既不注明出处又无注释，参考文献不规范。论文格式不符合要求。如有的论文将大段叙述性文字放入表格中，文字不精练。有的未将附录列入论文目录，或是在目录中列入，但不注明附录的标题。

（10）学术不端

论文大段抄袭，东拼西凑，或改头换面。论文检测后发现抄袭的内容太多，为了降低文字的重复率，删减掉重复率出现频次较高的部分内容，导致论文内容不完整，前后缺乏逻辑联系。

7.5.3 毕业论文答辩

毕业论文答辩，是学校为考核学生研究能力的方式之一。毕业论文答辩是一种有组织、有准备、有计划、有鉴定的比较正规的审查论文的重要形式。为了搞好毕业论文答辩，在举行答辩会前，校方、答辩委员会、答辩者（撰写毕业论文的作者）三方都要做好充分准备。在答辩会上，考官要极力找出来在论文中所表现的水平是真是假。而学生要证明自己的论点是正确的。[①] 参加答辩的学生，必须是修完了学校规定的全部课程并考试、考查及格，论文经指导老师签署意见，所属二级学院同意，方可参加答辩。只有答辩获得通过的才准予毕业。毕业论文答辩是论文写作的最后环节，答辩的主要流程包括：答辩人自我介绍→答辩人陈述→提问与答辩→总结。答辩的目的，是帮助学生找出论文存在的问题，让学生去完善。答辩分值为 100 分，毕业论文成绩由几个环节构成：论文指导老师打分、评阅老师打分、答辩小组根据现场答辩情况打分，最后综合平均评定成绩。

1. 毕业论文答辩基本流程

（1）抽签决定答辩顺序。

（2）答辩人陈述论文主要内容。

陈述时间为 5 到 10 分钟。陈述的主要内容包括论文概述，主要观点看法、创新点、框架结构、研究过程、解决方案、价值和展望、结论及致谢，论文的不足之处等。

（3）答辩人陈述结束，答辩小组就论文内容向答辩人提问，一般为 3 个或 3 个以上问题。

（4）答辩人稍事准备后当场回答问题。有的无准备时间，当即回答。

（5）答辩小组根据答辩情况可再次提问，答辩人再做回答。

（6）答辩小组点评。可分别点评，也可在小组全部答辩结束后，对答辩人的成绩，存在的共性问题作总的点评，提出建议。

2. 学生毕业论文答辩注意事项

（1）着装大方得体。

（2）答辩过程从容自如，切忌紧张过度。

（3）答辩者要熟悉论文全文内容，特别是论文主体部分和结论的内容，论文的主要观点和基本依据。最好制作 PPT，准备 5 到 10 分钟的自述内容，

① 毕业论文答辩．百度百科．[EB/OL].[2018-11-06] https://baike.baidu.com/item.

着重阐述论文亮点。

（4）提前准备纸笔，记录答辩组老师提出的问题。

（5）叙述言简意赅，语速快慢适中。强调重点，略述枝节。

（6）听明白答辩提出问题的题意，抓住问题主旨再作答，避免答非所问。

（7）自始至终保持良好心态和应有的礼貌。

3. 毕业论文答辩提问常见问题

毕业论文答辩主要针对论文所涉及的学术范围内存在的以下问题提问：论文中某些理论或论点模糊不清，问题与对策不对应，观点表述不够准确，条理不清，论据不够充分，数据、图片来源无出处，论证层次比较混乱。提问常见问题如下：

（1）论文的创新点是什么？

（2）为什么选择这个题目？

（3）在研究过程中发现了哪些不同视角？自己对不同见解的认识？如何处理的？需进一步说明的问题？

（4）论文未论及，却与论文密切相关的问题还有哪些？

（5）自己还有哪些问题没搞清楚，论文中哪些地方论述得不够透彻？

（6）论文立论的主要依据是什么？

（7）是如何搜集有关材料的？参考了哪些书籍或资料？论文中所涉及的数据、图片来源？

（8）论文的不足之处是什么？

论文答辩提问案例 1

论文题目为《遵义 XX 旅行社导游服务存在的问题及对策分析》，答辩组老师提出的问题如下：

（1）导游服务存在的问题中，你认为哪个问题是最严重的？

（2）导游服务满意度是怎样调查的？

（3）反馈单是你自己设计的，还是旅行社设计的？

论文答辩提问案例 2

论文题目为《基于“互联网 + 的 HGS 景区旅游形象塑造与传播》，提问如下：

（1）HGS “线上形象”如何塑造？

（2）景区旅游形象塑造的内涵是什么？

（3）景区的现状是什么？

（4）论文中数据来源于哪里？

论文答辩提问案例 3

论文题目为《PD 马官镇花灯的传承与发展路径探析》，提问如下：

（1）谈谈你对新时代文理融合的看法。

（2）经过调查，PD 如何支持花灯的发展？出台什么政策没有？

（3）怎样将 PD 与整个贵州花灯传承与发展融合起来？

论文答辩提问案例 4

论文题目为《影视对 HGS 景区旅游发展的影响探析》，提问如下：

（1）什么是影视旅游？

（2）影视旅游对景区发展的重要性体现在哪些方面？

（3）HGS 景区产业化发展是否可行？

（4）通过什么途径使影视作品有助于旅游开发？

论文答辩提问案例 5

论文题目为《SD 水族文化旅游资源开发现状与优化策略》，提问如下：

（1）什么叫文化旅游资源？ SD 文化旅游资源有哪些？

（2）说明文化旅游与旅游文化之间的区别

（3）简述 SD 水族文化旅游资源开发的现状

7.5.4 学术道德规范

学术道德系指开展学术研究时必须遵守的规范和准则。我国颁布的与学术道德相关的法律或规定有：《中华人民共和国著作权法》《中华人民共和国专利法》《高等学校哲学社会科学研究学术规范（试行）》《关于加强学术道德建设的若干意见》《科技工作者科学道德规范（试行）》《学位论文作假行为处理办法》《关于严肃处理高等学校学术不端行为的通知》《高等学校预防与处理学术不端行为办法》等。要求学生在毕业论文写作过程中，严格遵守学术道德规范，维护科学诚信。

近年来，网上披露的学术不端案例层出不穷，论文检测系统正是在这一大背景下应运而生的。学术不端行为，指在科学研究及论文写作中发生的违反学术准则和违背学术诚信的行为。对于本科毕业论文来说，学术不端主要指论文代写、抄袭、复制拼凑、剽窃等。针对上述现象，自 2009 年始，国内多家高校对毕业论文开启了学术不端检测。各省教育主管部门正式要求毕业论文查重，高等院校开始使用数据库商提供的论文检测系统对毕业论文进行检测。目前国内基于期刊、论文对比资源数据库的查重系统主要有：中国知网论文查重检测系统、维普论文检测系统、万方文献相似性检测、超星大雅论文检测系统。以 AS 学院为例，学校使用维普论文检测系统机构版对在校生的论文进行检测，在毕业论文答辩前，由学校统一组织开展论文检测。要求毕业论文检测的连续重合文字不得高于 20%。如出现论文作假等情况，学校可取消其学位申请资格。以下，简单介绍国内常用的论文检测系统。

1. 中国知网论文查重检测系统

网址：www.ccnki.cc

图 7-5　中国知网论文查重检测系统主页

中国知网论文查重检测系统于 2008 年底正式发布，以 CNKI 各数据库为比对基础库。机构用户数达 1000 多家，主要用于教育、科研、出版等机构，可进行多语种、图文和抄袭论文的查重，主要作用是防治学术不端行为。

该系统的对比资源主要有：知网资源总库中的多数文献资源、英文资源、网络资源、第三方资源。支持繁体字检测、表格等知识单元检测和英文检测。还可检测包括 caj、doc、pdf、txt 文本格式的文献。提供检测报告，出示比对结果，文字内容重合较多的部分用其他颜色标注并显示原文献的篇名、作者、发表刊物、发表时间等详细信息。

2. 维普论文检测系统

网址：http://vpcs.cqvip.com/organ/

图 7-6　维普论文检测系统机构版主页

维普论文检测系统拥有丰富的比对资源：有 1 亿多篇基于论文库和中文期刊库的中外文学术文献、与部分高校共建共享的特色论文库资源、互联网数据资源，可对数十亿页的中英文互联网资源进行实时检测，支持互联网及英文论文检测，能准确检测论文中不当引用和过度引用的内容。由于维普期刊资源中的早期文献多为图片格式，因此论文检测的精准度没有 CNKI 高，这也是很多博士硕士论文要求用 CNKI 作为检测工具的重要原因之一。

论文检测：提供 PDF 格式、高亮文档、网页三种格式的检测报告。该系统可对文档关键语义及片断进行识别和检测。检测报告中的标红部分代表相似文档，同时展示相似片段及来源详情。黄色部分代表引用文献，黑色字体为自写内容，绿色代表参考文献引用规范。

3. 万方文献相似性检测

网址：http://check.wanfangdata.com.cn/

万方文献相似性检测系统是基于万方数据库所收录的全部期刊和学位论文进行检测，检测范围包括 7000 种期刊文献和 170 余万篇学位论文。万方不检测互联网及英文论文。支持 PDF、DOC 等格式文件的检测，提供论文检测报告和相似性论文的全文链接。

4. 超星大雅论文检测系统

网址：http://dsa.dayainfo.com/

图 7-7 超星大雅论文检测系统界面

资源对比数据库：包括图书 400 多万种、期刊论文 6200 多万篇学位论文 300 万篇、会议论文 300 万篇、报纸文章 1.6 亿多篇，还有网页、文档、外文等其他资源。大雅相似度分析除了检测期刊等文献，还提供已出版的中文图书内容检测。检测报告相似文字用红色标示，可查看相似文献的对比情况。

7.6 毕业论文写作中的信息检索应用

任何一项科学研究，都是在前人所取得成果的基础上开展的，论文写作更是如此。毕业论文写作的全过程，掌握有效的信息检索方法和各种检索工具的使用技巧，对于提升文献查询的速度和精准度，提高写作质量能起到事半功倍的作用。毕业论文写作的各个环节都要进行信息检索。开始选题前，要为确定选题而查阅文献。文献综述阶段，要为了解选题范围内的研究现状而检索文献。拟定提纲阶段，要为理清思路而开展信息检索。论文写作阶段，要就解决具体问题提供论证材料而进行信息检索。在论文写作规范等方面，同样需要借助检索工具查找相关的国家标准。从选题开始到整个写作阶段都需利用各种检索工具查找大量文献信息，因此掌握信息检索技巧尤为重要。

7.6.1 检索工具的选择

信息检索的质量，会直接影响毕业论文的质量。目前绝大多数学生将电子文献作为毕业论文参考文献的主要来源。准确检索文献，必须了解检索工具的功能及收编范围。选择合适的检索工具，才能为收集文献提供保障。

1. 数据库的选择

毕业论文写作，会涉及不同类型资料的检索。研究主题不同，所需的数据库亦不同。正确选择与论文主题相关的检索工具，是检索成功的保证，因此要了解不同数据库收录的主要资源有哪些，哪些数据库收录了与检索需求相一致的文献，可查询哪方面的资料，是否与学科专业对口。

（1）学术论文检索。学术论文检索一般利用期刊数据库为检索工具，主要以中文数据库为主：① CNKI 中国学术期刊（网络版）；②维普中文科技期刊数据库；③人大复印报刊资料数据库；④超星期刊；⑤国家哲学社会科学学术期刊数据库；⑥中国台湾学术文献数据库等。期刊数据库内容新颖，数据更新快，信息量大，是学术论文检索的最常用数据库。利用篇名字段检索，可以为学生提供查找选题范围的参考。通过主题和关键词字段检索，可为论文写作阶段有针对性地查找和下载资料提供帮助。使用高级检索，可精准查找到所需资料。检索方法见第 3 章常用的学术论文检索系统。

（2）学位论文检索：①万方中国学位论文全文数据库；②中国知网学位

论文数据库；③中国台湾学术文献数据库学位论文库等。毕业论文的框架结构和格式要求与学位论文相似，区别是篇幅和字数要少得多。如果不清楚怎样写毕业论文，可下载与自己选题相关的学位论文，认真阅读，会有所启发。检索方法详见第3章。

（3）图书检索：①超星数字图书馆；②读秀电子图书检索；③ APABI 数字资源平台；④馆藏书目检索系统。在毕业论文写作中，会涉及相关的定义、概念、知识的解释等，纸质图书、电子图书或电子图书的章节知识内容是最可信的资料。检索方法详见第4章常用的图书检索系统。

（4）专利文献检索：①专利检索与分析系统；②专利之星检索系统；③中国发明专利技术信息网；④中国专利数据库（知网版）；⑤万方专利信息检索系统；⑥美国专利商标局的专利检索系统；⑦欧洲专利局网上专利检索系统等。有部分学生选择的题目类别为毕业设计，具有独创性的设计可申请外观设计专利，这就需要进行专利文献检索。检索方法详见第6章专利文献检索。

2. 搜索引擎的选择

没有经过信息检索课程学习的学生，70% 以上是通过搜索引擎查询文献信息的。互联网上常用的搜索引擎有百度、搜狐、搜狗、Google 等。搜索引擎搜索功能强大、资源丰富、检索简单快捷。网络是一个开放的信息平台，任何人都可以在网上发布信息，导致有些信息源没有质量保证。有的信息可信度、权威性不高，甚至出现错误和遗漏。要想鉴别信息的真实性和准确性，应与专业数据库配合使用，多与纸质原著核对比较，减少谬误。如果使用搜索引擎，建议选择学术机构网站，搜索引擎中的数据库，如百度学术、百度文库、Google 学术搜索、维基百科以及网上免费开放资源等。

7.6.2 检索策略的制定

电子文献具有快速查阅、便于储存、使用方便等特点，各高校都建立了本校的电子文献数据库。加之因特网上免费数字资源数量巨大，涉及范围广，因此在论文写作中掌握电子文献查阅的基本技巧十分重要。

1. 确定检索范围

根据检索内容的不同来选择检索工具。如查找相关概念、定义、原始记录等，应查找一次文献，即图书、期刊等原始文献。如果要查找的是相关数据、动态、述评、进展情况等，应选择年鉴、手册，或年鉴数据库、统计数据库、政府官网等检索工具。如果是为论文收集论据或引证资料，需查找事实型或数值型信息，应选择指南数据库和各种数值数据库。

2. 确定检索方法

在撰写论文前，应根据已确定的选题或论文题目，制定检索策略，进行资料收集。如某学生论文选题与“屯堡服饰文化”有关，可采用以下几种方法查找文献：一是查找原始资料，即屯堡服饰、屯堡文化等相关的第一手材料，调研资料、家谱、史料等。二是查阅图书馆纸质图书和期刊、特种文献。三是利用搜索引擎查找网络上的信息。搜索引擎的检索选项有高级检索，可优化检索过程。四是利用图书学校图书馆数据库查找相关文献。现分别以 CNKI 期刊数据库和百度搜索引擎为检索工具进行信息检索对比分析（表 7–9、表 7–10）。

表 7–9　CNKI 期刊数据库检索结果（检索式：篇名 / 精确检索，时间不限）

检索词	检索词	检索结果
屯堡		505 条
屯堡服饰		6 条
屯堡文化		118 条
屯堡	“并含”服饰	14 条
屯堡	“并含”服饰文化	3 条

表 7–10　百度搜索结果统计

检索词	检索词	检索结果
屯堡		4180000 条
屯堡服饰		411000 条
屯堡文化		2430000 条

（续表）

屯堡	“并含” 服饰	402000 条
屯堡	“并含” 服饰文化	1360 条

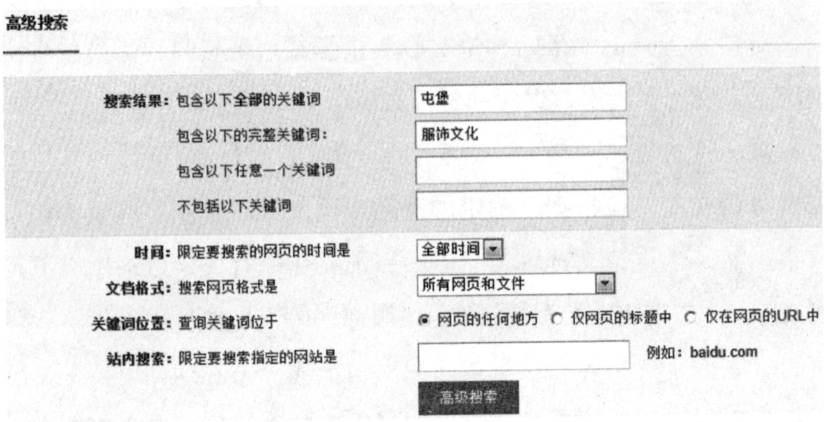

图 7–8　百度高级搜索界面

图 7–9　百度高级搜索结果页面（检索式：“屯堡＋服饰文化”，时间不限。检索时间：(2019 年 6 月 10 日）

从上述搜索结果可以看出，互联网上显示搜索结果的信息类型主要有：资讯、新闻、图片、视频、文库、博客、论文、图书信息，与搜索词关联度较高的链接等，收录的范围比期刊数据库广得多，内容也丰富得多，但却增加了甄别信息优劣的难度。而专题数据库针对性强，上例利用 CNKI 期刊数据库检索的结果全部为已发表的论文。论文写作时可根据需要，选择检索方式和检索工具。

3. 文献分析

当检索到的文献多到无法阅读时，文献信息分析显得尤为重要。如今输入任何一个检索词都可以在检索工具中查找到成千上万条结果，人的精力有限，不可能将这些文献全部阅读完。一种方法是利用逻辑 and 以及时间限制，不断限制检索条件，精准找到与选题非常接近的文献。另一种方法是利用文献信息分析软件，在短时间内把握检出文献的主旨信息。目前很多数据库都有文献分析功能，如知网、维普等。

例如：查询导游服务质量方面的文献，并进行文献分析。

检索步骤：以“导游服务质量”为检索词，以维普中文科技期刊数据库为检索工具，选择题名字段，时间不限。

检索结果：共检索到 87 篇文章。

文献统计分析：在检索结果页面，从“统计分析”的下拉菜单中，选择“检索结果”，单击进入统计分析页面，数据库对检索结果提供以下分析：（1）“学术成果产出分析”，提供近 10 年论文发文量和被引量统计表。从被引量可判断文献的质量，可选择下载被引频次高的文献。（2）“主要发文人物分析”，对发文作者的研究主题和研究方向进行统计，可查到某一作者与自己选题相关的更多文献，查找发文作者擅长的研究领域。（3）“主要发文机构统计分析”，可查看发文机构主要刊登哪一方面主题的文章，为通过期刊导航扩大检索范围提供线索。（4）“文章涉及主要学科统计”，提供某一个学科领域与检索词相关的研究主题和发文量。如根据“导游服务质量”检索到的 87 篇论文中，有 83 篇属于经济管理学科领域。（5）“主要期刊统计分析”，以柱状图显示检索结果的主要期刊发文量统计。这一检索技巧适用于开题报告中研究现状评述（文献综述）撰写阶段的文献分析。

4. 扩大、缩小检索范围的技巧

如果检索到结果过多、过少或不准确，应及时调整检索策略，如采用重新选取检索词、制定检索式，改换检索工具以及限定条件等方法。

（1）扩大检索范围

初次检索结果太少，命中文献不多，要扩大检索范围，提高查全率。可使用逻辑“or”，延长检索年份，采用模糊检索，选用近义词，或将标题字段改为主题字段或全部字段，减少限定条件，使用上位类主题词或分类号检索，多选择几个数据库，检出结果会增加很多。

例如某科研项目名称为“GZ 省威宁火腿销售模式探析”。

检索工具：CNKI 中国学术期刊库。

检索式为“威宁火腿 + 销售模式”/ 篇名 / 精确检索，时间不限。检索结果为 0 条记录。

当检索结果不佳时，应扩大检索范围，重新制定检索策略。调整检索式为“火腿 + 销售”/ 篇名 / 模糊检索，检索结果为 5 条记录。检索结果显示，在已有的成果中，有关“火腿”方面的研究基本上是与食品加工相关的，与标题关联度较高的文献很少。由此可判断该项目具有一定的研究价值。

（2）缩小检索范围

检索结果太多，要采用各种限制技术，使用专指词，限制或减少年份，使用逻辑“and”等方法，或将主题字段改为标题字段，对原检索词加限定条件，换用下位类主题词或分类号检索等缩小检索范围。

例如某项目名称为“XX 村寨特色民宿开发可行性分析”，用 CNKI 期刊数据库进行检索。

检索词为“民宿”/ 篇名 / 精确检索 / 时间不限，检索结果为 1106 条。检索结果太多。

缩小检索范围，检索式为“民宿开发”/ 篇名 / 精确检索，时间限制为 2015 年 –2018 年，检索结果 46 条，其中中文文献 6 条，外文文献 40 条。

缩小检索范围的方法很多，很多数据库在普通检索的结果页，提供二次检索，即在结果中搜索，或在结果中去除等，旨在提高检准率。

5. 综合检索

毕业论文写作时，需要查找不同类型的资料，同一选题需登录多个站点检索。读秀学术搜索将XX学校图书馆的数字资源全部整合到该平台，输入一个检索词，可同时查询知识频道、图书频道、期刊频道、报纸频道、学位论文频道、专利等信息。使用方法详见第5章专题数据库的使用。

检索练习4

1. 如果检索结果较少，如何扩大检索范围？如果检索结果太多，如何缩小检索范围？举例说明。

2. 分别用搜索引擎和电子数据库的高级检索，查询自己感兴趣文献，分析检索结果。

3. 利用读秀学术搜索，查找自己感兴趣的图书、期刊、学位论文、专利文献信息。

思考题

1. 什么是毕业论文？简述毕业论文的类型。

2. 简述毕业论文写作的意义、作用和特点。

3. 论文选题应考虑哪些方面的因素？

4. 选题的基本方法和选题的原则是什么？简述选题的来源。

5. 简述开题报告的作用。撰写开题报告应注意哪些问题？

6. 简述选题的目的和意义。

7. 如何写研究现状评述？

8. 撰写研究现状评述应注意哪些问题？

9. 毕业论文基本结构由哪些部分组成？

10. 拟定论文题目应注意哪些问题？

11. 摘要的注意事项哪些？如何选取论文的关键词？比较说明引言和摘要的编写内容与要求。

12. 以一篇 word 文档为范本，自动生成目录。

13. 按照参考文献著录规范，列出与“屯堡文化”有关的参考文献，分别为论著、期刊论文、学位论文各 2 条。

14. 毕业论文写作中标点符号使用应注意哪些问题？标点符号使用中常见的错误有哪些？

15. 简述收集资料的主要方法和原则。

16. 积累资料的方法有哪些？如何整理资料？

17. 如何编写论文提纲？

18. 如何撰写论文初稿？撰写初稿应注意哪些问题？

19. 论文修改应从哪些方面入手？

20. 开题答辩和毕业论文答辩应注意哪些问题？

21. 论文写作中常见的问题有哪些？

22. 为什么论文写作要遵守学术道德规范？哪些行为构成学术不端行为？

第 8 章　信息检索课程教学改革

为地方经济社会发展需要，培养“具有较强专业知识、技能和能力，具有创新精神的高级应用型人才”[①]，是地方本科院校的人才培养目标。信息检索课旨在通过提高学生的信息检索能力，加强信息素养能力的培养。这种能力的培养，对提高学生“技能和能力。起到了重要作用，与人才培养目标相契合。信息素养从以下方面所具备的能力来体现，即信息意识、信息获取、信息分析、信息处理、信息利用、信息竞争等能力，信息素养能力，是专业知识学习和各种技能掌握的必备条件。通过信息检索基本知识的讲解和上机实践，使学生掌握各种检索工具的使用方法和信息检索技巧，培养学生信息分析、信息获取和信息使用的能力，使学生在学习期间和未来的职业生涯中，能独立地获取和运用文献信息资源解决实际问题，对学生今后走向社会提供帮助。据调查显示学生在信息获取和信息利用等方面还存在诸多问题，传统的教学方式已不适应当今信息社会发展的要求，在大数据背景下，进行信息检索课程的教学改革十分必要。

8.1 大学生信息获取情况调查

2018 年，XX 学院吴莎、张超同学主持的大学生创新创业训练计划项目“AS 学院大学生文献信息检索能力现状调查”获国家级立项（项目编号：2018520915）。该项目以学生的视角探析大学生的信息需求和信息检索能力，

① AS 学院简介 [EB/OL]. [2018.04.02] http://www.asu.edu.cn/xxgk/xxjj.htm.

设计的问卷具有一定的针对性和代表性。征得项目负责人同意，“大学生信息检索情况调查”所使用的数据、表格及资料大多来源于该项目组。

8.1.1 大学生获取文献信息途径

项目组对自己所就读学校大一、大二、大三、大四学生的文献信息检索能力开展系列调查，发放856份问卷，收回有效问卷766份，对大学生上网时长、上网目的，信息获取能力和信息利用情况进行调研。根据项目组调查，学生利用空余时间上网的情况非常普遍。接受调查的学生每天平均上网时长为3小时左右，最长达6小时以上，但是上网目的不一，有的是为了查询资料，有的仅仅为上网而上网。上网目的统计如表8–1。

表8–1 AS学院大学生上网情况统计表[①]

大学生上网目的	占调查总人数比例
文献阅读	9%
视频讲座、公开课学习	9%
完成作业、论文资料收集	15%
浏览新闻	9%
网上购物	11%
网上聊天、微博互动、刷抖音	22%
看网络小说	5%
玩游戏	9%
看电视、听音乐	11%

上述统计结果显示，真正为学习和查询资料而上网的学生仅占47%，信息检索主要采用网络方式。其余受访学生上网的目的为微信聊天、交友聊天、刷抖音、购物、玩游戏、看电视电影、听音乐、看网络小说、网络漫游等。

在获取文献信息途径方面，项目组对学生使用搜索引擎进行信息检索情况进行调查，栏目内容由学生自己填写。结果显示，有67%的学生查阅文献

① AS学院大学生上网情况统计表来源于吴莎、张超主持的国家级大学生创新创业训练计划项目“AS学院大学生文献信息检索能力现状调查”的研究成果。

使用百度搜索，15% 的学生使用搜狗，使用 360 的占 11%，使用其他搜索引擎的为 7%。这一统计表明学生对搜索引擎特别是百度的依赖程度非常高。

在对图书馆电子数据库了解情况的调查中，20% 的学生完全不了解图书馆数字资源，55% 的学生仅知道一点，比较熟悉的占比为 21%，只有 4% 的学生非常熟悉。数据库的使用以 CNKI 中文期刊数据库为主，其次为维普科技期刊数据库、万方数据库，由于超星移动图书馆与超星尔雅视频学习系统有一定的关联度，因此超星移动图书馆使用的比例达 35%。以上调查数据包含了已开设信息检索相关课程的学生。

据笔者连续三年对四个文科班级 273 名学生的调查统计显示，在信息检索课开设前，学生查询资料时使用百度搜索的比例高达 83.77%，使用 CNKI 期刊数据库的达 38.86%，搜狐、搜狗等搜索引擎的为 10.94%，有 20% 的学生利用图书馆纸质图书、期刊查阅文献，上述调查为多选项。数据显示未经过信息检索课程学习的学生，将搜索引擎作为资料查询的首选。据调查，部分学生之所以了解 CNKI 和图书馆纸质资源的使用，源于大一时图书馆曾举办过的“如何利用图书馆”讲座。但仅限于一般的了解，学术和科研的检索能力不强，意识不到具备一定的信息素养对自己未来发展的作用。①

8.1.2 大学生信息检索与利用情况

据统计，学生使用数据库的目的，主要是为了完成作业、课内课外知识补充、撰写论文、等级考试和就业指导等。获取文献信息途径主要为搜索引擎和图书馆数字资源相结合，见表 8-2。

① 龚文静．高校文献检索课程教学研究现状分析——以 2007—2016 年文献检索课程教学研究文献为例 [J]. 安顺学院学报，2018（2）：81-84.

表 8-2 AS 学院大学生信息检索目的统计表[①]

检索目的	完成作业	知识补充	撰写论文	等级考试	就业指导	其他
人次	418	249	156	96	42	23
占调查人数的百分比	42%	25%	16%	10%	4%	2%

在数据库使用方面，42% 的学生为完成作业进行信息检索，26% 的学生为了自学而查阅文献，大学四年级的学生会为撰写论文而有目的地查询数字资源，通过搜索引擎查询等级考试和就业指导方面的信息，明显缺乏对图书馆所购买的考试系统等专题数据库的了解。

学生在有目的地查询某一方面资料的过程中，25% 的学生表示能迅速、准确找到所需信息，11% 的人表示经常无法找到自己所需信息，64% 的学生则需花费较长时间，检索能力不足，检索效果不佳，效率不高。部分学生查找资料遇到困难时，会询问老师、同学或者朋友，但却不了解图书馆可向学生提供专业的信息检索咨询帮助。

项目组还对学生具体实施检索过程中，通常使用数据库检索字段的情况进行调查（该项为多选项），见表 8-3。

表 8-3 学生选择检索字段查询统计表[②]

检索字段	篇名	主题	关键词	作者	摘要	其他
人次	156	252	422	98	52	4
占调查人数的百分比	16%	26%	43%	10%	5%	小于 1%

根据上表统计，选择检索字段的降序排序为：选择关键词字段检索的占 43%，选择主题字段的占 26%，16% 选择篇名字段进行检索，其次为作者字段、摘要字段。经调查，检索结果不佳。

① AS 学院大学生信息检索目的统计表来源于吴莎、张超主持的国家级大学生创新创业训练计划项目“AS 学院大学生文献信息检索能力现状调查”的研究成果。

② AS 学院大学生信息检索目的统计表来源于吴莎、张超主持的国家级大学生创新创业训练计划项目“AS 学院大学生文献信息检索能力现状调查”的研究成果。

笔者在多年信息检索课程教学中发现，造成检索结果不理想的主要原因有以下方面：一是学生不会根据检索内容选择相应的数据库，例如上机实践时要求学生查找电子图书信息或馆藏书目信息，多数学生却选择期刊数据库、学位论文数据库作为检索工具。二是不会选择检索词，如不会使用名词术语为检索词，有学生甚至将拟查询的整个标题作为一个检索词进行查询，导致查全率低或检索结果为 0。三是检索方式单一，当检索结果不理想时，不会调整检索策略重新检索。因此信息检索课的开设不仅十分必要，还应根据信息时代发展的需要进行教学改革。

8.2 信息检索课在高校中的作用

网络的发展给人类带来了诸多便利，在文献信息获取方面，比手工检索更便捷，时间更快，但检索结果过于庞大，需要花大量时间去浏览和筛选。出现信息过载现象严重，信息失衡，甚至虚假的、有害的、错误信息成灾等情形。信息检索课作为一门公共选修课，其提高信息检索效果的工具性作用日益显现，在高校具有重要作用。

8.2.1 有利于提高大学生信息检索的能力

信息检索能力主要指使用一定的方法，准确找到自己所需信息的能力。包括为完成作业、科研项目、毕业论文等进行学术检索的能力，以及查询考试辅导、就业信息、个人日常生活所需等检索的能力。

据调查，不同年级大学生信息需求是不同的。大一学生主要为完成平时作业进行信息检索，如老师布置的小论文、第二课堂学习、征文写作、知识竞赛等。大二学生开始参加各类等级考试，如英语等级考试、计算机等级考试、会计证考试、导游资格考试等，同时还要为下一年度的教师资格证考试作准备，需选择专题数据库进行网上答题测试和网络视频学习等。有的学生准备申报大学生创新创业项目、大学生研究训练 SRT 计划以及其他科研项目，或是参加互联网＋大赛，挑战杯大赛、创新创业大赛等。无论是等级考试，还是撰写项目申报书，参加竞赛答辩等都需要借助不同类型的数据库检索相关信息。大三学生的信息需求以毕业论文撰写为主，部分已获得科研项目立项的学生还要为撰写结题报告作准备，有的学生准备考研。大学四年级后期，学生准备参加各类单位的就业招考，如公务员招考、事业单位招考、特岗教师招考、选调生招考等，需查询就业简历制作方法，就业招聘信息、就业面试信息等。综上，不同的信息需求，应选择不同的数据库或网上搜索。信息检索课的目的就是通过信息检索能力的提高，使学生具备获取不同类型信息能力和信息利用的方法，让学生能亲身体会信息检索在实际运用中的价值和作用。

8.2.2 有利于提高大学生的信息安全意识

网络上除了大量有益信息外，还存在许多垃圾信息。信息检索课通过详细介绍网络资源的类型和分布，检索方法和技巧以及正确获取信息资源的渠道，教育和引导大学生有效利用有益信息，抵制垃圾信息。在知识产权法许可的范围内合理利用网络信息资源，从而提高他们的信息安全意识。

互联网是一个开放的信息平台，发展速度惊人，在世界上影响最广，规模最大，用户最多。互联网用户主体是 18 岁至 24 岁的青年，其中大学生所占比例最高。互联网在向人们提供信息使用便利、带来福音的同时，也存在信息不准确、编纂取舍、信息虚假，甚至是错误信息、有害信息，网络诈骗、传播精神垃圾信息，出现信息犯罪增多等情况。有的系统缺陷或人为过失会造成信息不可用，甚至信息窜改等情形。在信息搜索的过程中，极易受到计算机病毒或木马程序的侵袭。信息检索课的内容之一，就是通过案例分析，教育学生从以下方面提高信息安全防范意识：一是减少网上实名注册。利用搜索引擎使用网上免费开放资源需实名注册时，使用可靠的数据库平台。例如使用网上专利数据库，在信息检索课上，主要推荐使用国家知识产权局官方网站提供的专利检索与分析系统，中国专利信息中心网站提供的专利之星检索系统，中国知网专利版等。二是妥善保管个人的各类证件、密码，不要在 QQ 空间、微信空间泄露个人信息，养成对文件加密的习惯。三是不随意在网上上传自己的或他人的文档等信息，一方面是保证个人资料的安全，另一方面避免未经同意上传他人文档而引发知识产权纠纷。四是要注意防范计算机病毒，及时更新系统文件，安装防火墙和系统补丁。取消系统默认的具有安全隐患的设置，不浏览网络使用中弹出的网页，不随意使用移动存储设备拷贝文件等。[①]

8.2.3 有利于大学生信息道德观念的养成

网络与大学生的学习和生活息息相关，是大学生获取知识和各种信息的重要手段。由于网络上的内容具有多元化、多样性的特点，会对学生信息道德观念产生影响。因此加强网络道德教育成为信息检索课的教学内容之一。

由于网络行为具有隐蔽性和匿名性的特点，开展有效的行为监督较为困难，使人们使用网络的行为容易变得随意、放纵和缺乏责任感。如果网络教育机制不健全或管理滞后，容易导致网络行为缺乏约束，丧失道德行为准则和法律意识。在网络行为中，容易诱发学生亚健康网络心理或沉溺于网络等情况。会导致学生自主意识薄弱，对网络存在依赖心理。网络时代的大学生更容易接受新事物，传统方式的教育功能对网络行为作用不明显。因此增强大学生的网络伦理意识和网络道德责任感，养成良好的信息道德习惯十分重要。

信息检索课在教会大学生如何正确使用网络同时，还将信息道德教育贯穿教学的全过程。通过知识产权权利范围及专利信息检索等教学内容，加强大学生网络行为道德教育。通过搜索引擎和网络开放资源获取等教学内容，引导学生规范使用网络信息资源。在数据库资源教学内容中，将论文写作的学术规范融入其中，加强学术道德教育，教育学生在合理范围内规范地使用他人的文献，尊重他人的智力劳动成果，自觉保护他人的知识产权。引导学

① 吉久明，孙济庆．文献检索与知识发现 [M].2 版．上海：格致出版社，上海人民出版社，2013：8−12.

生具有控制自身行为的能力，在借助网络获取知识，提高技能的同时，树立正确的世界观、人生观和价值观。

8.2.4 有利于大学生终身学习的需要

信息检索技能，是信息社会必备的基础技能，是学生读书治学的基本功。根据相关统计资料发现，大学生走上工作岗位后，未来一生所能用到的知识，只有10%左右是在大学阶段获得的，因此学生无论在校学习期间，还是参加工作后，都需要进行信息检索能力的训练。信息检索课的目的就是教会学生继续学习以获取有用知识的方法，培养大学生终身学习的能力。终身学习能力，主要指信息工具使用能力、获取和识别信息能力、加工处理信息能力、创造和传递新信息能力。其作用是为了提高学生的信息意识和信息观念，培养复合型、开拓型人才，提升学生的社会生存能力和社会竞争能力。

在信息社会，知识更新越来越快，社会分工也越来越细，大学生毕业后，无论从事什么工作，必须具备较强的学习能力和适应环境的能力，才能快速熟悉新领域、掌握新知识。联合国教科文组织教育家埃得加·富尔在《学会生存——教育界的今天和明天》一书中指出：“未来的文盲，不再是不识字的人，而是没有学会学习方法的人”。2005年联合国教科文组织在《亚历山大宣言》中指出：“信息素养和终身学习是信息社会的灯塔，照亮了通向发展、繁荣和自由之路”。受到良好信息素质教育的学生，能够主动获取各种知识和信息，将终身学习的外延扩展到生活、学习、工作等各个方面。①

8.3 信息检索课程教学改革

在信息检索课程教学中发现，学生在检索实践中，往往会出现找到的资料大部分可用性不高，导致学生浪费大量的时间对结果进行筛选。通过丰富教学内容等方式，加强学生实践能力的培养。其中对信息检索效果的评价，

① 于光．信息检索[M]. 2版．北京：电子工业出版社，2014:5-8.

有助于帮助学生更好地掌握检索技巧，知道精确检索的作用，正确使用逻辑算符，通过扩检或缩检，准确有效地查找到所需信息资料，这正是教学改革的重要内容。

8.3.1 丰富教学内容

传统的信息检索，主要是针对具体的检索要求介绍数据库使用方法，以培养学生学术科研检索能力为主。但是当今社会已进入大数据时代，新的信息类型不断涌现，学生的信息需求也呈多样化特点。例如多媒体数据库出现，音频、视频学习系统，图片、地图等类型信息成为新型数据库的内容。信息的特征不同，检索方式、检索入口也不尽相同。让学生了解不同类型的数据库使用方法，就要不断丰富教学内容，采取灵活多样的教学方法和手段开展教学活动。根据学生所学专业，现场拟定检索题目直接检索，采用边讲解边做演示，学生同步进行实际操作等方法，既将理论讲授与实践检索相结合，又能激发学生学习的兴趣，在内容上重点讲授信息检索的方法和技巧，以及怎样提高查全率与查准率，培养学生选择和利用信息的能力。

1. 将课程教学与学生所学专业紧密结合

在数据库使用的实践教学环节，以学生所学专业的实例作为检索案例，提高课堂互动性，加强与专业课程和专业方向紧密联系，既注重学生检索能力的培养，又能够通过本课程促进和带动专业课程的学习。采用通用检索知识和专业知识相结合的教学方式，一方面讲授信息检索综合知识，另一方面依据专业特点，加强专业性信息检索训练。采用分类教学的方法，将教学内容分为基础知识和专业知识两个模块，考虑其学科共性，将相近专业合并成大类开展针对大类的信息检索教学。信息检索基础知识模块，主要包括信息、信息源、信息检索等基本概念和方法，该部分以学校图书馆通用网络信息资源及其检索工具使用为主要内容。专业知识模块可按理、工、管、文、法、艺等学科门类组织信息检索内容，每一模块充分考虑各个专业对信息检索能力的具体要求，向学生介绍国内外的专业检索系统知识和检索方法。如软件通计算机视频学习系统，是一款实用技能软件学习型数据库，能帮助学生快速掌握目前主流软件操作技能，如办公自动化、网页网站设计、PS 图形制作、简历设计、多媒体设计等，可作为计算机基础知识的补充，适用于理工类学生。超星学术视频不仅可使学生自助式学习专业知识，该数据库中的微视频还可对学生自制微视频有一定的启发作用，作为专业基础课程学习的补充。

2. 丰富和补充新的教学内容

网络环境下信息检索课的核心内容是计算机检索和网络检索。由于信息源载体及其检索手段的变化，在教学内容上，从学校实际情况出发，以本校可用资源作为教学实践的重点，首先教会学生借助馆藏查询系统的不同功能，查询和利用馆藏的纸质图书。其次以介绍计算机检索、网络检索的原理和检索方法为重点，加强网络信息检索和数据库检索内容的讲解，分析网络资源的分布，构建合理的教学内容。

目前许多网络信息检索系统在不断地对数据平台检索界面进行更新，检索方式发生重大变化，界面更友好，检索更便捷。多数数据库将所有资源整合在同一平台，实现了一站式检索。目前如万方数据知识服务平台、读秀学术搜索、贵州数字图书馆等很多数据库检索平台增加了音频、视频等信息类型的检索服务。中国知网、CASHL 数据库等，整合了外文文献资源，读秀学术搜索等数据库也通过外文搜索提供外文文献。因此应丰富和加强多媒体数据库以及专题数据库教学，引导学生利用多媒体信息检索系统，如声频、视频、图片、地图等多种形式的信息，解决自己遇到的问题。熟练使用考试系统，加强等级考试的考前测试等。在外文数据库比较欠缺的情况下，向学生推介开放获取资源和 CASHL 数据库等，作为毕业论文写作时外文文献检索的补充。在教学中还应将多种形式的信息检索系统及时补充到教学内容中去，这也是解决目前教材内容更新滞后的有效办法。在信息检索教学及实验过程中，用贴近生活或实用性强的案例及选题，吸引学生的关注。引入毕业论文资料收集、分析与整理以及开题报告撰写等内容，提升学习兴趣。

鉴于学生毕业离校后不能再免费使用学校图书馆的信息资源，在教学内容中，为增强该课程教学内容的实用价值，适当选择知名度较高的一些网络数字检索平台，特别是网上开放获取资源，使学生在毕业后还能够做到学以致用从而体现该课程教学的实用性。

8.3.2 加强对学生实践能力的培养

传统大学教学方法主要是培养学生系统学习书本知识，缺乏提供独立分析和处理问题的训练。为解决这一问题，中国高等教育法明确要求高校应注重培养大学生“创新精神和实践能力”。实践能力包括学习能力、理解能力、信息交流能力、表达能力、专项技能、网络信息检索能力、将所掌握的知识和技能应用于实践过程的能力等等。大学生的实践能力主要体现在以下方面：实验动手能力、绘图能力、加工操作能力、计算机应用能力、完成某项目具体任务的能力、综合应用资料分析问题和解决问题的能力、写作能力、语言表达能力等。地方本科高校从实践教学体系、实践教学基地、实践教学师资队伍、实践教学手段和方法、实践教学管理、实践教学质量监控体系六个方面着手，通过实践环节教学，加强学生的知识应用能力和动手能力来提高大学生的实践能力。有的高校围绕学生必须具备的能力和技能来设计实践教学环节。实践教学在应用型本科高校人才培养中的地位和作用日益显现。

信息检索课是一门方法技能课，以培养学生信息检索的基本技能和学生自学能力为主，注重培养学生动手操作能力和综合实践能力。学生在实践过程中可能会走弯路，这种能力要反复训练才能见实效。经过多次训练，学生的实践能力会得到提高。实践能力必须以掌握一定知识为前提，例如信息检索理论课部分，是教学改革的重点，应以学生所学专业知识作为切入点，将理论付诸实践，书本理论与实践相结合。在实践教学环节，主要通过数据库和搜索引擎使用实例的讲解，让学生根据检索要求进行上机检索实践训练。学生通过综合运用各种检索工具独自开展检索任务、解决专业难题，促进本专业课的学习和专业技能的提升，同时还可提高计算机操作水平。信息检索课作为学校实践教学内容的补充，为学生今后走向社会在能力和素养方面创造条件。

笔者在多年信息检索课教学中发现，学生查阅文献效果不佳，不会分析文献和利用文献，很大程度上与教学内容在时间安排上不合理有一定关系，因此应在实践教学设计中，大幅度增加学生实际上机操作的时间。在时间安排上，实际操作与理论授课所占的时间应调整为3∶2。期末考查成绩由平时作业、考勤、计算机检索、期末考查四个部分构成。平时作业占总成绩的20%。，考勤占总成绩的10%，随堂计算机检索实践占总成绩的30%，期末考查占总成绩的40%。在考核上，加大实践所占考核的比例。

8.3.3 信息检索效果的评价

信息检索效果，主要指用户以检索系统为工具，检出文献所产生的有效结果，即全面检出文献的查全率和准确程度。在实际信息检索中，每一个人的主观愿望总是希望在最短时间内，获得最满意的检索效果。一般而言，相关度级别越高的结果是越多越好，越靠前越好，但实际情况往往不尽如人意。用户往往只能检出一部分相关文献，出现漏检等现象。在教学中，针对学生检索效果不佳的情况，对检索效果进行评价，分析检索实例中存在的问题，有利于提高检索的有效性，这也是信息检索教学改革的重要内容。

1. 信息检索效果的评价指标

检索效果评价，是为了衡量信息检索返回正确结果的能力。信息检索效果评价指标主要包含四个方面：索引数据库构成评价指标，检索功能评价指标，检索结果评价指标，用户负担评价指标。这里针对学生的检索实践，主要讨论检索结果评价指标。

目前普遍认同的检索结果评价指标主要有：查全率、查准率、漏检率、误检率、检索速度。该方法广泛应用于信息检索和统计学分类领域，用来评价检索结果的质量。简言之，就是用检出相关文献量和非相关文献量，来评价文献的检索效果。利用任何一个检索系统，输入相同的检索词，使用同一个提问式，都可以检索到与检索词相关的文献，查全率和查准率是检索系统及检索效果评价的重要指标。在实际检索过程中，通常会发生漏检或检索到非相关文献的情况，因此漏检率和误检率是测量检索误差的重要指标。

（1）查全率

指检索文献返回结果的相关度与检出相关文献的百分比，即从数据库中检索到的相关文献量与总量的比率，有相关研究称之为召回率。查全率的计算结果一般为近似值，绝对值很难计算。通常情况下，查全率高，查准率就会下降。学生在毕业论文写作中，进行文献综述或对文献进行统计分析时要求尽可能查全相关文献。查全率计算式为：

$$\text{查全率}=\frac{\text{检出的相关文献量}}{\text{检索系统中相关文献总量}}\times 100\%$$

（2）查准率

指检索到的全部文献中，未检出相关文献的百分比。查准率是衡量某一检索系统的信号噪声比的一种指标，有人称之为准确率，测试的是检索的精确度。一般来说，查准率高，查全率就低。有的学生希望在毕业论文写作时查准率高一点，以节省挑选和浏览文献的时间。查准率计算式为：

$$\text{查准率}=\frac{\text{检出的相关文献量}}{\text{检出文献总量}}\times 100\%$$

（3）漏检率

是检出结果的漏检比率和漏检概率。指检索文献返回结果中抽取到不合格文献占返回文献的比例。即检索到最相关的文档中漏掉了很多相关文档，是返回结果中不一致的几率。一般作为查全率的补充。漏检率计算式为：

$$\text{漏检率}=\frac{\text{未检出的相关文献量}}{\text{检索系统中相关文献总量}}\times 100\%$$

（4）误检率

指检出文献中，不相关文献与检索结果的百分比，指检索文献的误差率。

检索的效果评价指标——文献检索系列（十一查全率、查准率、漏检率、误检率公式图）EB/OL]. [2018.06.12] http://www.sohu.com/a/133533008_649564.

一般可作为查准率的补充。误检率计算式[①]为：

$$误检率=\frac{检出的不相关文献量}{检出文献总量}\times 100\%$$

（5）检索速度

指用户检索相关信息的时间响应速度，即时间消耗，是衡量搜索引擎和数据库响应检索要求的速度、时间和空间复杂度的重要指标之一。互联网时代，快速检索到所需而又准确的信息是人们所期望的，但检索速度会受到一些客观因素的影响，如受检索算法的影响，主要指传统的搜索算法和搜索引擎算法，同时也受硬件等因素的影响，如计算机的运行速度、网速等都会影响检索系统的运行速度。

2. 影响检索效果的主要因素

信息检索的目的是要全面而又准确地查询到所需文献。在实施检索时，检索结果与系统的收录范围，所使用的索引语言和标引工作等关系密切。在检出文献中往往会夹杂着一些不符合要求的误检文献，或未检出少量符合要求的漏检文献这里有主观因素，也有客观因素。影响检索效果的因素主要有以下方面。

（1）检索词的专指度

开展信息检索时，选取检索词十分重要，如果选用使用频率过高的词，会增加检索的难度。例如名词术语"中毒"一词，包含了铅中毒、乙醇中毒、一氧化碳中毒、巴比妥酸盐类中毒等上百种类型的中毒现象，如果以"中毒"为检索词，会因专指度不够、词频率过高而造成检索结果太多，出现筛选费时、误检等情况，检准率降低。在实施检索中，对原文的重要概念理解不深，用词不当，专指性不强。如部分学生使用一些对课题无实质意义的检索词，如探析、现状、趋势、应用、对策、方法、影响、发展等词，因检索词泛指度过大影响检索效果。

（2）文献标引网络度

从文献存储来看，在数据库或搜索引擎中，如果文献标引者水平不高，容易导致文献标引前后不一致，用词不恰当，索引词汇缺乏控制和专指性，甚至出现错标、漏标或滥标词汇等情形。在教学中，要引导学生使用图书馆数据库资源。

（3）用户的检索水平

根据调查，接受过数据库使用培训，特别是上过信息检索课的学生，找到自己所需要文献的效果较佳。因此精于检索技巧的人最容易找到自己需要的文献。

3. 提高检索效果的方法

在教学改革中，将提高检索效果的方法贯穿到数据库使用中进行讲解，增加实践操作技能的教学。

（1）合理选择数据库

在检索过程中，要分析检索的需求，自己的检索目的是什么。例如查询图像信息、视频信息、音频信息，以专题数据库和互联网上多媒体信息的检索为主。如果进行课题研究，要明确课题所涉及的专业是什么，主要的学科范围，根据需求选择数据库。若是要查询国外某一学科前沿的内容，可选择英国《科学文摘》，美国的《工程索引》《化学文摘》，以及国外重要的综合性学术资源整合平台。如课题对文献信息的新颖性要求较高，则选择更新速度快、周期短的数据库，国内以期刊数据库为检索工具。如果学生撰写理科论文涉及关键性的技术资料、成果鉴定，可查询工程和技术类数据库、专利数据库。

（2）提取检索词

对检索对象的主题概念进行分析，用检索词表达主题内容，准确地揭示检索主题的核心内容，选择规范词。如论文“XX 希尔顿酒店餐饮中网络团购现状及对策分析”，核心是“酒店餐饮中网络团购”方面的文献，至于是哪一个酒店并不重要。再如“XX 学院大学生旅游消费行为分析”，有的学生提取的检索词为“消费行为分析”，显然没有抓住主题的核心，该文旨在分析大学生在旅游中的消费行为，检索词应为“大学生 + 旅游 + 消费 + 行为”，而“分析”一词在检索中的限制意义不大。确定论文的主题概念后，可从主题词中选择检索词，或从最初的检索结果中选择，也可从综述文献中选择。

（3）制定检索策略

①提高查全率

例如学生在撰写开题报告的研究现状评述时，需要系统全面了解课题的整个发展过程，检索文献时应尽量提高查全率。在制定检索策略时，需降低检索词的专指度，增加同义词和近义词的检索，尽量选全同义词。例如“电脑”的同义词有PC机、微机、计算机，近义词有“一体机”。“黏接剂”的同义词有黏合剂、黏胶剂、黏固剂、黏结剂、黏接剂等。再如乙醇=酒精，马铃薯=土豆/洋芋，电动机=马达等等。同义词的查询，可借助搜索引擎，有的数据库还向用户提供同义词选择功能，也可在数据库的检索结果中查找。采用分类导航检索，进行族性检索，查找相同主题的文献。减少逻辑“与”组配，可选择增加逻辑“或”检索。减少相关限制，如时间限制、基金限制、作者限制等，使用模糊检索，提高查全率。也可选择截词检索，详见2.5.2截词检索。

②提高查准率

提高查询时所用检索词的专指度。如聚烯烃，通常指乙烯、丙烯或高级烯烃的聚合物，要选择能够准确描述文献主题的检索词。再如海洋贝类的下位词有扇贝、牡蛎、蚌、鲍鱼等，根据课题要求，缩小搜索范围，有针对性地使用下位词。在检索中使用逻辑“与”增加限制条件，使用逻辑“非”组配排除无关的检索项。选择高级检索，或使用上位词检索出大量的相关文献，再进行二次检索。增加检索限制条件，如字段限制、时间限制、语种限制、作者限制、基金项目限制、文献类型限制等。详见2.5.1布尔逻辑检索、2.5.3限制检索、2.5.4加权检索。

（4）灵活运用检索方法

要达到良好的检索效果，需要在实际检索的过程中不断调整检索策略。根据不同数据库收录的范围，扩大信息资源检索搜索。结合使用综合性检索系统和专业性检索系统实施跨库检索。先普查多种数据库，尽量满足资料的查全要求，可选择标题、主题、关键词和摘要字段，先用上位词检索，看看是否有漏检或误检的情况，再根据检索结果不断修正检索策略。如果查全率很高，在原有检索结果进行二次检索。综合运用逻辑“与”“或”“非”检索，兼顾查准率的要求，选择主题范围的专题数据库。

思考题

1. 在信息使用过程中，如何提高信息安全防范意识？
2. 大学生应如何提高信息道德素养？
3. 简述信息检索效果的评价指标。
4. 简述影响检索效果的主要因素有哪些？
5. 如何提高查全率？
6. 如何提高查准率？

主要参考文献

[1] Webster.Webster’s Third New International Dictionary[M].G & C.Meerium CO,1971.

[2] 中国社会科学院语言研究所词典编辑室．现代汉语词典 [M]. 北京：商务印书馆，1982.

[3]信息与信息技术综述[EB/OL].[2018.10.02] https://max.book118.com/html/2018/0430/163957913.shtm.

[4] GB/T 4894—2009，中华人民共和国国家标准《信息与文献・术语》[S].

[5]信息的概念[EB/OL].[2019.01.20] http://blog.blog.sina.com.cn/s/blog_4c5a82b201007g3.html.

[6] 辞书编辑委员会．辞海 [M]. 上海：上海辞书出版社，1980.

[7] 中国大百科全书总编辑委员会．中国大百科全书·教育卷[M].2版．北京:中国大百科全书出版社，2009.

[8] 钱学森．科技情报工作的科学技术 [J]．情报理论与实践，1983(6):3 —10.

[9] 情报 [EB/OL].[2018.12.11] https://baike.baidu.com/item/%E6%83%85%E6%8A%A5/74476?fr=aladdin.

[10] GB/T3792.1—1983，中华人民共和国国家标准《文献著录总则》[S].

[11] 范晔．后汉书 [M]. 北京：中华书局，2014.

[12] 黄如花．信息检索 [M].2 版．武汉：武汉大学出版社，2014.

[13] Did you know.05[EB/OL].[2019.02.11] http://video.baomihua.com/play/.

di8yMTkzNTEwNA$$.

[14] 中华人民共和国国务院 . 中华人民共和国政府信息公开条例 (第二条) [Z].2007—04—05.

[15] 李其港 . 文献检索实用技术 [M]. 北京：人民邮电出版社，2014.

[16] 黄军左 . 文献检索与科技论文写作 [M]. 2 版 . 北京：中国石化出版社，2013.

[17] 张俊林 . 这就是搜索引擎——核心技术详解 [M].2 版北京：电子工业出版社，20116.

[18] 数据库介绍信息 [EB/OL].[2019-01-22] http://kns.cnki.net/kns/brief/result.aspx?dbprefix=CJFQ.

[19] 中国学术期刊数据库 [EB/OL].[2019.01.22] http://www.wanfangdata.com.cn/perio/toIndex.do.

[20] 超星期刊 [EB/OL].[2019.02.10]http://qikan.chaoxing.com/search/openmag?index=index.

[21] 数据库介绍 [EB/OL].[2019.03.10] http://www.nssd.org/.

[22] 查找学位论文 [EB/OL].[2019.02.02] http://www.lib.tsinghua.edu.cn/find/find_disser.html.

[23] 超星电子图书下载后离线换机 (在其他电脑上) 阅读方法 [EB/OL].[2018-12-06].http://lib2.asu.edu.cn/info/2520/2780.htm.

[24] 人文社会科学信息资源共享平台—CASHL 简介 [EB/OL].[2019-02-21] https://wenku.baidu.com/view/d2d6833ab84ae45c3a358c13.html.

[25] AS 学院图书馆 CASHL 文献传递服务流程 [EB/OL].[2018-11-27] http://lib2.asu.edu.cn/info/5581/3117.htm.

[26] 世界知识产权组织 . 建立世界知识产权组织公约 [Z].1967—07—14.

[27] 杜伟 . 信息检索 [M].2 版 . 北京：科学出版社 .2016.

[28] 国家知识产权局 . 专利文献与信息检索 [M]. 北京：知识产权出版社 .2013.

[29] 什么是专利族、同族专利和基本专利？.[EB/OL]. [2019-03-04].https://zhidao.baidu.com/question/518712775032203245.html.

[30] 中华人民共和国国务院 .《中华人民共和国学位条例暂行实施办法》[Z].1981—05—20.

[31] GB7713-87，中华人民共和国国家标准《科学技术报告、学位论文和学术论文的编写格式》[S].

[32] 顾明远 . 教育大辞典 [M]. 上海：上海教育出版社，1998.

[33] 张高评 . 论文之选题与规划 [J]. 书目季刊 , 2007（9）第 41 卷第 2 期 .

[34] 大卫 · 克拉斯沃尔，等 . 怎样做开题报告——给教育、社会与行为科学专业学生的建议 [M]. 焦建利，等，译 . 上海：上海教育出版社，2015.

[35] 中华人民共和国国家标准《文摘编写规则》【UDC 014.1/.5(083.73) GB 6447 — 86】[S].

[36] 龚文静，孙兆霞 . 文化保护与经济发展冲突背景下图书馆的目标价值取向——阿尔伯特 · 卡恩的“地球史料馆”给予我们的启示［J］. 图书馆建设，2010(4).

[37] 常用标点符号用法简表 [EB/OL].[2018-09-06] http://www.zdic.net/appendix/f3.htm.

[38] 新版！《标点符号用法》你用对了吗？ [EB/OL].[2018-01-16].

http://baijiahao.baidu.com/s?id=1598884690821820393&wfr=spider&for=pc.

[39] [日] 山上定也 . 惊人的信息推理术 [M]. 温元凯 , 等 , 译 . 上海：上海文化出版社，1987.

[40] 毕业论文答辩，百度百科 .[EB/OL].[2018-11-06].https://baike.baidu.com/item.

[41] 龚文静 . 高校文献检索课程教学研究现状分析——以 2007—2016 年文献检索课程教学研究文献为例 [J]. 安顺学院学报，2018（2）.

[42] 吉久明 , 孙济庆 . 文献检索与知识发现 [M]. 上海：格致出版社，上海人民出版社 , 2013.

[43] 检索的效果评价指标——文献检索系列（十一查全率、查准率、漏检率、误检率公式图）[EB/OL].[2018.06.12] http://www.sohu.com/a/133533008_649564.

[44] 饶宗政 . 现代文献检索与利用 [M].2 版 . 北京：机械工业出版社，2016.

[45] 花芳 . 文献检索与利用 [M]. 北京：清华大学出版社，2014.

[46] 李振华 . 文献检索与论文写作 [M]. 北京 : 清华大学出版社，2016.

[47] 孙平，伊雪峰 . 科技写作与文献检索 [M].2 版北京：清华大学出版社，2013.

[48] 劳伦斯 · 马奇，等 . 怎样做文献综述——六步走向成功 [M]. 肖思汉，译 . 上海：上海教育出版社，2011.

[49] 罗伊娜 · 默里，等 . 学术写作手册——一种新方法 [M]. 谢爱磊，译 . 上海：上海教育出版社，2011.

[50] 柯林 · 内纳尔 . 学术引注规范指南 [M].2 版 . 张瑜，译 . 上海：上海教育出版社，2013.

[51] 马丁·登斯库姆 . 怎样做好一项研究——小规模社会研究指南（第 3 版）[M]. 陶保平，译 . 上海：上海教育出版社，2011.

[52] 任珂，等 . 查询专指度对检索效果的影响研究 [J]. 现代图书情报技术，2016（11）.

[53] 王梅岭 . 中国大陆的社会科学学者电子期刊阅读行为调查——以武汉大学与南京大学为例 [J]. 图书馆与资讯学刊，2013（82）.

[54] 于光 . 信息检索 [M].2 版 . 北京：电子工业出版社，2014.

[55] 廖益贤 . 电子文献例文检索资料库管窥——以“中央研究院汉籍电子文献”资料库所收《文心雕龙》为例 [J]. 中国文化大学中文学报，2012（25）.

[56] 邢彦辰 . 毕业论文写作与文献检索 [M]. 北京：北京邮电大学出版社，2010.

附录

科学技术报告、学位论文和学术论文的编写格式

中华人民共和国国家标准

GB/T 7713-1987《科学技术报告、学位论文和学术论文的编写格式》

Presentation of scientific and technical reports，dissertations and scientific papers

1 引言

1.1 制订本标准的目的是为了统一科学技术报告、学位论文和学术论文(以下简称报告、论文)的撰写和编辑的格式，便利信息系统的收集、存储、处理、加工、检索、利用、交流、传播。

1.2 本标准适用于报告、论文的编写格式，包括形式构成和题录著录，及其撰写、编辑、印刷、出版等。

本标准所指报告、论文可以是手稿，包括手抄本和打字本及其复制品；也可以是印刷本，包括发表在期刊或会议录上的论文及其预印本、抽印本和变异本；作为书中一部分或独立成书的专著；缩微复制品和其他形式。

1.3 本标准全部或部分适用于其他科技文件，如年报、便览、备忘录等，也适用于技术档案。

2 定义

2.1 科学技术报告

科学技术报告是描述一项科学技术研究的结果或进展或一项技术研制试验和评价的结果；或是论述某项科学技术问题的现状和发展的文件。

科学技术报告是为了呈送科学技术工作主管机构或科学基金会等组织或

主持研究的人等。科学技术报告中一般应该提供系统的或按工作进程的充分信息，可以包括正反两方面的结果和经验，以便有关人员和读者判断和评价，以及对报告中的结论和建议提出修正意见。

2.2 学位论文

学位论文是表明作者从事科学研究取得创造性的结果或有了新的见解，并以此为内容撰写而成、作为提出申请授予相应的学位时评审用的学术论文。

学士论文应能表明作者确已较好地掌握了本门学科的基础理论、专门知识和基本技能，并具有从事科学研究工作或担负专门技术工作的初步能力。

硕士论文应能表明作者确已在本门学科上掌握了坚实宽广的基础理论和系统的专门知识，并对所研究课题有新的见解，有从事科学研究工作或独立担负专门技术工作的能力。

博士论文应能表明作者确已在本门学科上掌握了坚实宽广的基础理论和系统深入的专门知识，并具有独立从事科学研究工作的能力，在科学或专门技术上做出了创造性的成果。

2.3 学术论文

学术论文是某一学术课题在实验性、理论性或观测性上具有新的科学研究成果或创新见解和知识的科学记录；或是某种已知原理应用于实际中取得新进展的科学总结，用以提供学术会议上宣读、交流或讨论；或在学术刊物上发表；或作其他用途的书面文件。

学术论文应提供新的科技信息，其内容应有所发现、有所发明、有所创造、有所前进，而不是重复、模仿、抄袭前人的工作。

3 编写要求

报告、论文的中文稿必须用白色稿纸单面缮写或打字；外文稿必须用打字。可以用不褪色的复制本。

报告、论文宜用 A4(210X297mm) 标准大小的白纸，应便于阅读、复制和拍摄缩微制品。

报告、论文在书写、打字或印刷时，要求纸的四周留足空白边缘，以便装订、复制和读者批注。每一面的上方(天头)和左侧(订口)应分别留边25mm以上，下方(地脚)和右侧(切口)应分别留边20mm以上。

4 编写格式

4.1 报告、论文章、条、款、项的编号参照国家标准GBl.1-- 8l《标准化工作导则 编写标准的一般规定》第6章“标准章、条、款、项的划分、编号和排列格式”的有关规定，采用阿拉伯数字分级编号。

4.2 报告、论文的构成

(示意图略)

5 前置部分

5.1 封面

5.1.1 封面是报告、论文的外表面，提供应有的信息，并起保护作用。

封面不是必不可少的。学术论文如作为期刊、书或其他出版物的一部分，无需封面；如作为预印本、抽印本等单行本时，可以有封面。

5.1.2 封面上可包括下列内容：

a. 分类号 在左上角注明分类号，便于信息交换和处理。一般应注明《中国图书资料分类法》的类号，同时应尽可能注明《国际十进分类法UDC》的类号。

b. 本单位编号 一般标注在右上角。学术论文无必要。

c. 密级 报告、论文的内容，按国家规定的保密条例，在右上角注明密级。

如系公开发行，不注密级。

d. 题名和副题名或分册题名 用大号字标注于明显地位。

e. 卷、分册、篇的序号和名称 如系全一册，无需此项。

f. 版本 如草案、初稿、修订版、……等。如系初版，无需此项。

g. 责任者姓名 责任者包括报告、论文的作者、学位论文的导师、评阅人、答辩委员会主席以及学位授予单位等。必要时可注明个人责任者的职务、职称、学位、所在单位名称及地址；如责任者系单位、团体或小组，应写明全称和地址。

在封面和题名页上，或学术论文的正文前署名的个人作者，只限于那些对于选定研究课题和制订研究方案、直接参加全部或主要部分研究工作并作出主要贡献以及参加撰写论文并能对内容负责的人，按其贡献大小排列名次。至于参加部分工作的合作者、按研究计划分工负责具体小项的工作者、某一项测试的承担者以及接受委托进行分析检验和观察的辅助人员等，均不列入。这些人可以作为参加工作的人员，列入致谢部分，或排于脚注。

如责任者姓名有必要附注汉语拼音时，必须遵照国家规定，即姓在名前，名连成一词，不加连字符，不缩写。

h. 申请学位级别 应按《中华人民共和国学位条例暂行实施办法》所规定的名称进行标注。

i. 专业名称 系指学位论文作者主修专业的名称。

j. 工作完成日期 包括报告、论文提交日期，学位论文的答辩日期，学位的授予日期，出版部门收到日期(必要时)。

k. 出版项 出版地及出版者名称，出版年、月、日(必要时)。

5.1.3 报告和论文的封面格式参见附录 A。（略）

5.2 封二

报告的封二可标注送发方式，包括免费赠送或价购，以及送发单位和个人；版权规定；其他应注明事项。

5.3 题名页

题名页是对报告、论文进行著录的依据。

学术论文无需题名页。

题名页置于封二和衬页之后，成为另页的右页。

报告、论文如分装两册以上，每一分册均应各有其题名页。在题名页上注明分册名称和序号。

题名页除 5.1 规定封面应有的内容并取得一致外，还应包括下列各项：

单位名称和地址，在封面上未列出的责任者职务、职称、学位、单位名称和地址，参加部分工作的合作者姓名。

5.4 变异本

报告、论文有时适应某种需要，除正式的全文正本以外，要求有某种变异本，如：节本、摘录本、为送请评审用的详细摘要本、为摘取所需内容的改写本等。

变异本的封面上必须标明“节本、摘录本或改写本”字样，其余应注明项目，参见 5.1 的规定执行。

5.5 题名

5.5.1 题名是以最恰当、最简明的词语反映报告、论文中最重要的特定内容的逻辑组合。

题名所用每一词语必须考虑到有助于选定关键词和编制题录、索引等二次文献可以提供检索的特定实用信息。

题名应该避免使用不常见的缩略词、首字母缩写字、字符、代号和公式等。

题名一般不宜超过 20 字。

报告、论文用作国际交流，应有外文 (多用英文) 题名。外文题名一般不宜超过 10 个实词。

5.5.2 下列情况可以有副题名：

题名语意未尽，用副题名补充说明报告论文中的特定内容；

报告、论文分册出版，或是一系列工作分几篇报道，或是分阶段的研究结果，各用不同副题名区别其特定内容；

其他有必要用副题名作为引申或说明者。

5.5.3 题名在整本报告、论文中不同地方出现时，应完全相同，但眉题可以节略。

5.6 序或前言

序并非必要。报告、论文的序，一般是作者或他人对本篇基本特征的简介，如说明研究工作缘起、背景、主旨、目的、意义、编写体例，以及资助、支持、协作经过等；也可以评述和对相关问题研究阐发。这些内容也可以在正文引言中说明。

5.7 摘要

5.7.1 摘要是报告、论文的内容不加注释和评论的简短陈述。

5.7.2 报告、论文一般均应有摘要，为了国际交流，还应有外文（多用英文）摘要。

5.7.3 摘要应具有独立性和自含性，即不阅读报告、论文的全文，就能获得必要的信息。摘要中有数据、有结论，是一篇完整的短文，可以独立使用，可以引用，可以用于工艺推广。摘要的内容应包含与报告、论文同等量的主要信息，供读者确定有无必要阅读全文，也供文摘等二次文献采用。摘要一般应说明研究工作目的、实验方法、结果和最终结论等，而重点是结果和结论。

5.7.4 中文摘要一般不宜超过 200–300 字；外文摘要不宜超过 250 个实词。如遇特殊需要字数可以略多。

5.7.5 除了实在无变通办法可用以外，摘要中不用图、表、化学结构式、非公知公用的符号和术语。

5.7.6 报告、论文的摘要可以用另页置于题名页之后，学术论文的摘要一般置于题名和作者之后、正文之前。

5.7.7 学位论文为了评审，学术论文为了参加学术会议，可按要求写成变异本式的摘要，不受字数规定的限制。

5.8 关键词

关键词是为了文献标引工作，从报告、论文中选取出来用以表示全文主题内容信息款目的单词或术语。

每篇报告、论文选取 3 ~ 8 个词作为关键词，以显著的字符另起一行，排在摘要的左下方。如有可能，尽量用《汉语主题词表》等词表提供的规范词。

为了国际交流，应标注与中文对应的英文关键词。

5.9 目次页

长篇报告、论文可以有目次页，短文无需目次页。

目次页由报告、论文的篇、章、条、款、项、附录、题录等的序号、名称和页码组成，另页排在序之后。

整套报告、论文分卷编制时，每一分卷均应有全部报告、论文内容的目次页。

5.10 插图和附表清单

报告、论文中如图表较多，可以分别列出清单置于目次页之后。

图的清单应有序号、图题和页码。表的清单应有序号、表题和页码。

5.11 符号、标志、缩略词、首字母缩写、计量单位、名词、术语等的注释表

符号、标志、缩略词、首字母缩写、计量单位、名词、术语等的注释说明汇集表，应置于图表清单之后。

6 主体部分

6.1 格式

主体部分的编写格式可由作者自定，但一般由引言 (或绪论) 开始，以结论或讨论结束。

主体部分必须由另页右页开始。每一篇 (或部分) 必须另页起。如报告、论文印成书刊等出版物，则按书刊编排格式的规定。

全部报告、论文的每一章、条、款、项的格式和版面安排，要求划一，层次清楚。

6.2 序号

6.2.1 如报告、论文在一个总题下装为两卷 (或分册) 以上，或分为两篇 (或部分) 以上，各卷或篇应有序号。可以写成：第一卷、第二分册；第一篇、第二部分等。用外文撰写的报告、论文，其卷 (分册) 和篇 (部分) 的序号，用罗马数字编码。

6.2.2 报告、论文中的图、表、附注、参考文献、公式、算式等，一律用阿拉伯数字分别依序连续编排序号。序号可以就全篇报告、论文统一按出现先后顺序编码，对长篇报告、论文也可以分章依序编码。其标注形式应便于互相区别，可以分别为: 图 1、图 2.1; 表 2、表 3.2; 附注 1）; 文献 [4]; 式（5）、式（3.5）等。

6.2.3 报告、论文一律用阿拉伯数字连续编页码。页码由书写、打字或印刷的首页开始，作为第 1 页，并为右页另页。封面、封二、封三和封底不编

入页码。可以将题名页、序、目次页等前置部分单独编排页码。页码必须标注在每页的相同位置，便于识别。

力求不出空白页，如有，仍应以右页作为单页页码。

如在一个总题下装成两册以上，应连续编页码。如各册有其副题名，则可分别独立编页码。

6.2.4 报告、论文的附录依序用大写正体 A，B，C，…编序号，如：附录 A。

附录中的图、表、式、参考文献等另行编序号，与正文分开，也一律用阿拉伯数字编码，但在数码前冠以附录序码，如：图 A1；表 B2；式 (B3)；文献 [A5] 等。

6.3 引言 (或绪论)

引言 (或绪论) 简要说明研究工作的目的、范围、相关领域的前人工作和知识空白、理论基础和分析、研究设想、研究方法和实验设计、预期结果和意义等。应言简意赅，不要与摘要雷同，不要成为摘要的注释。一般教科书中有的知识，在引言中不必赘述。

比较短的论文可以只用小段文字起着引言的效用。

学位论文因为需要反映出作者确已掌握了坚实的基础理论和系统的专门知识，具有开阔的科学视野，对研究方案作了充分论证，因此，有关历史回顾和前人工作的综合评述以及理论分析等，可以单独成章，用足够的文字叙述。

6.4 正文

报告、论文的正文是核心部分，占主要篇幅，可以包括：调查对象、实验和观测方法、仪器设备、材料原料、实验和观测结果、计算方法和编程原理、数据资料、经过加工整理的图表、形成的论点和导出的结论等。

由于研究工作涉及的学科、选题、研究方法、工作进程、结果表达方式等有很大的差异，对正文内容不能作统一的规定。但是，必须实事求是，客观真切，准确完备，合乎逻辑，层次分明，简练可读。

6.4.1 图

图包括曲线图、构造图、示意图、图解、框图、流程图、记录图、布置图、地图、照片、图版等。

图应具有“自明性”，即只看图、图题和图例，不阅读正文，就可理解图意。

图应编排序号(见6.2.2)。

每一图应有简短确切的题名，连同图号置于图下。必要时，应将图上的符号、标记、代码以及实验条件等，用最简练的文字，横排于图题下方，作为图例说明。

曲线图的纵横坐标必须标注“量、标准规定符号、单位”。此三者只有在不必要标明(如无量纲等)的情况下方可省略。坐标上标注的量的符号和缩略词必须与正文中一致。

照片图要求主题和主要显示部分的轮廓鲜明，便于制版。如用放大缩小的复制品，必须清晰，反差适中。照片上应该有表示目的物尺寸的标度。

6.4.2 表

表的编排，一般是内容和测试项目由左至右横读，数据依序竖排。表应有自明性。

表应编排序号(见6.2.2)。

每一表应有简短确切的题名，连同表号置于表上。必要时，应将表中的符号、标记、代码以及需要说明事项，以最简练的文字，横排于表题下，作为表注，也可以附注于表下。附注序号的编排，见6.2.2。表内附注的序号宜用小号阿拉伯数字并加圆括号置于被标注对象的右上角，不宜用星号“*”，以免与数学上共轭和物质转移的符号相混。

表的各栏均应标明“量或测试项目、标准规定符号、单位”。只有在无必要标注的情况下方可省略。表中的缩略词和符号，必须与正文中一致。

表内同一栏的数字必须上下对齐。表内不宜用“同上”“同左”“同右”和类似词，一律填入具体数字或文字。表内“空白”代表未测或无此项，“—”或“…”(“—”可能与代表阴性反应相混)代表未发现，“0”代表实测结果确为零。

如数据已绘成曲线图，可不再列表。

6.4.3 数学、物理和化学式

正文中的公式、算式或方程式等应编排序号(见 6.2.2)，序号标注于该式所在行(当有续行时，应标注于最后一行)的最右边。

较长的式，另行居中横排。如式必须转行时，只能在+，−，×，÷，<，>处转行。上下式尽可能在等号“=”处对齐。

示例 1（略）

示例 2（略）

示例 3（略）

小数点用“.”表示。大于 999 的整数和多于三位数的小数，一律用半个阿拉伯数字符的小间隔分开，不用千位撇。小于 1 的数应将 0 列于小数点之前。

示例：应该写成 94 652.023 567；0.314 325

不应写成 94，652.023，567；0.314，325

应注意区别各种字符，如：拉丁文、希腊文、俄文、德文花体、草本；罗马数字和阿拉伯数字；字符的正斜体、黑白体、大小写、上下角标(特别是多层次，如“三踏步”)、上下偏差等。示例：I，1，1，i；C，c；K，k，κ；O，0，O，o(度)；S，s，5；Z，z，2；B，β；W，w，щ。

6.4.4 计量单位

报告、论文必须采用 1984 年 2 月 27 日国务院发布的《中华人民共和国法定计量单位》，并遵照《中华人民共和国法定计量单位使用方法》执行。使用各种量、单位和符号，必须遵循附录 B“参考标准”所列国家标准的规定执行。单位名称和符号的书写方式一律采用国际通用符号。

6.4.5 符号和缩略词

符号和缩略词应遵照国家标准(见附录B)的有关规定执行。如无标准可循，可采纳本学科或本专业的权威性机构或学术团体所公布的规定；也可以采用全国自然科学名词审定委员会编印的各学科词汇的用词。如不得不引用某些不是公知公用的，且又不易为同行读者所理解的，或系作者自定的符号、记号、缩略词、首字母缩写字等时，均应一一在第一次出现时加以说明，给以明确的定义。

6.5 结论

报告、论文的结论是最终的、总体的结论，不是正文中各段的小结的简单重复。结论应该准确、完整、明确、精练。

如果不可能导出应有的结论，也可以没有结论而进行必要的讨论。

可以在结论或讨论中提出建议、研究设想、仪器设备改进意见、尚待解决的问题等。

6.6 致谢

可以在正文后对下列方面致谢：

国家科学基金、资助研究工作的奖学金基金、合同单位、资助或支持的企业、组织或个人；

协助完成研究工作和提供便利条件的组织或个人；

在研究工作中提出建议和提供帮助的人；

给予转载和引用权的资料、图片、文献、研究思想和设想的所有者；

其他应感谢的组织和个人。

6.7 参考文献表

按照 GB7714–87《文后参考文献著录规则》的规定执行。

7 附录

附录是作为报告、论文主体的补充项目，并不是必需的。

7.1 下列内容可以作为附录编于报告、论文后，也可以另编成册：

a. 为了整篇报告、论文材料的完整，但编入正文又有损于编排的条理和逻辑性，这一类材料包括比正文更为详尽的信息、研究方法和技术更深入的叙述，建议可以阅读的参考文献题录，对了解正文内容有用的补充信息等；

b. 由于篇幅过大或取材于复制品而不便于编入正文的材料；

c. 不便于编入正文的罕见珍贵资料；

d. 对一般读者并非必要阅读，但对本专业同行有参考价值的资料；

e. 某些重要的原始数据、数学推导、计算程序、框图、结构图、注释、统计表、计算机打印输出件等。

7.2 附录与正文连续编页码。每一附录的各种序号的编排见 4.2。

7.3 每一附录均另页起。如报告、论文分装几册，凡属于某一册的附录应置于各该册正文之后。

8 结尾部分 (必要时)

为了将报告、论文迅速存储入电子计算机，可以提供有关的输入数据。

可以编排分类索引、著者索引、关键词索引等。

附录

标点符号用法

中华人民共和国国家标准

《标点符号用法》

General rules for punctuation

GB/T 15834—2011

代替 GB/T 15834—1995

2011-12-30 发布 2012-06-01 实施

中华人民共和国国家质量监督检验检疫总局

中国国家标准化管理委员会 发 布

目次

前言

本标准按照 GB/T 1.1—2009 给出的规则起草。

本标准代替 GB/T 15834—1995，与 GB/T 15834—1995 相比，主要变化如下：

——根据我国国家标准编写规则（GB/T 1.1—2009），对本标准的编排和表述做了全面修改；

——更换了大部分示例，使之更简短、通俗、规范；

——增加了对术语“标点符号”和“语段”的定义（2.1/2.5）；

——对术语“复句”和“分句”的定义做了修改（2.3/2.4）；

——对句末点号（句号、问号、叹号）的定义做了修改，更强调句末点号与句子语气之间的关系（4.1.1/4.2.1/4.3.1）；

——对逗号的基本用法做了补充（4.4.3）；

——增加了不同形式括号用法的示例（4.9.3）；

——省略号的形式统一为六连点“……”，但在特定情况下允许连用（4.11）；

——取消了连接号中原有的二字线，将连接号形式规范为短横线“-”、一字线“—”和浪纹线“～”，并对三者的功能做了归并与划分（4.13）；

——明确了书名号的使用范围（4.15/A.13）；

——增加了分隔号的用法说明（4.17）；

——“标点符号的位置”一章的标题改为“标点符号的位置和书写形式”，并增加了使用中文输入软件处理标点符号时的相关规范（第 5 章）；

——增加了“附录”：附录 A 为规范性附录，主要说明标点符号不能怎样使用和对标点符号用法加以补充说明，以解决目前使用混乱或争议较大的问题。附录 B 为资料性附录，对功能有交叉的标点符号的用法做了区分，并对标点符号误用高发环境下的规范用法做了说明。

本标准由教育部语言文字信息管理司提出并归口。

本标准主要起草单位：北京大学。

本标准主要起草人：沈阳、刘妍、于泳波、翁姗姗。

本标准所代替标准的历次版本发布情况为：

——GB/T 15834—1995。

标点符号用法

1 范围

本标准规定了现代汉语标点符号的用法。

本标准适用于汉语的书面语（包括汉语和外语混合排版时的汉语部分）。

2 术语和定义

下列术语和定义适用于本文件。

2.1

标点符号 punctuation

辅助文字记录语言的符号，是书面语的有机组成部分，用来表示语句的停顿、语气以及标示某些成分（主要是词语）的特定性质和作用。

注：数学符号、货币符号、校勘符号、辞书符号、注音符号等特殊领域的专门符号不属于标点符号。

2.2

句子 sentence

前后都有较大停顿、带有一定的语气和语调、表达相对完整意义的语言单位。

2.3

复句 complex sentence

由两个或多个在意义上有密切关系的分句组成的语言单位，包括简单复句（内部只有一层语义关系）和多重复句（内部包含多层语义关系）。

2.4

分句 clause

复句内两个或多个前后有停顿、表达相对完整意义、不带有句末语气和语调、有的前面可添加关联词语的语言单位。

2.5

语段 expression

指语言片段，是对各种语言单位（如词、短语、句子、复句等）不做特别区分时的统称。

3 标点符号的种类

3.1 点号

点号的作用是点断，主要表示停顿和语气。分为句末点号和句内点号。

3.1.1 句末点号

用于句末的点号，表示句末停顿和句子的语气。包括句号、问号、叹号。

3.1.2 句内点号

用于句内的点号，表示句内各种不同性质的停顿。包括逗号、顿号、分号、冒号。

3.2 标号

标号的作用是标明，主要标示某些成分（主要是词语）的特定性质和作用。包括引号、括号、破折号、省略号、着重号、连接号、间隔号、书名号、专名号、分隔号。

4 标点符号的定义、形式和用法

4.1 句号

4.1.1 定义

句末点号的一种，主要表示句子的陈述语气。

4.1.2 形式

句号的形式是“。”。

4.1.3 基本用法

4.1.3.1 用于句子末尾，表示陈述语气。使用句号主要根据语段前后有较大停顿、带有陈述语气和语调，并不取决于句子的长短。

示例 1：北京是中华人民共和国的首都。

示例 2：（甲：咱们走着去吧？）乙：好。

4.1.3.2 有时也可表示较缓和的祈使语气和感叹语气。

示例 1：请您稍等一下。

示例 2：我不由地感到，这些普通劳动者也同样是很值得尊敬的。

4.2 问号

4.2.1 定义

句末点号的一种，主要表示句子的疑问语气。

4.2.2 形式

问号的形式是“？”。

4.2.3 基本用法

4.2.3.1 用于句子末尾，表示疑问语气（包括反问、设问等疑问类型）。使用问号主要根据语段前后有较大停顿、带有疑问语气和语调，并不取决于句子的长短。

示例 1：你怎么还不回家去呢？

示例 2：难道这些普通的战士不值得歌颂吗？

示例 3：（一个外国人，不远万里来到中国，帮助中国的抗日战争。）这是什么精神？这是国际主义的精神。

4.2.3.2 选择问句中，通常只在最后一个选项的末尾用问号，各个选项之间一般用逗号隔开。当选项较短且选项之间几乎没有停顿时，选项之间可不用逗号。当选项较多或较长，或有意突出每个选项的独立性时，也可每个选项之后都用问号。

示例 1：诗中记述的这场战争究竟是真实的历史描述，还是诗人的虚构？

示例 2：这是巧合还是有意安排？

示例 3：要一个什么样的结尾：现实主义的？传统的？大团圆的？荒诞的？民族形式的？有象征意义的？

示例 4：（他看着我的作品称赞了我。）但到底是称赞我什么：是有几处画得好？还是什么都敢画？抑或只是一种对于失败者的无可奈何的安慰？我不得而知。

示例5：这一切都是由客观的条件造成的？还是由行为的惯性造成的？

4.2.3.3 在多个问句连用或表达疑问语气加重时，可叠用问号。通常应先单用，再叠用，最多叠用三个问号。在没有异常强烈的情感表达需要时不宜叠用问号。

示例：这就是你的做法吗？你这个总经理是怎么当的？？你怎么竟敢这样欺骗消费者？？？

4.2.3.4 问号也有标号的用法，即用于句内，表示存疑或不详。

示例1：马致远（1250？—1321），大都人，元代戏曲家、散曲家。

示例2：钟嵘（？—518），颍川长社人，南朝梁代文学批评家。

示例3：出现这样的文字错误，说明作者（编者？校者？）很不认真。

4.3 叹号

4.3.1 定义

句末点号的一种，主要表示句子的感叹语气。

4.3.2 形式

叹号的形式是“！”。

4.3.3 基本用法

4.3.3.1 用于句子末尾，主要表示感叹语气，有时也可表示强烈的祈使语气、反问语气等。使用叹号主要根据语段前后有较大停顿、带有感叹语气和语调或带有强烈的祈使、反问语气和语调，并不取决于句子的长短。

示例1：才一年不见，这孩子都长这么高啦！

示例2：你给我住嘴！

示例3：谁知道他今天是怎么搞的！

4.3.3.2 用于拟声词后，表示声音短促或突然。

示例1：咔嚓！一道闪电划破了夜空。

示例2：咚！咚咚！突然传来一阵急促的敲门声。

4.3.3.3 表示声音巨大或声音不断加大时，可叠用叹号；表达强烈语气时，也可叠用叹号，最多叠用三个叹号。在没有异常强烈的情感表达需要时不宜叠用叹号。

示例 1：轰！！ 在这天崩地塌的声音中，女娲猛然醒来。

示例 2：我要揭露！ 我要控诉！！ 我要以死抗争！！！

4.3.3.4 当句子包含疑问、感叹两种语气且都比较强烈时（如带有强烈感情的反问句和带有惊愕语气的疑问句），可在问号后再加叹号（问号、叹号各一）。

示例 1：这么点困难就能把我们吓倒吗？！

示例 2：他连这些最起码的常识都不懂，还敢说自己是高科技人才？！

4.4 逗号

4.4.1 定义

句内点号的一种，表示句子或语段内部的一般性停顿。

4.4.2 形式

逗号的形式是“，”。

4.4.3 基本用法

4.4.3.1 复句内各分句之间的停顿，除了有时用分号（见 4.6.3.1），一般都用逗号。

示例 1：不是人们的意识决定人们的存在，而是人们的社会存在决定人们的意识。

示例 2：学历史使人更明智，学文学使人更聪慧，学数学使人更精细，学考古使人更深沉。

示例 3：要是不相信我们的理论能反映现实，要是不相信我们的世界有内在和谐，那就不可能有科学。

4.4.3.2 用于下列各种语法位置：

a. 较长的主语之后。

示例 1：苏州园林建筑各种门窗的精美设计和雕镂功夫，都令人叹为观止。

b. 句首的状语之后。

示例 2：在苍茫的大海上，狂风卷集着乌云。

c．较长的宾语之前。

示例3：有的考古工作者认为，南方古猿生存于上新世至更新世的初期和中期。

d．带句内语气词的主语（或其他成分）之后，或带句内语气词的并列成分之间。

示例4：他呢，倒是很乐意地、全神贯注地干起来了。

示例5：（那是个没有月亮的夜晚。）可是整个村子——白房顶啦，白树木啦，雪堆啦，全看得见。

e．较长的主语中间、谓语中间或宾语中间。

示例6：母亲沉痛的诉说，以及亲眼见到的事实，都启发了我幼年时期追求真理的思想。

示例7：那姑娘头戴一顶草帽，身穿一条绿色的裙子，腰间还系着一根橙色的腰带。

示例8：必须懂得，对于文化传统，既不能不分青红皂白统统抛弃，也不能不管精华糟粕全盘继承。

f．前置的谓语之后或后置的状语、定语之前。

示例9：真美啊，这条蜿蜒的林间小路。

示例10：她吃力地站了起来，慢慢地。

示例11：我只是一个人，孤孤单单的。

4.4.3.3 用于下列各种停顿处：

a．复指成分或插说成分前后。

示例1：老张，就是原来的办公室主任，上星期已经调走了。

示例2：车，不用说，当然是头等。

b．语气缓和的感叹语、称谓语或呼唤语之后。

示例3：哎哟，这儿，快给我揉揉。

示例4：大娘，您到哪儿去啊？

示例5：喂，你是哪个单位的？

c．某些序次语（“第”字头、“其”字头及“首先”类序次语）之后。

示例 6：为什么许多人都有长不大的感觉呢？原因有三：第一，父母总认为自己比孩子成熟；第二，父母总要以自己的标准来衡量孩子；第三，父母出于爱心而总不想让孩子在成长的过程中走弯路。

示例 7：《玄秘塔碑》所以成为书法的范本，不外乎以下几方面的因素：其一，具有楷书点画、构体的典范性；其二，承上启下，成为唐楷的极致；其三，字如其人，爱人及字，柳公权高尚的书品、人品为后人所崇仰。

示例 8：下面从三个方面讲讲语言的污染问题：首先，是特殊语言环境中的语言污染问题；其次，是滥用缩略语引起的语言污染问题；再次，是空话和废话引起的语言污染问题。

4.5 顿号

4.5.1 定义

句内点号的一种，表示语段中并列词语之间或某些序次语之后的停顿。

4.5.2 形式

顿号的形式是“、”。

4.5.3 基本用法

4.5.3.1 用于并列词语之间。

示例 1：这里有自由、民主、平等、开放的风气和氛围。

示例 2：造型科学、技艺精湛、气韵生动，是盛唐石雕的特色。

4.5.3.2 用于需要停顿的重复词语之间。

示例：他几次三番、几次三番地辩解着。

4.5.3.3 用于某些序次语（不带括号的汉字数字或“天干地支”类序次语）之后。

示例 1：我准备讲两个问题：一、逻辑学是什么？二、怎样学好逻辑学？

示例 2：风格的具体内容主要有以下四点：甲、题材；乙、用字；丙、表达；丁、色彩。

4.5.3.4 相邻或相近两数字连用表示概数通常不用顿号。若相邻两数字连用为缩略形式，宜用顿号。

示例 1：飞机在 6 000 米高空水平飞行时，只能看到两侧八九公里和前方一二十公里范围内的地面。

示例 2：这种凶猛的动物常常三五成群地外出觅食和活动。

示例 3：农业是国民经济的基础，也是二、三产业的基础。

4.5.3.5 标有引号的并列成分之间、标有书名号的并列成分之间通常不用顿号。若有其他成分插在并列的引号之间或并列的书名号之间（如引语或书名号之后还有括注），宜用顿号。

示例 1：“日”“月”构成“明”字。

示例 2：店里挂着“顾客就是上帝”“质量就是生命”等横幅。

示例 3：《红楼梦》《三国演义》《西游记》《水浒传》，是我国长篇小说的四大名著。

示例 4：李白的“白发三千丈”（《秋浦歌》）、“朝如青丝暮成雪”（《将进酒》）都是脍炙人口的诗句。

示例 5：办公室里订有《人民日报》（海外版）、《光明日报》和《时代周刊》等报刊。

4.6 分号

4.6.1 定义

句内点号的一种，表示复句内部并列关系分句之间的停顿，以及非并列关系的多重复句中第一层分句之间的停顿。

4.6.2 形式

分号的形式是“；”。

4.6.3 基本用法

4.6.3.1 表示复句内部并列关系的分句（尤其当分句内部还有逗号时）之间的停顿。

示例 1：语言文字的学习，就理解方面说，是得到一种知识；就运用方面说，是养成一种习惯。

示例 2：内容有分量，尽管文章短小，也是有分量的；内容没有分量，即使写得再长也没有用。

4.6.3.2 表示非并列关系的多重复句中第一层分句（主要是选择、转折等关系）之间的停顿。

示例 1：人还没看见，已经先听见歌声了；或者人已经转过山头望不见了，歌声还余音袅袅。

示例 2：尽管人民革命的力量在开始时总是弱小的，所以总是受压的；但是由于革命的力量代表历史发展的方向，因此本质上又是不可战胜的。

示例 3：不管一个人如何伟大，也总是生活在一定的环境和条件下；因此，个人的见解总难免带有某种局限性。

示例 4：昨天夜里下了一场雨，以为可以凉快些；谁知没有凉快下来，反而更热了。

4.6.3.3 用于分项列举的各项之间。

示例：特聘教授的岗位职责为：一、讲授本学科的主干基础课程；二、主持本学科的重大科研项目；三、领导本学科的学术队伍建设；四、带领本学科赶超或保持世界先进水平。

4.7 冒号

4.7.1 定义

句内点号的一种，表示语段中提示下文或总结上文的停顿。

4.7.2 形式

冒号的形式是“：”。

4.7.3 基本用法

4.7.3.1 用于总说性或提示性词语（如“说”“例如”“证明”等）之后，表示提示下文。

示例 1：北京紫禁城有四座城门：午门、神武门、东华门和西华门。

示例 2：她高兴地说：“咱们去好好庆祝一下吧！”

示例 3：小王笑着点了点头：“我就是这么想的。”

示例 4：这一事实证明：人能创造环境，环境同样也能创造人。

4.7.3.2 表示总结上文。

示例：张华上了大学，李萍进了技校，我当了工人：我们都有美好的前途。

4.7.3.3 用在需要说明的词语之后，表示注释和说明。

示例 1：（本市将举办首届大型书市。）主办单位：市文化局；承办单位：市图书进出口公司；时间：8 月 15 日—20 日；地点：市体育馆观众休息厅。

示例 2：（做阅读理解题有两个办法。）办法之一：先读题干，再读原文，带着问题有针对性地读课文。办法之二：直接读原文，读完再做题，减少先入为主的干扰。

4.7.3.4 用于书信、讲话稿中称谓语或称呼语之后。

示例 1：广平先生：……

示例 2：同志们、朋友们：……

4.7.3.5 一个句子内部一般不应套用冒号。在列举式或条文式表述中，如不得不套用冒号时，宜另起段落来显示各个层次。

示例：第十条 遗产按照下列顺序继承：

第一顺序：配偶、子女、父母。

第二顺序：兄弟姐妹、祖父母、外祖父母。

4.8 引号

4.8.1 定义

标号的一种，标示语段中直接引用的内容或需要特别指出的成分。

4.8.2 形式

引号的形式有双引号“ “” ”和单引号“ ‘’ ”两种。左侧的为前引号，右侧的为后引号。

4.8.3 基本用法

4.8.3.1 标示语段中直接引用的内容。

示例：李白诗中就有“白发三千丈”这样极尽夸张的语句。

4.8.3.2 标示需要着重论述或强调的内容。

示例：这里所谓的“文”，并不是指文字，而是指文采。

4.8.3.3 标示语段中具有特殊含义而需要特别指出的成分，如别称、简称、反语等。

示例 1：电视被称作“第九艺术”。

示例 2：人类学上常把古人化石统称为尼安德特人，简称“尼人”。

示例 3：有几个“慈祥”的老板把捡来的菜叶用盐浸浸就算作工友的菜肴。

4.8.3.4 当引号中还需要使用引号时，外面一层用双引号，里面一层用单引号。

示例：他问：“老师，‘七月流火’是什么意思？”

4.8.3.5 独立成段的引文如果只有一段，段首和段尾都用引号；不止一段时，每段开头仅用前引号，只在最后一段末尾用后引号。

示例：我曾在报纸上看到有人这样谈幸福：

“幸福是知道自己喜欢什么和不喜欢什么。……

“幸福是知道自己擅长什么和不擅长什么。……

“幸福是在正确的时间做了正确的选择。……”

4.8.3.6 在书写带月、日的事件、节日或其他特定意义的短语（含简称）时，通常只标引其中的月和日；需要突出和强调该事件或节日本身时，也可连同事件或节日一起标引。

示例 1：“5・12”汶川大地震

示例 2：“五四”以来的话剧，是我国戏剧中的新形式。

示例 3：纪念“五四运动”90 周年

4.9 括号

4.9.1 定义

标号的一种，标示语段中的注释内容、补充说明或其他特定意义的语句。

4.9.2 形式

括号的主要形式是圆括号“（ ）”，其他形式还有方括号“［ ］”、六角括号“〔 〕”和方头括号“【 】”等。

4.9.3 基本用法

4.9.3.1 标示下列各种情况，均用圆括号：

a．标示注释内容或补充说明。

示例 1：我校拥有特级教师（含已退休的）17 人。

示例 2：我们不但善于破坏一个旧世界，我们还将善于建设一个新世界！（热烈鼓掌）

b．标示订正或补加的文字。

示例 3：信纸上用稚嫩的字体写着："阿夷（姨），你好！"。

示例 4：该建筑公司负责的建设工程全部达到优良工程（的标准）。

c．标示序次语。

示例 5：语言有三个要素：（1）声音；（2）结构；（3）意义。

示例 6：思想有三个条件：（一）事理；（二）心理；（三）伦理。

d．标示引语的出处。

示例 7：他说得好："未画之前，不立一格；既画之后，不留一格。"（《板桥集·题画》）

e．标示汉语拼音注音。

示例 8："的（de）"这个字在现代汉语中最常用。

4.9.3.2 标示作者国籍或所属朝代时，可用方括号或六角括号。

示例 1：［英］赫胥黎《进化论与伦理学》

示例 2：〔唐〕杜甫著

4.9.3.3 报刊标示电讯、报道的开头，可用方头括号。

示例：【新华社南京消息】

4.9.3.4 标示公文发文字号中的发文年份时，可用六角括号。

示例：国发〔2011〕3 号文件

4.9.3.5 标示被注释的词语时，可用六角括号或方头括号。

示例 1：〔奇观〕奇伟的景象。

示例 2：【爱因斯坦】物理学家。生于德国，1933 年因受纳粹政权迫害，移居美国。

4.9.3.6 除科技书刊中的数学、逻辑公式外，所有括号（特别是同一形式的括号）应尽量避免套用。必须套用括号时，宜采用不同的括号形式配合使用。

示例：〔茸（róng）毛〕很细很细的毛。

4.10 破折号

4.10.1 定义

标号的一种，标示语段中某些成分的注释、补充说明或语音、意义的变化。

4.10.2 形式

破折号的形式是“——”。

4.10.3 基本用法

4.10.3.1 标示注释内容或补充说明（也可用括号，见 4.9.3.1；二者的区别另见 B.1.7）。

示例 1：一个矮小而结实的日本中年人——内山老板走了过来。

示例 2：我一直坚持读书，想借此唤起弟妹对生活的希望——无论环境多么困难。

4.10.3.2 标示插入语（也可用逗号，见 4.4.3.3）。

示例：这简直就是——说得不客气点——无耻的勾当！

4.10.3.3 标示总结上文或提示下文（也可用冒号，见 4.7.3.1、4.7.3.2）。

示例 1：坚强，纯洁，严于律己，客观公正——这一切都难得地集中在一个人身上。

示例 2：画家开始娓娓道来——

数年前的一个寒冬，……

4.10.3.4 标示话题的转换。

示例：“好香的干菜，——听到风声了吗？”赵七爷低声说道。

4.10.3.5 标示声音的延长。

示例：“嘎——”传过来一声水禽被惊动的鸣叫。

4.10.3.6 标示话语的中断或间隔。

示例1：“班长他牺——”小马话没说完就大哭起来。

示例2：“亲爱的妈妈，你不知道我多爱您。——还有你，我的孩子！”

4.10.3.7 标示引出对话。

示例：——你长大后想成为科学家吗？

——当然想了！

4.10.3.8 标示事项列举分承。

示例：根据研究对象的不同，环境物理学分为以下五个分支学科：

——环境声学；——环境光学；

——环境热学；

——环境电磁学；

——环境空气动力学。

4.10.3.9 用于副标题之前。

示例：飞向太平洋

——我国新型号运载火箭发射目击记

4.10.3.10 用于引文、注文后，标示作者、出处或注释者。

示例1：先天下之忧而忧，后天下之乐而乐。

——范仲淹

示例2：乐浪海中有倭人，分为百余国。

——《汉书》

示例3：很多人写好信后把信笺折成方胜形，我看大可不必。（方胜，指古代妇女戴的方形首饰，用彩绸等制作，由两个斜方部分叠合而成。——编者注）

4.11 省略号

4.11.1 定义

标号的一种，标示语段中某些内容的省略及意义的断续等。

4.11.2 形式

省略号的形式是“……”。

4.11.3 基本用法

4.11.3.1 标示引文的省略。

示例：我们齐声朗诵起来："……俱往矣，数风流人物，还看今朝。"

4.11.3.2 标示列举或重复词语的省略。

示例 1：对政治的敏感，对生活的敏感，对性格的敏感，……这都是作家必须要有的素质。

示例 2：他气得连声说："好，好……算我没说。"

4.11.3.3 标示语意未尽。

示例 1：在人迹罕至的深山密林里，假如突然看见一缕炊烟，……

示例 2：你这样干，未免太……！

4.11.3.4 标示说话时断断续续。

示例：她磕磕巴巴地说："可是……太太……我不知道……你一定是认错了。"

4.11.3.5 标示对话中的沉默不语。

示例："还没结婚吧？"

"……"他飞红了脸，更加忸怩起来。

4.11.3.6 标示特定的成分虚缺。

示例：只要……就……

4.11.3.7 在标示诗行、段落的省略时，可连用两个省略号（即相当于十二连点）。

示例 1：从隔壁房间传来缓缓而抑扬顿挫的吟咏声——

床前明月光，疑是地上霜。

…………

示例 2：该刊根据工作质量、上稿数量、参与程度等方面的表现，评选出了高校十佳记者站。还根据发稿数量、提供新闻线索情况以及对刊物的关注度等，评选出了十佳通讯员。

…………

4.12 着重号

4.12.1 定义

标号的一种，标示语段中某些重要的或需要指明的文字。

4.12.2 形式

着重号的形式是“.”标注在相应文字的下方。

4.12.3 基本用法

4.12.3.1 标示语段中重要的文字。

示例 1：诗人需要表现，而不是证明。

示例 2：下面对本文的理解，不正确的一项是：……

4.12.3.2 标示语段中需要指明的文字。

示例：下边加点的字，除了在词中的读法外，还有哪些读法？

着急 子弹 强调

4.13 连接号

4.13.1 定义

标号的一种，标示某些相关联成分之间的连接。

4.13.2 形式

连接号的形式有短横线“-”、一字线“—”和浪纹线“～”三种。

4.13.3 基本用法

4.13.3.1 标示下列各种情况，均用短横线：

a．化合物的名称或表格、插图的编号。

示例 1：3-戊酮为无色液体，对眼及皮肤有强烈的腐蚀性。

示例 2：参见下页表 2-8、表 2-9。

b. 连接号码，包括门牌号码、电话号码，以及用阿拉伯数字表示年月日等。

示例 3：安宁里东路 26 号院 3-2-11 室

示例 4：联系电话：010-88842603

示例 5：2011-02-15

c．在复合名词中起连接作用。

示例6：吐鲁番－哈密盆地

d. 某些产品的名称和型号。

示例7：WZ-10直升机具有复杂天气和夜间作战的能力。

e. 汉语拼音、外来语内部的分合。

示例8：shu ō shu ō –xi à oxi à o（说说笑笑）

示例9：盎格鲁－撒克逊人

示例10：让－雅克·卢梭（“让－雅克”为双名）

示例11：皮埃尔·孟戴斯－弗朗斯（“孟戴斯－弗朗斯”为复姓）

4.13.3.2 标示下列各种情况，一般用一字线，有时也可用浪纹线：

a. 标示相关项目（如时间、地域等）的起止。

示例1：沈括（1031—1095），宋朝人。

示例2：2011年2月3日—10日

示例3：北京—上海特别旅客快车

b. 标示数值范围（由阿拉伯数字或汉字数字构成）的起止。

示例4：25 ~ 30 g

示例5：第五~八课

4.14 间隔号

4 14.1 定义

标号的一种，标示某些相关联成分之间的分界。

4.14.2 形式

间隔号的形式是“·”。

4.14.3 基本用法

4.14.3.1 标示外国人名或少数民族人名内部的分界。

示例1：克里斯蒂娜·罗塞蒂

示例2：阿依古丽·买买提

4.14.3.2 标示书名与篇（章、卷）名之间的分界。

示例：《淮南子·本经训》

4.14.3.3 标示词牌、曲牌、诗体名等和题名之间的分界。

示例 1：《沁园春 · 雪》

示例 2：《天净沙 · 秋思》

示例 3：《七律 · 冬云》

4.14.3.4 用在构成标题或栏目名称的并列词语之间。

示例 4：《天 · 地 · 人》

4.14.3.5 以月、日为标志的事件或节日，用汉字数字表示时，只在一、十一和十二月后用间隔号；当直接用阿拉伯数字表示时，月、日之间均用间隔号（半角字符）。

示例 1："九一八"事变 "五四"运动

示例 2："一 · 二八"事变 "一二 · 九"运动

示例 3："3 · 15"消费者权益日 "9 · 11"恐怖袭击事件

4.15 书名号

4.15.1 定义

标号的一种，标示语段中出现的各种作品的名称。

4.15.2 形式

书名号的形式有双书名号"《 》"和单书名号"〈 〉"两种。

4.15.3 基本用法

4.15.3.1 标示书名、卷名、篇名、刊物名、报纸名、文件名等。

示例 1：《红楼梦》（书名）

示例 2：《史记 · 项羽本纪》（卷名）

示例 3：《论雷峰塔的倒掉》（篇名）

示例 4：《每周关注》（刊物名）

示例 5：《人民日报》（报纸名）

示例 6：《全国农村工作会议纪要》（文件名）

4.15.3.2 标示电影、电视、音乐、诗歌、雕塑等各类用文字、声音、图像等表现的作品的名称。

示例 1：《渔光曲》（电影名）

示例 2：《追梦录》（电视剧名）

示例 3：《勿忘我》（歌曲名）

示例 4：《沁园春·雪》（诗词名）

示例 5：《东方欲晓》（雕塑名）

示例 6：《光与影》（电视节目名）

示例 7：《社会广角镜》（栏目名）

示例 8：《庄子研究文献数据库》（光盘名）

示例 9：《植物生理学系列挂图》（图片名）

4.15.3.3 标示全中文或中文在名称中占主导地位的软件名。

示例：科研人员正在研制《电脑卫士》杀毒软件。

4.15.3.4 标示作品名的简称。

示例：我读了《念青唐古拉山脉纪行》一文（以下简称《念》），收获很大。

4.15.3.5 当书名号中还需要书名号时，里面一层用单书名号，外面一层用双书名号。

示例：《教育部关于提请审议〈高等教育自学考试试行办法〉的报告》

4.16 专名号

4.16.1 定义

标号的一种，标示古籍和某些文史类著作中出现的特定类专有名词。

4.16.2 形式

专名号的形式是一条直线，标注在相应文字的下方。

4.16.3 基本用法

4.16.3.1 标示古籍、古籍引文或某些文史类著作中出现的专有名词，主要包括人名、地名、国名、民族名、朝代名、年号、宗教名、官署名、组织名等。

示例 1：孙坚人马被刘表率军围得水泄不通。（人名）

示例 2：于是聚集冀、青、幽、并四州兵马七十多万准备决一死战。（地名）

示例 3：当时乌孙及西域各国都向汉派遣了使节。（国名、朝代名）

示例 4：如咸宁二年到太康十年，匈奴、鲜卑、乌桓等族人徙居塞内。（年号、民族名）

4.16.3.2 现代汉语文本中的上述专有名词，以及古籍和现代文本中的单位名、官职名、事件名、会议名、书名等不应使用专名号。必须使用标号标示时，宜使用其他相应标号（如引号、书名号等）。

4.17 分隔号

4.17.1 定义

标号的一种，标示诗行、节拍及某些相关文字的分隔。

4.17.2 形式

分隔号的形式是“/”。

4.17.3 基本用法

4.17.3.1 诗歌接排时分隔诗行（也可使用逗号和分号，见 4.4.3.1/4.6.3.1）。

示例：春眠不觉晓 / 处处闻啼鸟 / 夜来风雨声 / 花落知多少。

4.17.3.2 标示诗文中的音节节拍。

示例：横眉 / 冷对 / 千夫指，俯首 / 甘为 / 孺子牛。

4.17.3.3 分隔供选择或可转换的两项，表示“或”。

示例：动词短语中除了作为主体成分的述语动词之外，还包括述语动词所带的宾语和 / 或补语。

4.17.3.4 分隔组成一对的两项，表示“和”。

示例 1：13/14 次特别快车

示例 2：羽毛球女双决赛中国组合杜婧 / 于洋两局完胜韩国名将李孝贞 / 李敬元。

4.17.3.5 分隔层级或类别。

示例：我国的行政区划分为：省（直辖市、自治区）/ 省辖市（地级市）/ 县（县级市、区、自治州）/ 乡（镇）/ 村（居委会）。

5 标点符号的位置和书写形式

5.1 横排文稿标点符号的位置和书写形式

5.1.1 句号、逗号、顿号、分号、冒号均置于相应文字之后，占一个字位置，居左下，不出现在一行之首。

5.1.2 问号、叹号均置于相应文字之后，占一个字位置，居左，不出现在一行之首。两个问号（或叹号）叠用时，占一个字位置；三个问号（或叹号）叠用时，占两个字位置；问号和叹号连用时，占一个字位置。

5.1.3 引号、括号、书名号中的两部分标在相应项目的两端，各占一个字位置。其中前一半不出现在一行之末，后一半不出现在一行之首。

5.1.4 破折号标在相应项目之间，占两个字位置，上下居中，不能中间断开分处上行之末和下行之首。

5.1.5 省略号占两个字位置，两个省略号连用时占四个字位置并须单独占一行。省略号不能中间断开分处上行之末和下行之首。

5.1.6 连接号中的短横线比汉字“一”略短，占半个字位置；一字线比汉字“一”略长，占一个字位置；浪纹线占一个字位置。连接号上下居中，不出现在一行之首。

5.1.7 间隔号标在需要隔开的项目之间，占半个字位置，上下居中，不出现在一行之首。

5.1.8 着重号和专名号标在相应文字的下边。

5.1.9 分隔号占半个字位置，不出现在一行之首或一行之末。

5.1.10 标点符号排在一行末尾时,若为全角字符则应占半角字符的宽度(即半个字位置），以使视觉效果更美观。

5.1.11 在实际编辑出版工作中，为排版美观、方便阅读等需要，或为避免某一小节最后一个汉字转行 或出现在另外一页开头等情况（浪费版面及视觉效果差），可适当压缩标点符号所占用的空间。

5.2 竖排文稿标点符号的位置和书写形式

5.2.1 句号、问号、叹号、逗号、顿号、分号和冒号均置于相应文字之下偏右。

5.2.2 破折号、省略号、连接号、间隔号和分隔号置于相应文字之下居中，上下方向排列。

5.2.3 引号改用双引号“﹁”“﹂”和单引号“﹃”“﹄”，括号改用“︵”“︶”，标在相应项目的上下。

5.2.4 竖排文稿中使用浪线式书名号“﹏”，标在相应文字的左侧。

5.2.5 着重号标在相应文字的右侧，专名号标在相应文字的左侧。

5.2.6 横排文稿中关于某些标点不能居行首或行末的要求，同样适用于竖排文稿。

附 录 A
（规范性附录）
标点符号用法的补充规则

A.1 句号用法补充规则

图或表的短语式说明文字，中间可用逗号，但末尾不用句号。即使有时说明文字较长，前面的语段已出现句号，最后结尾处仍不用句号。

示例 1：行进中的学生方队

示例 2：经过治理，本市市容市貌焕然一新。这是某区街道一景

A.2 问号用法补充规则

使用问号应以句子表示疑问语气为依据，而并不根据句子中包含有疑问词。当含有疑问词的语段充当某种句子成分，而句子并不表示疑问语气时，句末不用问号。

示例 1：他们的行为举止、审美趣味，甚至读什么书，坐什么车，都在媒体掌握之中。

示例 2：谁也不见，什么也不吃，哪儿也不去。

示例 3：我也不知道他究竟躲到什么地方去了。

A.3 逗号用法补充规则

用顿号表示较长、较多或较复杂的并列成分之间的停顿时，最后一个成分前可用“以及（及）”进行连接，“以及（及）”之前应用逗号。

示例：压力过大、工作时间过长、作息不规律，以及忽视营养均衡等，均会导致健康状况的下降。

A.4 顿号用法补充规则

A.4.1 表示含有顺序关系的并列各项间的停顿，用顿号，不用逗号。下例解释“对于”一词用法，“人”“事物”“行为”之间有顺序关系（即人和人、人和事物、人和行为、事物和事物、事物和行为、行为和行为等六种对待关系），各项之间应用顿号。

示例：~~〔对于〕表示人，事物，行为之间的相互对待关系。~~（误）

〔对于〕表示人、事物、行为之间的相互对待关系。（正）

A.4.2 用阿拉伯数字表示年月日的简写形式时，用短横线连接号，不用顿号。

示例：~~2010、03、02~~（误）

2010–03–02（正）

A.5 分号用法补充规则

分项列举的各项有一项或多项已包含句号时，各项的末尾不能再用分号。

示例：~~本市先后建立起三大农业生产体系：一是建立甘蔗生产服务体系。成立糖业服务公司，主要给农民提供机耕等服务；二是建立蚕桑生产服务体系。……；三是建立热作服务体系。……。~~（误）

本市先后建立起三大农业生产体系：一是建立甘蔗生产服务体系。成立糖业服务公司，主要给农民提供机耕等服务。二是建立蚕桑生产服务体系。……。三是建立热作服务体系。……。（正）

A.6 冒号用法补充规则

A.6.1 冒号用在提示性话语之后引起下文。表面上类似但实际不是提示性话语的，其后用逗号。

示例 1：郦道元《水经注》记载：“沼西际山枕水，有唐叔虞祠。”（提示性话语）

示例 2：据《苏州府志》载，苏州城内大小园林约有 150 多座，可算名副其实的园林之城。（非提示性话语）

A.6.2 冒号提示范围无论大小（一句话、几句话甚至几段话），都应与提示性话语保持一致（即在该范围的末尾要用句号点断）。应避免冒号涵盖范围过窄或过宽。

示例：~~艾滋病有二个传播途径：血液传播，性传播和母婴传播，日常接触是不会传播艾滋病的。~~（误）

艾滋病有三个传播途径：血液传播，性传播和母婴传播。日常接触是不会传播艾滋病的。（正）

A.6.3 冒号应用在有停顿处，无停顿处不应用冒号。

示例 1：他头也不抬，冷冷地问："你叫什么名字？"（有停顿）

示例 2：这事你得拿主意，光说"不知道"怎么行？（无停顿）

A.7 引号用法补充规则

"丛刊""文库""系列""书系"等作为系列著作的选题名，宜用引号标引。当"丛刊"等为选题名的一部分时，放在引号之内，反之则放在引号之外。

示例 1："汉译世界学术名著丛书"

示例 2："中国哲学典籍文库"

示例 3："20 世纪心理学通览"丛书

A.8 括号用法补充规则

括号可分为句内括号和句外括号。句内括号用于注释句子里的某些词语，即本身就是句子的一部分，应紧跟在被注释的词语之后。句外括号则用于注释句子、句群或段落，即本身结构独立，不属于前面的句子、句群或段落，应位于所注释语段的句末点号之后。

示例：标点符号是辅助文字记录语言的符号，是书面语的有机组成部分，用来表示语句的停顿、语气以及标示某些成分（主要是词语）的特定性质和作用。（数学符号、货币符号、校勘符号等特殊领域的专门符号不属于标点符号。）

A.9 省略号用法补充规则

A.9.1 不能用多于两个省略号（多于 12 点）连在一起表示省略。省略号须与多点连续的连珠号相区别（后者主要是用于表示目录中标题和页码对应和连接的专门符号）。

A.9.2 省略号和“等”“等等”“什么的”等词语不能同时使用。在需要读出来的地方用“等”“等等”“什么的”等词语，不用省略号。

示例：~~含有铁质的食物有猪肝、大豆、油菜、菠菜……等。~~（误）

含有铁质的食物有猪肝、大豆、油菜、菠菜等。（正）

A.10 着重号用法补充规则

不应使用文字下加直线或波浪线等形式表示着重。文字下加直线为专名号形式（4.16）；文字下加浪纹线是特殊书名号（A.13.6）。着重号的形式统一为相应项目下加小圆点。

示例：~~下面对本文的理解，不正确[a]的一项是~~（误）

下面对本文的理解，不正确的一项是（正）

A.11 连接号用法补充规则

浪纹线连接号用于标示数值范围时，在不引起歧义的情况下，前一数值附加符号或计量单位可省略。

示例：5 公斤 ~ 100 公斤（正）

5 ~ 100 公斤（正）

A.12 间隔号用法补充规则

当并列短语构成的标题中已用间隔号隔开时，不应再用“和”类连词。

示例：~~《水星・火星和金星》~~（误）

《水星・火星・金星》（正）

A.13 书名号用法补充规则

A.13.1 不能视为作品的课程、课题、奖品奖状、商标、证照、组织机构、会议、活动等名称，不应用书名号。下面均为书名号误用的示例：

示例 1：~~下学期本中心将开设《现代企业财务管理》《市场营销》两门课程。~~

示例 2：~~明天将召开《关于“两保两挂”的多视觉理论思考》课题立项会。~~

示例 3：~~本市将向 70 岁以上（含 70 岁）老年人颁发《敬老证》。~~

示例 4：~~本校共获得《最佳印象》《自我审美》《卡拉 OK》等六个奖杯。~~

示例 5：~~《闪光》牌电池经久耐用。~~

示例 6：~~《文史杂志社》编辑力量比较雄厚。~~

示例 7：~~本市将召开《全国食用天然色素应用研讨会》。~~

示例 8：~~本报将于今年暑假举行《墨宝杯》书法大赛。~~

A.13.2 有的名称应根据指称意义的不同确定是否用书名号。如文艺晚会指一项活动时，不用书名号；而特指一种节目名称时，可用书名号。再如展览作为一种文化传播的组织形式时，不用书名号；特定情况下将某项展览作为一种创作的作品时，可用书名号。

示例 1：2008 年重阳联欢晚会受到观众的称赞和好评。

示例 2：本台将重播《2008 年重阳联欢晚会》。

示例 3：“雪域明珠——中国西藏文化展”今天隆重开幕。

示例 4：《大地飞歌艺术展》是一部大型现代艺术作品。

A.13.3 书名后面表示该作品所属类别的普通名词不标在书名号内。

示例：《我们》杂志

A.13.4 书名有时带有括注。如果括注是书名、篇名等的一部分，应放在书名号之内，反之则应放在书名号之外。

示例 1：《琵琶行（并序）》

示例 2：《中华人民共和国民事诉讼法（试行）》

示例 3：《新政治协商会议筹备会组织条例（草案）》

示例 4：《百科知识》（彩图本）

示例 5：《人民日报》（海外版）

A.13.5 书名、篇名末尾如有叹号或问号，应放在书名号之内。

示例 1：《日记何罪！》

示例 2：《如何做到同工又同酬？》

A.13.6 在古籍或某些文史类著作中，为与专名号配合，书名号也可改用浪线式“﹏”，标注在书名下方。这可以看作是特殊的专名号或特殊的书名号。

A.14 分隔号用法补充规则

分隔号又称正斜线号，须与反斜线号“\”相区别（后者主要是用于编写计算机程序的专门符号）。使用分隔号时，紧贴着分隔号的前后通常不用点号。

附 录 B

（资料性附录）

标点符号若干用法的说明

B.1 易混标点符号用法比较

B.1.1 逗号、顿号表示并列词语之间停顿的区别

逗号和顿号都表示停顿，但逗号表示的停顿长，顿号表示的停顿短。并列词语之间的停顿一般用顿号，但当并列词语较长或其后有语气词时，为了表示稍长一点的停顿，也可用逗号。

示例 1：我喜欢吃的水果有苹果、桃子、香蕉和菠萝。

示例 2：我们需要了解全局和局部的统一，必然和偶然的统一，本质和现象的统一。

示例 3：看游记最难弄清位置和方向，前啊，后啊，左啊，右啊，看了半天，还是不明白。

B.1.2 逗号、顿号在表列举省略的“等”“等等”之类词语前的使用

并列成分之间用顿号，末尾的并列成分之后用“等”“等等”之类词语时，“等”类词前不用顿号或其他点号；并列成分之间用逗号，末尾的并列成分之后用“等”类词时，“等”类词前应用逗号。

示例 1：现代生物学、物理学、化学、数学等基础科学的发展，带动了医学科学的进步。

示例 2：写文章前要想好，文章主题是什么，用哪些材料，哪些详写，哪些略写，等等。

B.1.3 逗号、分号表示分句间停顿的区别

当复句的表述不复杂、层次不多，相连的分句语气比较紧凑、分句内部也没有使用逗号表示停顿时，分句间的停顿多用逗号。当用逗号不易分清多

重复句内部的层次（如分句内部已有逗号），而用句号又可能割裂前后关系的地方，应用分号表示停顿。

示例 1：她拿起钥匙，开了箱上的锁，又开了首饰盒上的锁，往老地方放钱。

示例 2：纵比，即以一事物的各个发展阶段作比；横比，则以此事物与彼事物相比。

B.1.4 顿号、逗号、分号在标示层次关系时的区别

句内点号中，顿号表示的停顿最短、层次最低，通常只能表示并列词语之间的停顿；分号表示的停顿最长、层次最高，可以用来表示复句的第一层分句之间的停顿；逗号介于两者之间，既可表示并列词语之间的停顿，也可表示复句中分句之间的停顿。若分句内部已用逗号，分句之间就应用分号（见 B.1.3 示例 2）。用分号隔开的几个并列分句不能由逗号统领或总结。

示例 1：有的学会烤烟，自己做挺讲究的纸烟和雪茄；有的学会蔬菜加工，做的番茄酱能吃到冬天；有的学会蔬菜腌渍、窖藏，使秋菜接上春菜。

示例 2：~~动物吃植物的方式多种多样，有的是把整个植物吃掉，如原生动物；有的是把植物的大部分吃掉，如鼠类；有的是吃掉植物的要害部位，如鸟类吃掉植物的嫩芽。~~（误）。

动物吃植物的方式多种多样：有的是把整个植物吃掉，如原生动物；有的是把植物的大部分吃掉，如鼠类；有的是吃掉植物的要害部位，如鸟类吃掉植物的嫩芽。（正）。

B.1.5 冒号、逗号用于“说”“道”之类词语后的区别

位于引文之前的“说”“道”后用冒号。位于引文之后的“说训道”分两种情况：处于句末时，其后用句号；“说”“道”后还有其他成分时，其后用逗号。插在话语中间的“说”“道”类词语后只能用逗号表示停顿。

示例 1：他说：“晚上就来家里吃饭吧。”

示例 2：“我真的很期待。”他说。

示例 3：“我有件事忘了说……”他说，表情有点为难。

示例 4：“现在请皇上脱下衣服，”两个骗子说，“好让我们为您换上新衣。”

B.1.6 不同点号表示停顿长短的排序

各种点号都表示说话时的停顿。句号、问号、叹号都表示句子完结，停顿最长。分号用于复句的分句之间，停顿长度介于句末点号和逗号之间，而短于冒号。逗号表示一句话中间的停顿，又短于分号。顿号用于并列词语之间，停顿最短。通常情况下，各种点号表示的停顿由长到短为：句号＝问号＝叹号＞冒号（指涵盖范围为一句话的冒号）＞分号＞逗号＞顿号。

B.1.7 破折号与括号表示注释或补充说明时的区别

破折号用于表示比较重要的解释说明，这种补充是正文的一部分，可与前后文连读；而括号表示比较一般的解释说明，只是注释而非正文，可不与前后文连读。

示例 1：在今年——农历虎年，必须取得比去年更大的成绩。

示例 2：哈雷在牛顿思想的启发下，终于认出了他所关注的彗星（该星后人称为哈雷彗星）。

B.1.8 书名号、引号在“题为……”“以……为题”格式中的使用

“题为……”“以……为题”中的“题”，如果是诗文、图书、报告或其他作品可作为篇名、书名看待时，可用书名号；如果是写作、科研、辩论、谈话的主题，非特定作品的标题，应用引号。即“题为……”“以……为题”中的“题”应根据其类别分别按书名号和引号的用法处理。

示例 1：有篇题为《柳宗元的诗》的文章，全文才 2 000 字，引文不实却达 11 处之多。

示例 2：今天一个以“地球 · 人口 · 资源 · 环境”为题的大型宣传活动在此间举行。

示例 3：《我的老师》写于 1956 年 9 月，是作者应《教师报》之约而写的。

示例 4：“我的老师”这类题目，同学们也许都写过。

B.2 两个标点符号连用的说明

B.2.1 行文中表示引用的引号内外的标点用法

当引文完整且独立使用，或虽不独立使用但带有问号或叹号时，引号内

句末点号应保留。除此之外，引号内不用句末点号。当引文处于句子停顿处（包括句子末尾）且引号内未使用点号时，引号外应使用点号；当引文位于非停顿处或者引号内已使用句末点号时，引号外不用点号。

示例1：“沉舟侧畔千帆过，病树前头万木春。”他最喜欢这两句诗。

示例2：书价上涨令许多读者难以接受，有些人甚至发出“还买得起书吗？”的疑问。

示例3：他以“条件还不成熟，准备还不充分”为由，否决了我们的提议。

示例4：你这样“明日复明日”地要拖到什么时候？

示例5：司马迁为了完成《史记》的写作，使之“藏之名山”，忍受了人间最大的侮辱。

示例6：在施工中要始终坚持“把质量当生命”。

示例7：“言之无文，行而不远”这句话，说明了文采的重要。

示例8：俗话说：“墙头一根草，风吹两边倒。”用这句话来形容此辈再恰当不过。

B.2.2 行文中括号内外的标点用法

括号内行文末尾需要时可用问号、叹号和省略号。除此之外，句内括号行文末尾通常不用标点符号。句外括号行文末尾是否用句号由括号内的语段结构决定：若语段较长、内容复杂，应用句号。句内括号外是否用点号取决于括号所处位置：若句内括号处于句子停顿处，应用点号。句外括号外通常不用点号。

示例1：如果不采取（但应如何采取呢？）十分具体的控制措施，事态将进一步扩大。

示例2：3分钟过去了（仅仅才3分钟！），从眼前穿梭而过的出租车竟达32辆！

示例3：她介绍时用了一连串比喻（有的状如树枝，有的貌似星海……），非常形象。

示例4：科技协作合同（包括科研、试制、成果推广等）根据上级主管部门或有关部门的计划签订。

示例 5：应把夏朝看作原始公社向奴隶制国家过渡时期。（龙山文化遗址里，也有俯身葬。俯身者很可能就是奴隶。）

示例 6：问：你对你不喜欢的上司是什么态度？

答：感情上疏远，组织上服从。（掌声，笑声）

示例 7：古汉语（特别是上古汉语），对于我来说，有着常人无法想象的吸引力。

示例 8：由于这种推断尚未经过实践的考验，我们只能把它作为假设（或假说）提出来。

示例 9：人际交往过程就是使用语词传达意义的过程。（严格说，这里的“语词”应为语词指号。）

B.2.3 破折号前后的标点用法

破折号之前通常不用点号；但根据句子结构和行文需要，有时也可分别使用句内点号或句末点号。破折号之后通常不会紧跟着使用其他点号；但当破折号表示语音的停顿或延长时，根据语气表达的需要，其后可紧接问号或叹号。

示例 1：小妹说：“我现在工作得挺好，老板对我不错，工资也挺高。——我能抽支烟吗？”（表示话题的转折）

示例 2：我不是自然主义者，我主张文学高于现实，能够稍稍居高临下地去看现实，因为文学的任务不仅在于反映现实。光描写现存的事物还不够，还必须记住我们所希望的和可能产生的事物。必须使现象典型化。应该把微小而有代表性的事物写成重大的和典型的事物。——这就是文学的任务。（表示对前几句话的总结）

示例 3：“是他——？”石一川简直不敢相信自己的耳朵。

示例 4：“我终于考上大学啦！我终于考上啦——！”金石开兴奋得快要晕过去了。

B.2.4 省略号前后的标点用法

省略号之前通常不用点号。以下两种情况例外：省略号前的句子表示强烈语气、句末使用问号或叹号时；省略号前不用点号就无法标示停顿或表明结构关系时。省略号之后通常也不用点号，但当句末表达强烈的语气或感情时，可在省略号后用问号或叹号；当省略号后还有别的话、省略的文字和后面的话不连续且有停顿时，应在省略号后用点号；当表示特定格式的成分虚缺时，省略号后可用点号。

示例1：想起这些，我就觉得一辈子都对不起你。你对梁家的好，我感激不尽！……

示例2：他进来了，……一身军装，一张朴实的脸，站在我们面前显得很高大，很年轻。

示例3：这，这是……？

示例4：动物界的规矩比人类还多，野骆驼、野猪、黄羊……，直至塔里木兔、跳鼠，都是各行其路，决不混淆。

示例5：大火被渐渐扑灭，但一片片油污又旋即出现在遇难船旁……。清污船迅速赶来，并施放围栏以控制油污。

示例6：如果……，那么……。

B.3 序次语之后的标点用法

B.3.1 “第”“其”字头序次语，或“首先”“其次”“最后”等做序次语时，后用逗号（见4.4.3.3）。

B.3.2 不带括号的汉字数字或“天干地支”做序次语时，后用顿号（见4.5.3.2）。

B.3.3 不带括号的阿拉伯数字、拉丁字母或罗马数字做序次语时，后面用下脚点（该符号属于外文的标点符号）。

示例1：总之，语言的社会功能有三点：1. 传递信息，交流思想；2. 确定关系，调节关系；3. 组织生活，组织生产。

示例2：本课一共讲解三个要点：A. 生理停顿；B. 逻辑停顿；C. 语法停顿。

B.3.4 加括号的序次语后面不用任何点号。

示例 1：受教育者应履行以下义务：（一）遵守法律、法规；（二）努力学习，完成规定的学习任务；（三）遵守所在学校或其他教育机构的制度。

示例 2：科学家很重视下面几种才能：（1）想象力；（2）直觉的理解力；（3）数学能力。

B.3.5 阿拉伯数字与下脚点结合表示章节关系的序次语末尾不用任何点号。

示例：3 停顿

3.1 生理停顿

3.2 逻辑停顿

B.3.6 用于章节、条款的序次语后宜用空格表示停顿。

示例：第一课 春天来了

B.3.7 序次简单、叙述性较强的序次语后不用标点符号。

示例：语言的社会功能共有三点：一是传递信息；二是确定关系；三是组织生活。

B.3.8 同类数字形式的序次语，带括号的通常位于不带括号的下一层。通常第一层是带有顿号的汉字数字；第二层是带括号的汉字数字；第三层是带下脚点的阿拉伯数字；第四层是带括号的阿拉伯数字；再往下可以是带圈的阿拉伯数字或小写拉丁字母。一般可根据文章特点选择从某一层序次语开始行文，选定之后应顺着序次语的层次向下行文，但使用层次较低的序次语之后不宜反过来再使用层次更高的序次语。

示例：一、……

（一）……

1.……

（1）……

① /a.……

B.4 文章标题的标点用法

文章标题的末尾通常不用标点符号，但有时根据需要可用问号、叹号或省略号。

示例1：看看电脑会有多聪明，让它下盘围棋吧

示例2：猛龙过江：本店特色名菜

示例3：严防"电脑黄毒"危害少年

示例4：回家的感觉真好

——访大赛归来的本市运动员

示例5：里海是湖，还是海？

示例6：人体也是污染源！

示例7：和平协议签署之后……